バルト海の風と波

メビウスの帯・コペンハーゲンと南スウェーデン紀行

高橋一夫

八朔社

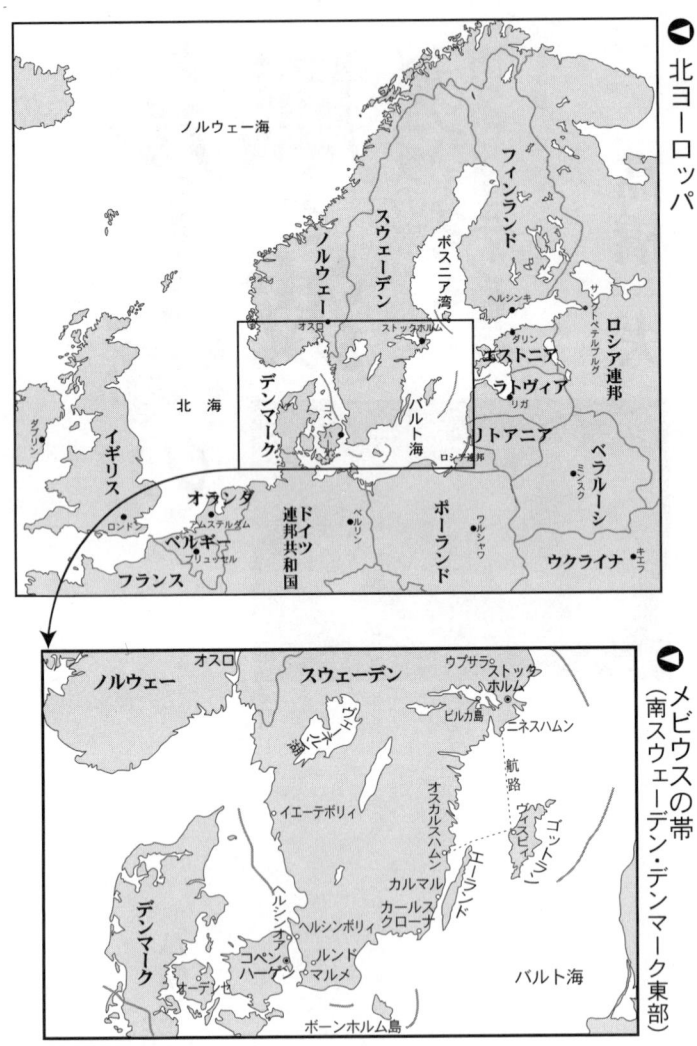

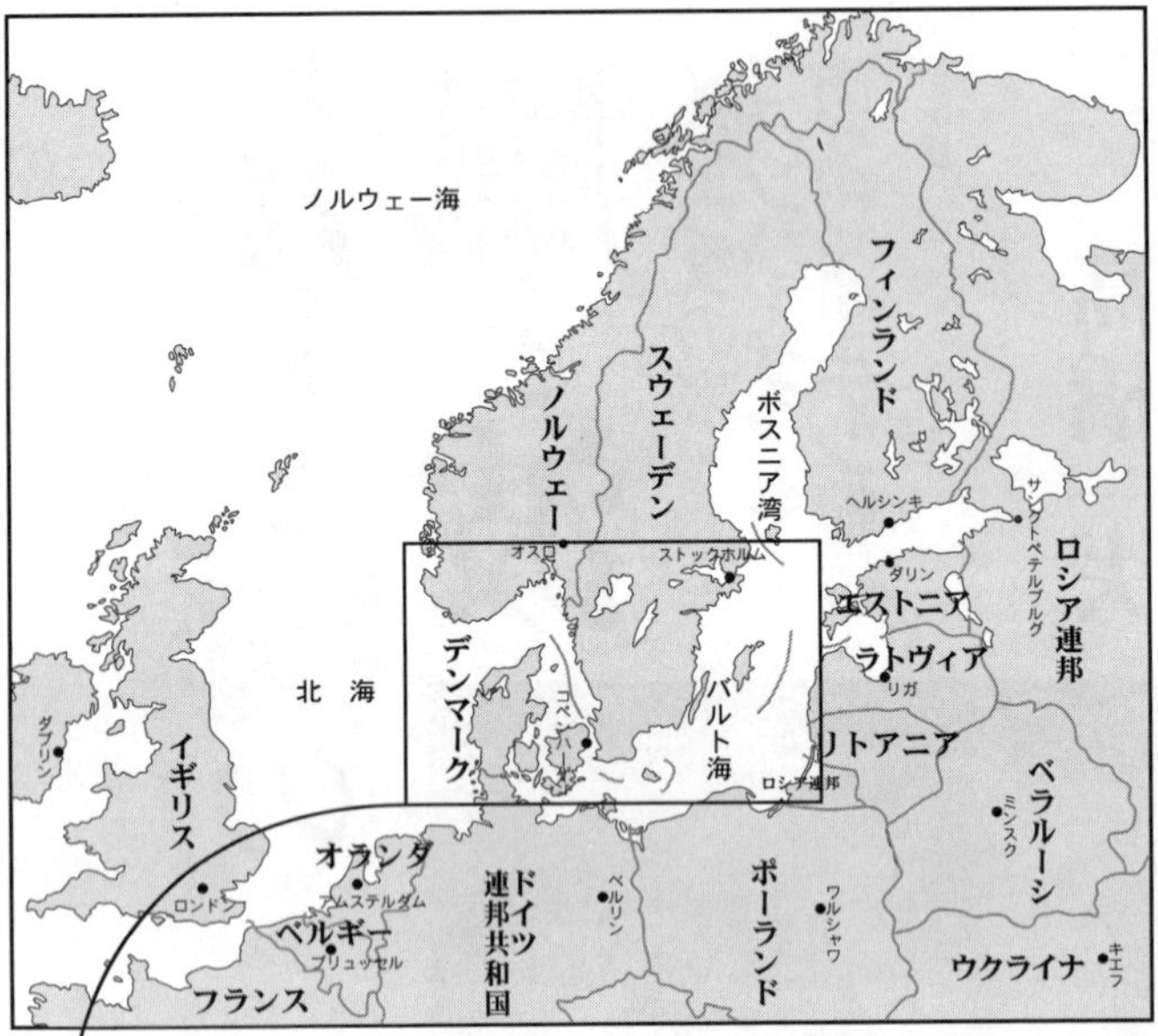

北ヨーロッパ

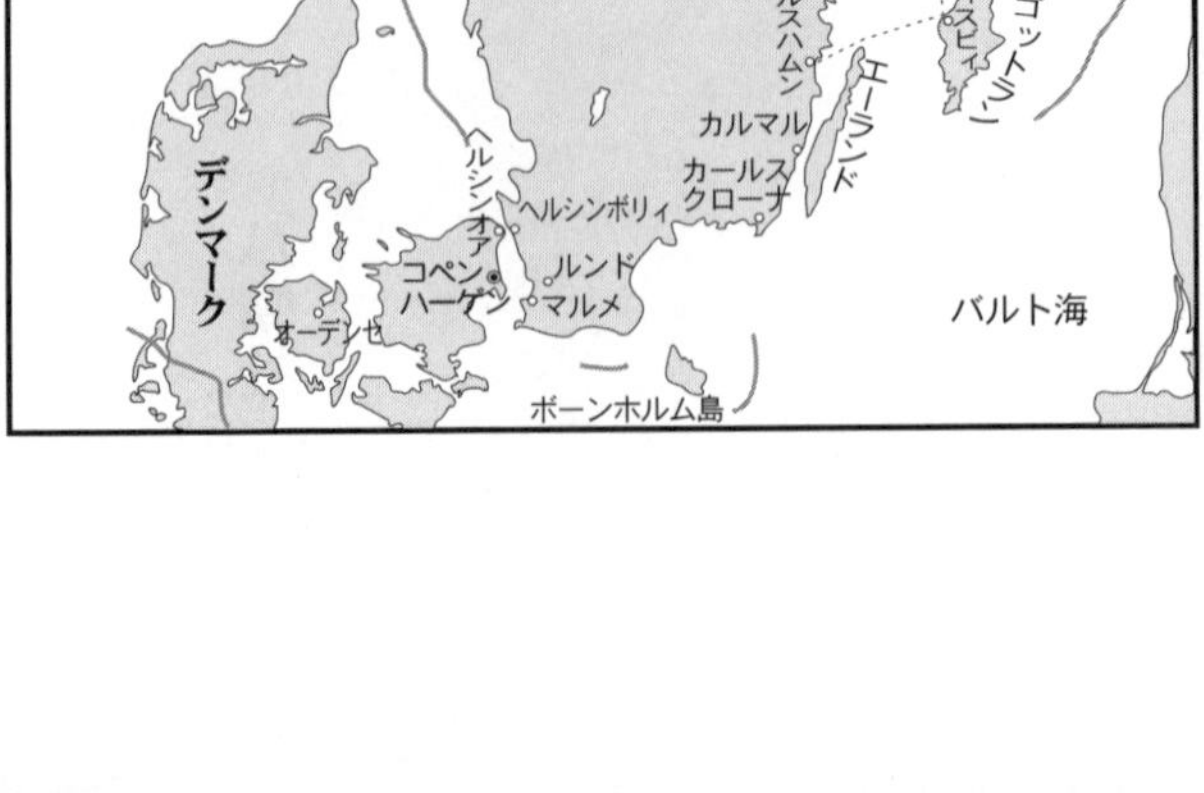

メビウスの帯（南スウェーデン・デンマーク東部）

はじめに

バルト海、それは風と波の歴史であった。南からは、ヨーロッパの渦風が吹きつけ、東と北からの風は、バルト海の覇権を賭けた猛々しい「天のポンプ」（ライアル・ワトソン著、木幡和枝訳『風の博物館』）であった。西からの風は偏西風となってバルト海上を蛇行し、またあるときは北海を越えた強風ともなった。風が吹き渡ると、海面は高くなり、高浪となる。風波は、スウェーデン南部に打ち寄せては社会風土を侵食した。瞬時の凪《なぎ》は、海面に星や月を映し、静謐《せいひつ》な鏡像を取り戻させた。

バルト海は、常に政治、経済、社会、文化という歴史の潮が激しく渦巻き、バルト海沿岸諸国の戦いと交流の場裏でもあった。

ゴットランドの浜辺に佇み、沖合を行く大型客船を波間に見る。夏の太陽は、岩に打ち当たる波をガラスの破片に変える。飛散するその光輝には、中世からのハンザ同盟のドラマが投影される。カールスクローナ軍港の砲台に立つ。眺望は、バルト大国の栄華から大国の狭間で揺れた現代までの海の歴史であった。巡洋艦がゆっくりと発港し、水平線に消えてゆく。若き海軍水兵たちが掛け声高らかに、海の訓練に勤《いそ》しむ。時間が緩やかに水面を渡り、顔料のように蒼い海に溶融していく。

マルメ海岸から新たなエーレスンド橋を一望する。橋は暴風や濃霧の中でも、スウェーデンが維持してきた武装中立と高福祉高負担というモデルを維持することができるだろうか。弓なりの吊橋は、スカンディナヴィア諸国をしっかりと結びつけている。もはや橋桁には、スカンディナヴィアのアイデンティティーだけではなく、ＥＵという新たな色も塗られている。この橋は、スカンディナヴィアの過去から未来へ渡るシンボルでもある。小雨に煙る対岸のコペンハーゲンの陰影を眺めながら、長い両国の愛憎の歴史を思い出した。一艘のヨットが橋に向かって進む。

バルト海は、太古の昔から平和を祈る女神を象《かたど》っている。もはやここには戦いはない。あるのは自然との共生と未来に渡る風と波である。

バルト海西にある南スウェーデンのブレーキング、スコーネ、ゴットランド島、そして、ノルウェー側の西海岸にあるハランド、ブーヒュースは、デンマークとスウェーデンの角逐《かくちく》の場でもあった。それ故、私の歩いた南スウェーデンは、まるでメビウスの帯であった。白と黄の二つの十字、青と赤の旗地が表裏一体となってひとつの社会文化を織り成してきた。

このメビウスの帯を歩いた。そして、また歩いた。

旅は、現代の喧騒を癒し、思索と明日への道を暗示してくれる。この本は、過去から現代までのメビウスの帯・南スウェーデン（コペンハーゲン）を、デンマークとスウェーデンという二つの視点から、訪ねて歩いた「風と波」の紀行文である。

目次

旅することは……

コペンハーゲン

メビウスの帯の端緒——コペンハーゲン

　午後四時過ぎにコペンハーゲン・カストロップ国際空港に着く。長い間、ストックホルムへの乗り換えで親しんできた空港だ。フロアは木造り。狭い機内からの開放感と地上に足をつけた安心感が、ウッドの感触から全身に伝わってくる。自宅に無事着いたことを電話で伝えようとしたが、ポケットにはスウェーデンクローナと日本円しかない。とりあえず急いでいる。トラベラーズチェックを現金化したいが、両替の煩雑さとパスポートを出すのが面倒だった。クレジットカードでデンマークのテレホンカードを購入した。

　たしかに北欧の旅でのクレジットカードは便利である。だが、失敗談も多々あった。まず、利用者は距離を置き並んでいるが、入力時の暗証番号に不安が付きまとい、落ち着かない。注意がクレジットカードだけに向かい、そのうちに荷物を置き忘れることもあった。もちろん、暗証番号の秘守とトラブル防止のため、周囲から覗かれないような入力措置の工夫や暗証番号の再入力を求めるところもある。

　あるとき、コペンハーゲンでＡＴＭから現金を引き出した。そのとき、精算書（レシート）を取るのを忘れ、不安から日本のクレジット会社に事故がないかを問い合わせた苦い経験もあった。旅では、二枚のクレジットカードを別々に所持している。ところが、暗証番号を間違えて、片方を利用できなくしてしまった。その修復に日本との連絡が数日かかり、大変な思いをしたこともあった。

一般の商店でもクレジットカードは広く利用されているが、私は、通常の買い物は現金でしている。ただ、美術館や博物館での資料購入、駅の切符、書店での利用は安全性が確保できそうなので、クレジトカードを利用してきた。特に、ホテルやユースホステルは身分証明に必携である。安全な北欧といえども、現金だけではとても旅は無理なようである。

北欧の一般の消費者は、通常の買い物でクレジットカードを使用している。北欧社会全体がすみずみまでキャッシュレス社会である。ただ私が日常生活でキャッシュレスに慣れていないことや、まだコンピュータの安全性を認めていない。どこかキャッシュレスにしたくない抵抗感もある。

要は、旅のクレジットカードは、便利さと安全性の玉虫色で、利用には自己責任がともなうのかもしれない。

今回は、デンマーク紙幣がないのであるからクレジットカードを使用せざるをえなかった。

デンマークとスウェーデン貨幣で少々困った経験は、小銭が類似していることだ。特に、南スウェーデンを旅行して気づいたことである。スウェーデン入国の際にデンマーク硬貨をたしかに別にしまいこんだはずだが、支払いの時にデンマーク硬貨だと注意される。さらに、つり銭を受け取る時は、貨幣をいちいち点検してしまい込むことはない。一日の活動を終えて、ポケットの小銭を整理すると、デンマーク硬貨が結構入っている。特に、マルメとコペンハーゲンをしばしば往復した時は、デンマーク貨幣が紛れ込んでいたことが多かった。彼らが間違って受け取った硬貨を故意に私に処分させているように邪推してしまう。だが、南スウェーデンは、歴史的にはデンマーク領の時もあったし、社会文化もデンマーク色が濃い。チャンポンな両国の小銭使用があってもよいのかもしれない。ここはメビウスの帯なのだから。

自宅への安否の連絡を終え、気持ちが落ち着いたところで、トラベラーズチェックをデンマーククローネに両替した。

デンマーク国鉄の駅は、空港の下にある。エレベータで直接ホームに下りた。人の流れに従って出発間際の列車に飛び乗った。汗が額を流れた。頭の中は、旅の疲れが折り畳まれて、機能しない。視線も車窓の流れに逆らわずに定まらない。まもなく、車掌が来たので、「セントラルステーション」といい、切符を買おうとした。ところが罰金を含めた料金を取られてしまった。デンマーク国鉄は改札がなく、乗り降りは自由であるが、そのツケも大きいことを経験した。

地下トンネルを過ぎると、緑のない土手と砂原が広がり、まもなく連続した鉄橋の格子が飛び去って行く。北国の夏の五時帯はまだ明るい。格子と海と白い雲の風景は、現代美術に見かける造形美となった。

私は夕日に光る「海」の波を見て、降機以来慌しかった気持ちが、次第に冷静さを取り戻して行くのが感じられた。落ち着くにつれ、疑問が脳裏をよぎった。列車は、橋を渡った。まてよ。この列車はコペンハーゲン行きではない。隣の男性にマルメ・セントラル行きかと尋ねると、そうだという。乗り違えた。

でも、車掌には責任はない。この列車はたしかに「セントラルステーション」(ただし、マルメの)行きだったのだ。

肩に入っていた力が自然に抜け、蒸し暑く閉まった車窓から突然涼しい風が吹き込むのを感じた。車内全体を見渡した。雑然と置かれた数台の自転車。乳母車の子どもと対話する母親。そして、互いに向かい合い反対側の窓を見つめて坐る乗客。大きなザックを抱えて立つ旅人。天井から床まである手すりにふたつの手がしっかりと握り合っている恋人同士。この車両は、これから舞台に立つ楽屋のような雰囲気が漂っていた。列車が停まれば、ホームからそれぞれが舞台に出て、その配役を演じるのであろう。

列車は橋を渡り終えると、右側にマルメ・コペンハーゲン間の有料道路が線路と平行して伸びている。工事の跡をあちらこちらに残し、白いコンクリートの帯が緑の平面を突き切っている。高速道路の料金所を過ぎると、間もなく南マルメに着いた。

広い野原が遠くまで広がる。プラットホームには静寂が張りついでいる。が、田舎の駅風景にしては、降車客は多かった。エーレスンド橋が完成してからは、マルメ、コペンハーゲン、そして両国の周囲

コペンハーゲン中央駅

のコミューンが一体となり、大きな社会経済圏を作り出している。マルメ・コペンハーゲンの市民は、国境を越えて通勤・通学や買い物のために頻繁に往来しているのだろう。列車の座席には、読み残したスウェーデン語とデンマーク語の新聞紙が入り混じり、置き去りにされている。また、マルメの人々は、コペンハーゲン・カストロップ国際空港を世界への発着地としている。両国の人々は、まさしく、メビウスの帯を行き来しているのだ。

三〇、四〇分はプラットホームにいたろうか。コペンハーゲン経由の列車がきた。今度こそは、たしかにコペンハーゲン・セントラルステーション行きだ。

コペンハーゲン中央駅は、欧州国際列車の玄関である。

ホームから駅の二階に上がると、高いドーム形の天井下に、多くの商店街が並び、通路も狭く感じられた。雑然とした雰囲気だ。だが、この駅のアーチの梁は、世界で初めて集成材を使用したといわれる。見た目には、赤銅色の鉄骨に見えたが、たしかによく見ると、ひびの割れ方は木材であった。また、駅の建築構造やデザインは、建築史や技術史上、優れた評価がされている。

歴史的建造物にもかかわらず、駅全体がハイテクで動いている。ハイテク化された歌舞伎舞台に立っているようなものだ。役者のひとりは私かな。だが、役不足は確かである。

外に出ると、前がチボリ公園である。公園の塀が駅と平行に並び、木々の茂みが道路にはみ出ていた。駅からキャリーを引きながら、コペンハーゲン史の予備知識を思い出した。

コペンハーゲンは、デンマーク語でケーベンハウンといい、商業の港を意味する。デンマークの東部、シュラン島東岸にあり、幅二六メートルのエーレスンド海峡をスウェーデンのマルメと挟むような位置にある。

ヴァイキング時代、デンマークは、北海を中心に、南スウェーデンからイングランド、ドイツ北部まで活躍し、重心はユラン半島にあった。しかし、交易もキリスト教の布教も東方へと広がると、バルト海の通路カテガット海峡のフィヨルドが重要になった。次第に古くヴァイキング時代から栄えたロスキレが王族の拠点となった。

一一五七年にヴァルデマー一世大王が即位すると、国土防衛のために各地に城塞を築いた。一一八六年、そのひとつにバルト海の入り口、水上交通の要所である現コペンハーゲンを兄弟の契りをしたロスキレ司教アブサロン（後にルンド大司教に任じられる）に与え、バルト海制圧の拠点とさせた。もとは、鰊《にしん》を水揚げする小漁村にすぎなかった。それが現在のクリスチャンスボー宮殿の位置に城が作られると、商人の往来も増え、栄え始めた。中世を通じて、都市権を得るとハンザ同盟との角逐の中でさらに成長していった。この間、マルグレーテ（一世）が、カルマル連合によって、ノルウェー、

アブロン大司教

スウェーデン、デンマークを実質支配すると、コペンハーゲンは地理的に、デンマーク勢力圏の中心に位置するようになった。

一四一六年、マルグレーテの後見で王位に就いた「ポンメルンのエーリック七世」は、エーレスンド海峡の覇権を得ようとし、コペンハーゲンに居城し、一四一七年にロスキレから遷都した。

その後、コペンハーゲンは、デンマークの首都として確立した。一時、伯爵戦争（一五三四―三六年、市民・農民や貴族・僧侶を含むクリスチャン二世派とクリスチャン三世派との壮絶な内戦）で飢餓と荒廃に陥ったこともあった。

クリスチャン四世時代には市域を拡大し、多くの建造物を立てた。スロッツホルメンに巨大な三つの埠頭（現王立武器博物館や王立図書館の付近）を、その対岸に商港クリスチャンハウンを築き、ハンブルグやリューベックの交易の富を奪おうと考えた。また、六百世帯が入居でき、各戸に庭のある長屋形式の家が立ち並ぶ居住区ニューボーダー街はデンマーク最大の王立造船労働者のための住宅であった。現在も海軍の職員住宅として使用されている。

さらに王は、火災で朽ちたクロンボー城の再建、新コペンハーゲンとなった夏の離宮ローゼンボー城、その他スコーネやノルウェーにも多くの街を建設した（クリスチャンサン、クリスチャンシュタット、クリスチャニア〈現オスロ〉など)。

彼の最後の重要な建築物にトリニターティス学生教会と「円塔」(ラウンドタワー)がある。市民に親しまれてきた世界最古の天文台は一六四一年に完成された。

天体観測のための塔と、学生の宗教観を養うための教会、そして大学図書館を併設した。ファザードの上部には、クリスチャン四世による謎めいた文字が刻印されている。彼自身による草稿がいまでも公文書館にある。いくつかの解釈があるが、一六四八年のトーマ・バンは、「王冠を頂いたクリスチャン四世のみ心に真の教えと正義を、神よ、お導きください」(著者訳)と解釈している。

ラウンドタワー

この塔は、天体観測をするために、コペンハーゲン街の煙害に配慮して作られた。大学の天体観測所の新設やその後のいくつかの変遷を経て、現在の屋上にある観測ドームは一九二九年に完成した。当時の種々の天体観測機器は、現在でも保存されている。今では、冬は星座の観測に、夏は太陽の観測に市民に開放されている。ここからの冴える冬の夜空の美しさが想像される。

頂上へは螺旋状の傾斜路が作られており、教会や大ホール(旧図書館)と結んでいる。アーチ形の天井とレンガ敷きの螺旋傾斜路は、ロシアのピョートル大帝が馬で、エカテリーナ女帝が馬車で、そして一九〇二年には初めて自動車が上ったといわれている。しかし、クリスチャン四世は、完成後、体力の衰えや内外の難問に追われ、馬で頂上まで駆け上ることはなかった。

滞在中にこのランドタワーに上ってみた。レンガ作りの螺旋状の道は、たしかに馬車や馬が通れるかもしれない。が、少々狭く低い感じもした。だが、若い夫婦が大きな乳母車を押しながら上る姿や体の不自由なひとの車椅子の姿を見ると、歴史上の伝説も納得の範囲かなと思われた。ただ、二〇九メートルもある長いこの通路には、息が切れた。さらに、展望台に上るには狭い階段があり、上り下りの多くの観光客で混雑し、自ら通行整理係をしたいと思ったくらいであった。余計なことかな。ドーム周囲の展望台からコペンハーゲンを眺望すると、赤い屋根の町並みはまるで積み木のレゴランドであった。厳重なフェンスは自殺防止と聞いている。コペンハーゲン生まれで、人間の疎外と生き方に悩んだ哲学者キェルケゴールを思い出した。彼ならこの塔上で何を考えたであろうか。遠くに市庁舎の時計塔とチボリの影、そしていくつかの教会の塔が、漣《さざなみ》に立つ小さな岩礁に見えた。だが、このランドタワーは、デンマーク・コペンハーゲンにとって、大きな転換点を象徴する建物となった。

プロテスタント国とカトリック国の複雑な外交関係による三〇年戦争（一六一八—四八年）からの敗退、一七一一年頃のペストの流行、そして一七二八、一七九五年の二度の大火などで町は大きな損害を受けた。幸い、当時、町は繁栄期であったために、町の四分の一を大火で消失したものの、辛うじて五年内に復興を成し遂げることができた。

だが、この期間のコペンハーゲンの物理的破壊と精神的後遺症は大きく長かった。この時期に新築された建物は、新古典主義様式として、ヴェスタガーゼ（西通り）や聖ニコライ教会付近に往時の面影を残している。

フランス革命・ナポレオンの時代には、コペンハーゲンの人口は、一〇万に達していた。これは全人口の約一〇パーセントにあたり、いかに首都への人口流入が多かったかを物語っている。他方、バルト海を取り巻く国際関係は、イギリス対フランスの構図で進展した。

一八〇〇年、イギリスが商船護衛中のフリゲート艦「フライヤ」を拿捕したことに対抗し、デンマークは、武装中立同盟をスウェーデン、ロシア、プロイセンと結び、サンクト・ペテルブルグで調印した。しかし、武装中立とは、艦船護衛のもとで敵国を利する商業活動を行うことでもあった。さらに、ロシアが対英戦を始めた。これに対抗したイギリスは、翌年にパーカーとネルソン両総督の艦隊を送り、コペンハーゲン沖から砲撃を続けた。デンマーク海軍は、冬季停泊でまったくの臨戦態勢ができていなかった。停泊艦船は、烈しい黒煙を上げ、市民が見守る中で開戦五、六時間にして休戦を乞わざるをえなかった（停泊地の戦い）。勝敗はおのずと明らかだったのである。

同様に、一八〇七年、ロシアがフランスと講和（ティルジット条約）すると、イギリスは、フランスの機先を制し、デンマーク艦隊の指揮権委譲または艦隊の譲渡を求めて、ウェリントン公とウェズリーの率いる三万一千の軍をコペンハーゲンの北郊外に上陸させて、攻撃を開始した。このとき、コングリーヴ火炎ロケット弾が使用されて、コペンハーゲンは炎上した。大学とその周辺密集地を中心に、市の一〇パーセント以上が焼失した。イギリス軍は、造船所を破壊し、六九隻のデンマーク軍艦すべてを没収した。デンマークはこれに対してフランスと同盟を結び対抗したが、ナポレオンのライプツィヒの敗北を機に単独講和を申し出た。

時代が流れ、平和が戻った。一八五二年、コペンハーゲン市は、改築を繰り返し、強固に築いてきた堡塁を取り壊した。堡塁は道路に変え、現在見られる景観の基礎を築いたのであった。保塁の外側に山形模様に並んでいた堀割も、現在ではチボリ公園や植物園の池に面影をとどめるだけとなった。その後、カステレット要塞は、なお歴史的姿を残すものの、多くの絵画や写真に残るように、市民の平和な散策道に変わったのである。コペンハーゲン防衛の要塞は、すっかり歴史的役割を終えたといえる。

一八九四年にはコペンハーゲンは、自由港として港の一部を開放した。この間、人口は五〇万へと増加し、交易商業港から工業製品輸出港へと変貌した。

第一次世界大戦では、中立を守り、被害なき中立国としての経済的繁栄を享受した。第二次世界大戦では、一九四〇年から一九四五年までナチス・ドイツの占領下に置かれ、連合国側の空襲で港湾部や造船区域が破壊された。戦争の後半、コペンハーゲン市民は、激しいレジスタンスで対抗し、第二次大戦の終了を迎えた。歴史景観を守り続けたモダンなこの首都は、現在、人口約六四万、首都圏人口一七〇万の北欧第一の都市となった。ヨーロッパ空陸の北の玄関であり、スカンディナヴィア・バルト諸国のエントランスともなっている。

市庁舎広場からのチボリ公園

コペンハーゲンの歴史を辿れば、バルト海の入り口として、また、スカンディナヴィア半島の渡り廊下として、大国の国際関係の渦の中で、いかに木の葉のように漂ったかがわかる。エーレスンド海峡税で、国王の財政を潤《うるお》した話は遠い昔の姿であった。コペンハーゲン・デンマークは、バルト海沿岸諸国の軍事戦略の要であった。デンマーク商船活動を制限することは、対戦国への経済封鎖の手段でもあった。デンマークが前に出るにしろ、守るにしろ、コペンハーゲンもまた、バルト海の風と波に揉まれ続けてきたのであった。

チボリ公園のコンサートホール側から、ニュー・カールスベリィ美術館の道路沿いにある彫刻を眺めながら、ホテルに急いだ。

チボリ公園は、ツアーで初めて北欧を訪れたときに家族で楽しいひと時を過ごしたところであった。たしか、あのときは夜だった。花火が上がり、音楽が演奏されていた。歓声の中で人々の気持ちも和み、旅の楽しさを満喫したのであった。

チボリは、多くの市民や観光客の温かな交流の場であった。光のページェント、賑やかな野外音楽、帆船・セントジョージ三世号の雄姿、パントマイムの演技。コペンハーゲン市民が内外に誇る都市型娯楽施設である。一通りの見物の後に池のほとりで一休みした。すると、同じテーブルに、偶然、日本人留学生が同席した。スウェーデンとノルウェーからの友人をここで待ち合わせているという。この話を聞き、まるで東京都内に住む友人を新宿御苑で待っているかのような錯覚を感じた。想像しなくても、国境なんてないのさ。この世には国境のない国々もあるのさ。二〇数年前の話である。いま彼らはどこで活躍しているのだろうか。懐かしく思えた。


ホテルは、チボリ公園の裏側にあった。質素で落ち着いたホテルだった。フロントで宿泊の署名を終えると、長い一日の疲れが押し寄せた。もう寝よう。

明日があるさ。明日が。窓から眺めると、まだ、チボリの明かりが煌々と灯っていた。

ゲフィオンの泉

翌日、八時過ぎにホテルを出る。

ホテルの路地から、アンデルセン通りに出ると、朝の自転車通勤ラッシュに驚いた。コペンハーゲン中心街をヘルメット姿の人々が、幾分前屈みに、まさに風のごとく往来するのである。東京の丸の内や八重洲口で、自転車姿など一度も見かけたことがなかった。これこそ環境にやさしい北欧デンマークの姿なのだろうか。

国立博物館横を通り、石畳のクリスチャンスボー宮殿の中を突き切る。赤レンガの旧証券取引所の前まで来ると、カナールツアーが催されていた。いつもの癖で気ままな飛び入りをすることにした。二〇クローネを払い、ツアーガイドに向き合う形で最後尾に座った。

運河はコペンハーゲンの中世から現代までの建物を配置し、インナーハウン港に続いていた。ニューハウンの運河には多くのヨットが停泊していた。途中、私の遊覧船がヨットの一隻に接触し、時間がロスされた。大したトラブルにもならず、挨拶程度で終り、ほっとした。オスロ行きのフェリー乗り場から、対岸の古い商業港の面影を残すクリスチャンハウン運河を巡る。古い倉庫群が海面に映り、遊覧船の波で揺れ動く。人魚姫の像を海上から眺め、Uターンした。さらに帰りは王立図書館沖から戻り、クリスチャンボー宮殿横の回廊を眺めながら元の桟橋に戻った。なお残るコペンハーゲン港繁栄の花道だった。

ツアーガイドは、「デンマーク語、英語、ドイツ語で説明できるがドイツ語は必要か」と問うと、乗船の老夫婦から手が挙がり、三ケ国語の説明となった。北欧ではドイツ語は定番のようだ。もちろん、最初はデンマーク語であった。北欧三ケ国語は、一般的には東京、大阪、薩摩または津軽訛りくらいの差といわれている。北欧人同士の会話は、それぞれのお国訛りで話している雰囲気のようで、それなりに話が通じているようだ。たしかに北欧人にとって口語ではそうかもしれない。しかし、デンマーク文字にはスウェーデン語にはない串刺しだんごの母音があり、戸惑った。ただ、単語そのものに慣れるとスウェーデン語、ドイツ語、英語からの推測が可能なために、「広い意味でゲルマン語はひとつの世界だ」と感じた。

フェリーを降りてからコンゲス・ニュートーゥ（王様の新広場）、国立銀行、王立劇場、シャーロテンボー宮殿を経てニューハウンで一休みした。ソーセージにアイリッシュコーヒーで喉を潤した。ここでなぜアイリッシュコーヒーなのか、深い意味はない。ふんわりしたクリームが美味しそうで、重厚な商館と異国の人々の群れに馴染む風情に思えたのであった。ソーセージはさらに意味がないのかもしれない。ただ、北欧の露天商のマスタード付フランクフルトソーセージは温かく、美味しい。旅の中でもしばしば食べ続けた。

夏の日差しの中で、多くの観光客やコペンハーゲン市民が街路のテーブルでひと時を楽しんでいた。

混雑した雰囲気と飛び交う異言語も心地よく、リズミカルであった。ここは遠いインド洋、アフリカや西カリブ海航海から帰った船乗りたちが集まったところでもあった。アイリッシュコーヒーを飲み、ソーセージを食べながら、場違いの昔の船乗り気分になっていた。アンデルセンがこの地をこよなく愛した理由がよく理解できた。いま、私は、コペンハーゲンの歴史と現代という狭間に立っているのだった。

ニューハウン

二〇年前に家族とスカンディナヴィア三国を旅行した時に歩いた海岸沿いを辿ってみた。

オスロや英国行きの豪華客船、大型フェリーやフリゲート艦を背景に写真を撮ったことが思い出された。なんとなく自然に当時と同じ行動となった。アメリエンボー宮殿の庭で、娘は衛兵と歩幅を同じにし、足を上げて歩いていた。おもちゃの兵隊である。アメリエンボー宮殿前の海岸公園からきれいに見繕いされているエスプラナーデンホテルとその裏庭の古い商館前を通り、ゲフィオンの泉へと辿り着いた。

ゲフィオンの泉は、いつもは見事なほどに勢いよく水を吹き上げていたのだ。ところがここ数年間、なぜか止まっているのだった。観光客の子供が四足を地面に食い込ませるように土を

ゲフィオンの泉

運ぶ牛の背に乗り、母親がカメラを向けてシャッターを切っていた。このような親子の光景は、しばしば他の旅行先でも見られるので、止むなしである。ただ、吹き上げるエーレスンドの海水を分け、勇壮に進むゲフィオン親子のイメージとはかけ離れ、少々落胆した。だが、もらってやるぜと土を掘り進む息子の牛に鞭打つゲフィオンの顔。猛然と鋤《すき》を引きずる牛。虎視眈々と彼女たちの行く手を阻まんとする蛇の群れ。彫刻家アンデルス・ブンドゴード（アナス・ブンゴドー）の傑作は、水が吹き上がっているなしに関係なく十分に堪能できた。

最初、噴水停止は、コペンハーゲン市による水や経費節約のためかと邪推した。後に工事が始められて、噴水装置の故障と漏水と分かった。だが、時間がかかり過ぎるようで、どこかの国のお役所と同じかと思えて残念だった。市の説明文を読むと、故障内容が複雑で、修理が難しい。が、幸い、本体の彫刻像には異常がないという。二〇〇四年九月までに修理を完了し、ついでに、周囲も整備されるので、もう少し待ってほしいとの釈明と予告であった。似た例はどこの国にもあるさ。待ちましょう。あの勇壮なゲフィオンの水飛沫を。そのときは、心残りしながらそのまま引き返した。

二〇〇六年の夏、あの感動的なゲフィオンの雄姿を見ることができた。待っていましたとばかり心が躍った。水飛沫がカメラまで飛んでくるのもかまわずに、夢中でコンパクトカメラ、一眼レフカメラ、フイルムカメラと一時間以上も撮り続けた。観光バスの見学者も多く、カメラの前を行き来する人々を避けて撮影するのに一苦労。この作品が市民や旅行者たちに感動と物語性を与えていることは確かである。さらに、対岸の白い港、漣の海とコバルトブルーの空。花に囲まれた多くの記念碑。静かなカステレットの堀に倒影を落として聳える聖アルバニ教会。周囲の風景は、ゲフィオンの動画と一体となって私の旅情を醸成してくれた。

ゲフィオンに関する説はいろいろあるが、私なりに要約してみよう。

スウェーデンの王ギルヴィは、あるとき旅の女（北欧の主神オーディンの命による土地探しの旅ともいわれる）と楽しい一夜を過ごした。翌朝の別れにあたり、そのお礼に一頸木《くびき》四頭の牛が一昼夜で鋤いただけの土地を彼女に与えると約束した。ところがこの女はアーサ神の一人・ゲフィオンであった。さっそく彼女は北のヨートゥンヘイムに行って、巨人との間にできた四人の息子を牛に変え、巨大な鋤を前に付けた。息子たちを鞭で叱咤激励しながら大地を深く掘り揚げ、エーレスンド海峡を渡り、その土を南の海に運んだのであった。これが現在コペンハーゲンのあるシェラン島で、掘削された跡がスウェーデンのヴェーネルン湖になったといわれる。たしかに島と湖の形状がよく似ている。

この女神ゲフィオンは、アイスランドのスノリ・ストルソンの「エッダ」と「ユングリング家のサガ」の中で語られている。両者は、多少内容の異なりもあるが、国引きの話は同じである。

ゲフィオンは、北欧神話の男神フレイ（主人）の妹であるフレイア（女主人）と同類の豊穣の女神とされている。彼女の名は、古期北欧語「与える」（古期英語 gi(e)fan はこの語の影響を受ける）という言葉に関連するように、土地を豊かに実らせる農業の女神とされている。また、ゲフィオンは、処女で死んだ乙女を呼び寄せ、保護するともいわれている。フレイアとゲフィオンのいずれもが、首飾りを得るために自分を売ったという部分から、両者は、同一と見なす説もある（この彫刻像のゲフィオンの説も土地を得るために自らを売ったともいわれる）。しかし、北欧神話に詳しく、多くの訳書を書いている山室静は、これらを同一と判断するには材料不足と述べている。いずれにせよ、ゲフィオンは、特にシェラン島で崇拝された女神か、北西ヨーロッパで広く行われていた春の儀式の神話化と思われる。

K・クロスリィ - ホランドからこの神話が派生した詩句を記しておこう。

「この行事はまた八世紀の土地の豊作を祈るアングロ・サクソンの呪文に記憶されていて、（エルケ、エルケ、エルケ、母なる大地よ）の語を含み、こんな詩句で終わっている―

それでは犂を曳かせてやって、最初のうねを作らせよ。それから言うのだ

御機嫌よう、大地、人間たちの母！
神の抱擁で実り豊かになり
人間の用いる食料で一杯になれ」

（山室静・米原まり子訳『北欧神話物語』）

このゲフィオンのブロンズ像は、デンマークの誇る彫刻家アンデルス・ブンドゴードが一九〇八年に創作を依頼されて、一九〇九年にここランゲリーニェの一角に噴水として完成された。資金援助は、あの有名なビール会社ニュー・カールスベリィ財団で、依頼者はコペンハーゲンコミューンであった。なお、試作品は、ビスペエリィ病院の美しい庭に置かれている。

この「ゲフィオンの泉」の小さな塑造をデンマーク国立美術館の彫刻ロビーで見ることができた。ガラスケースに入った小さな粘土作りで、全くのアウトラインだけであった。多くの声価あるデンマーク彫刻家たちの作品群の中で、あのランゲリーニェの彫像を見ていなければ、見落すほど小さなものであった。しかし、じっと見ていると、次第にあの全景とゲフィオンとの調和の取れたイメージが髣髴《ほうふつ》と湧きあがってくるのであった。

原稿調整旅行の際には、現在手にしている以上の詳細なアンデルス・ブンドゴードの経歴を知りたいと思った。コペンハーゲン滞在予定は最終日である。何度か訪れている国立美術館を訪れて、フロントのスタッフに彼の資料を尋ねた。だが、美術館は改修中で図書の利用はできないといわれる。館内のブックショップを探したが、残念なことに彼に関する書籍は見あたらなかった。

館内はフランス美術展として、現代美術を含めたヴィーナスに関する一連の展示がされていた。入り口でアイロニーに富んだ美の極致の改竄《かいざん》（言葉がキツイカナ）を見た。作者の自己主張が現代美術の手法で加えられている。入るのを止めた。美のデフォルメを見る余裕はないのである。

館外に出て、芝生に腰を下ろした。裏庭の静かな風景を眺めながら朝食の残りを食べながら、なお

王立図書館

彼に関する資料に拘《かか》わった。

旅の苦労の楽しさは、末広がりのテーマがあると行動範囲が広がり、感動も強まる。

このゲフィオンの泉もその典型なのかもしれない。

小鳥が近づき私の顔を覗く。口に運びかかった一切れを与えた。そのとき、朝、救世主教会に行く途中の橋上から撮影した運河に映えるブラックダイヤモンド（王立図書館）を思い出した。資料があるかもしれない。

かつて、デンマーク教育の資料を探しに何度か訪れている。運河沿いにある王立図書館は、南アフリカ産の真っ黒な花崗岩からできている。デンマーク現代建築の代表作でもある。荷物をロッカーに入れ、エスカレータに乗った。ガラス張りから見える運河の広がりを眺めながら内部に入る。建物は書物の倉庫というイメージを完全に打ち砕いた。静かに広がる空間で、多くの人々がパソコンに向かっていた。

最初に相談に乗ってくれたスタッフもパソコンでこちらの資料を即座に検索してくれた。それから、資料相談室を案内してくれた。資料相談室に行くと、係りが瞬時にデンマーク美術資料の数ページを印刷してくれた。どうも資料の本がデータベース化されているようである。低い低い声でお礼の言葉を述べた。私の大声が室内の静寂を破壊するのを懸念したからである。その後で、下のカフェのエクステリアで運河を行き交う船を眺めながらコーヒーブレークとした。

ひとつメビウスの紐《ひも》の絡みが解けた思いであった。

彫刻家アンデルス・ブンドゴードは、一八六四年にユラン半島北部のオーレストロープとグラヴレーヴの間にある寒村エルステ（Ersted）の貧しい自作農に生まれた。湖とヒースの茂る自然環境は、彼の人生の基調となった。彼は、緩やかに流れる時間の中で、ガチョウや羊の番をしながらスケッチをしたり、影絵を切り抜いたりし、大いなる退屈を紛らわしていた。

堅信礼のあと、グラヴレーヴで礼拝奉仕の仕事に就き、僅かな報酬を得ていた。農家のクリスマスパーティや村の祭りでは、肖像画を書いて人々を喜ばせた。人物を実物以上に見せるために、照明を少なくセットし、そこに風景と人物を配置するという芸術的素質もしばしば見せた。

十五歳のときに、彼はポケットに十五クローネを入れて、コペンハーゲンへ旅に出た。若い誰もが、何かを求めて憧れの首都コペンハーゲンに旅立った時代でもあった。

酒場やレストランのウエーター、雑貨商の店員など一連の小さな仕事を経験する中で、ひとりの建築家エミー・ブリックフェルトが彼の才能を見出して、技術学校に通わせてくれた。

一八八五年、ブンドゴードは、コペンハーゲン美術大学に入学した。そこで、彼の人生に大きな意味を持つ彫刻家ステファン・シンドリングに出会い、師事することになった。シンドリングは、フランス自然主義派の影響を受けた「時の人」でもあった。ブンドゴードの後の表現形式はこのときに芽生えたものといわれている。

彼の生まれながらの芸術的な感性と技法によって前例の少ない二年という短期間で大学を卒業することになる。その後、パリに遊学し、ロダンや作風の異なるファルグイエーレ（Falguiere）やダロウ（Dalou）に出会い、彼らの感性を直に学ぶ機会となった。しかし、彼の最大の収穫は、エジプト美術の雄大な構成とその素材に花崗岩を見出したことであった。花崗岩は、その後、しばしば彼の作品に使用される素材ともなった。従来の範疇からすれば、単に教会彫刻の素材に過ぎなかったものを、全く新しい視点から周囲の自然と調和する素材を選ぶことになった。二年後に帰国し、建築家マーチン・ニューロープの下で、新しいコペンハーゲン市庁舎建築の装飾を手伝うことになる。そのときの代表的な装飾彫刻である「雌鳥と十羽のひよこ」や大きな「北極熊」は、現在でも市庁舎広場から見ることができる。

彼の最初の大きな仕事は、一八九九年にコンペティションによって製作依頼を受けた「ゲフィオンの泉」であった。約九年を要したこの作品は、その後、彼の最大の作品とみなされ、国民的な名声を得ることにもなる。この作品は、自然主義的な描写と国民の間に広がるネオロマンティシズムをモチーフにしたもので、当時のデンマーク思潮の結晶でもある。しかも、その後に続く小作品やユラン半島の一連の民族的逸話シリーズの原点ともなった。

最近、デンマーク内外で注目を集めてきた画家ヒューゴー・ラーセン（Hugo Larsen, 1875-1950）は、油絵「ゲフィオンの泉に取り組むアンデルス・ブンドゴード」を描いている。巨大な雄牛を彫るブンドゴードの姿は、「彫刻と死闘する」と表現できるような鮮烈な製作現場の描写である。その後、彼は多くの作品を残している。初期には市庁舎装飾から、リースダーポルターレン（国会正門）、コンゲポルターレン（国王正門）、著名人の肖像マスクなどの一連のクリスチャンスボー宮殿の装飾作品である。

彼の才能が発揮されたのは、多くの団体依頼による一連のモニュメントである。そこにあるのは、民族的ロマンティズムに代表されるグルンドヴィ思想と政治的スカンディナヴィア主義の攪拌《かくはん》であった。その背後にあるものは、新たなバルト海の風と波でもある。その代表的なモニュメントとして、ラナースにある「再統一」とカステレットにある「一八四八年と六四年のスカンディナヴィアの有志へのモニュメント」、そして、世界中のデンマーク移民、特にアメリカ移民によって建てられた「デンマーク人移民・思い出の丘」を挙げることができる。後者は、フレデリクスベア庭園（コペンハーゲン郊外）に隣接するセンダーマルケンにある。

移民問題はデンマークだけではなく、十九世紀北欧全体の大きな社会問題であった。当時、北欧では移民に対して議論が分かれていた。国内に残るものには、移民は貧困な同胞を見捨てて国を去ったという複雑な思いもあったようだ。それだけに、デンマーク政府当局は、アメリカのデンマーク移民団体がその作品をコペンハーゲン市内に設置することを望んだとき、必ずしも熱意を示さなかったようだ。このことは、芸術に内在する複雑な社会的問題性が表出したともいえる。

しかし、この作品は、彼のギリシャ彫刻の研究と新古典主義者カイ・ニールセンからの大きな影響を受け、その後モニュメント製作に徐々に力点を移す転機ともなった。

前の二つの作品は、一八四八年、一八六四年のプロイセン・デンマーク間の第一次、第二次スレースヴィ戦争の敗北から生まれた内なるデンマーク再生への呼びかけでもあった。

ドイツ・デンマーク国境にあるスレースヴィ＝ホルシュタインは、長い間、両国民が混在する紛争地域であった。歴史的には、両公国はデンマーク王国に属していたが、第二次スレースヴィ戦争の結果、それらはプロイセン・オーストリアの共同管理となり、デンマークは国土の四〇パーセント以上を失うことになった。その後、「アイダー川までデンマーク」の合言葉による国土奪還運動を乗り越えた。デンマーク知識人や国民は内なる再生を求めた新たな民族的ロマンティズムと新スカンディナヴィア主義を模索し始めるのであった。

長い懸案の問題は、第一次大戦終結後、ヴェルサイユ条約に基づいて北部スレースヴィの第一ゾーンと第二ゾーンで住民投票が実施された。その結果、第一ゾーンは一括処理で七五パーセント以上のデンマーク帰属の賛成を得たが、第二ゾーンは地方自治体ごとの投票となり、デンマーク希望は各自治体ともすべて五〇パーセント以下となった。かくして第一ゾーンだけがデンマークに復帰することになった。しかし、なお残り火はデンマーク人の心に灯り続けているようである。

ラナースにあるモニュメントは、母（デンマーク）が跪《つまず》きながら息子（スレースヴィ）を迎える姿を彫像している。多くのボランティアとカールスベア財団の支援で、南ユラン連合が建てたものである。ここは、現在でも多くの若者たちが集う場所ともなっている。ヨーロッパはひとつという怒涛のような流れの中で、それでもなお若いデンマーク人がかつてのスカンディナヴィア主義にどこか拘泥している現象とも思える。

カステレットの西側にある花崗岩の女像には、ダンネブロ帯のついた花輪、そして生花が絶えることなく捧げられている。

「一八四八と一八六四のデンマークのための有志と戦死者へ思いを込めて 南ユラン再統一を残して」とモニュメントの基底に刻印されている。彼女の顔をジーッと見つめながら、国王や一部の権力者による政治的スカンディナヴィア主義に翻弄された多くの若者たちへ、私は哀悼の意を垂れたのであった。

モニュメントの女像

彼の少年の頃の夢は、故郷グラヴレーヴにある美しい石灰岩洞窟シングバック・ホーリゴードを所有することであった。幸い、一九〇五年、彼は創作活動に相応しい石灰工場を購入することができた。そこで、鉱山技術者であった息子が石灰工場の操業を着手し、経営責任を負うこととなった。アンデルス・ブンドゴードは、高さ八―十二メートルの鉱坑に彫刻美術館を作った。大聖堂のような丸天井は、多くの彫刻された骨組みで構成されている。鉱坑の照明効果、温度、湿度、そして雰囲気は、彫刻保存と展示に最適な状態である。

彼は、ここに彼の作品の石膏モデルを多く配置した。特別室には、「移民の岩屋」を作り、デンマーク人のアメリカ移民を物語るレリーフを置いた。現在でも、この石灰美術館は公開されて、子供たちの創作活動を支援し続けている。

彼の作品は、いずれも背景の神々しい自然環境と作品の基底にある物語性の調和に特徴を有している。

彼が子供の頃、家族は夕方に小さな部屋に集い、祖母や父が代々語り継がれた民話や森の歴史を子供たちに聞かせることが慣わしでもあった。少年ブンドゴードは、貧しい家計収入を補うために、町で売る木靴を作りながら、その物語に耳を傾けたのであった。これらの幼き頃の原体験が大きな自然に抱かれたモニュメントとして作品の中で具象化されたのであった。

さらに彼の息子もまた、父の彫刻を石灰美術館にセッティングすることで、次世代の子供たちに物語を伝えるようになった。少年ブンドゴードがヒースの茂る中に佇むように、自然は常に芸術家にとって体験の場所でもあったのだ。彼の作風が壮大な自然に突き動かされたような印象を与える原点はここにあるのだと思える。

故郷オーレストロープの教区墓地では、「ゲフィオンの泉」の残りの花崗岩で作った彼の墓石を見ることができる。背にはラテン語で「息子によって作られた」と短く刻印されている。墓石の上では、美しい木々の緑とグラヴレーヴの谷間を眺めながら、ひとりの少女が日向ぼっこをしながら横たわっている。それは、彼女を創造したひとりの男性の物語に耳を傾けている姿勢とも理解できる。

彼の人生を辿ってみると、少年の頃、あるいは青春時代の体験がひとりの芸術家にいかに大きな影響を与えたかを知ることができる。そこには大きな社会背景という風と波の中で、生涯、彼はユラン半島の思い出を追い求めたのであった。彼は祖母や父の語ってくれた民話の夢を彫刻という具象で実現させた。そして、美術館をわが手で作り、拘った花崗岩彫刻の中で目を閉じることができたのである。ゲフィオンの泉は、うねる歴史の中で個人的体験をいかに芸術に昇華させたかを感じさせた。

ゲフィオンからの水飛沫は風が吹くたびに顔にかかる。多くのゲフィオンを訪れている人々の姿が、その度に雫の静止画となった。

デンマーク・レジスタンス

ゲフィオンの泉の近くには、一八八七年に建てられたイギリス国教会の聖アルバニ教会がある。その南に、第二次大戦中に対ナチスと戦ったレジスタンス・デンマーク自由（あるいは解放と訳しているものもある）博物館がある。狭い入り口の広場には、当時のデンマーク製の装甲車が展示されている。この装甲車は、ナチス・ドイツの占領期間に手づくりされ、最後の占領軍に投降を呼びかけたものである。デンマーク解放と新しい夜明けを象徴したものだ。

ゲフィオンの泉を撮影した後、この自由博物館を訪れた。入り口で入場料を払い、展示されていた資料を購入しようとした。少々金額がはずむので、クレジットカードを出して、テンキー入力装置に暗証番号を入力した。すると、年配の男性係員は暗証番号が違うようだという。もう一度入力してみたが、だめだった。

金融関係のカードには、二種類の暗証番号を使用していた。念のために別の番号を入力してみた。やはり、だめだという。万が一のために持っていたもう一枚のクレジットカードを渡した。今度は、無事に暗証番号が入力されて資料を購入することができた。ザックに資料を入れて入館したものの、気持ちが落ち着かなかった。まるでこれから見る「第二次大戦中の不安」を予知しているように思われた。

　エントランスの正面コーナーは、一九三三年からのドイツ・ナチズムの歴史と第二次世界大戦勃発時までの様子が展示・説明されていた。

博物館前にある装甲車

　ナチス党は、一九二〇、三〇年代のドイツの経済危機の中で、暴力による権力奪取と民主主義の否定、ユダヤ人迫害によるドイツの復興をテーゼとして掲げた。一九三三年、ヒンデンブルグ大統領がナチス党のヒトラーを首相に任命すると、坂を転がるように民主主義の破局に向かった。

　大画面のスクリーンは、一九三九年四月二〇日のアドルフ・ヒトラーの五〇歳誕生日を祝うニュース映画であった。音がないだけに、いっそう不気味な世紀を予言しているようであった。

　一九三九年九月一日。ナチス・ドイツ軍がポーランドに侵入し、第二次大戦の火蓋が切られた。ガラスの展示フロアには、ナチス・ドイツに対するデンマーク・レジスタンスを証拠立てる数多くの写真や品々が展示されていた。地下活動の反ナチス・ドイツの新聞は、多くの危険と犠牲のもとに密かに発行が続けられた。その大小の印刷機と発行物、そして発行に携わった人々の写真。まさに「ペンは剣よりも強し」とはこの展示を意味するといえる。展示されている数多くの品々には、レジスタンス市民の工夫が施されていた。連合国への賛意を彫りこんだ五オーレの硬貨。レジスタンスを呼びかけた各種のシールやポスター。ナチス・ドイツ軍に嫌悪感を抱かせたデンマークを象徴する赤・白模様の帽子などである。そして空や海から供給された連合国や同胞の武器と弾薬。

中立国だったスウェーデンからの陰の支援物も数多く見られた。その中のひとつにスウェーデン国旗の付いた浮きヴイがある。地下組織連絡用に発信機が取り付けられていた。スウェーデンの中立という立場をうまく利用した逸品である。

武器入りのビール箱

最もアイロニーに富んだ展示物は、ビール箱である。これは、現在でも同じであるが、スウェーデンはアルコール規制が厳しく、アルコールに対する税も高い。そこで、多くのスウェーデン市民は、数段重ねたビールビン箱をキャリーに載せて対岸デンマークに買出しに出かけるのである。そのビール箱の一番下には、武器や弾薬が隠されていた。これを見て、思わず口元が緩んでしまった。納得、納得。

展示は、一九四〇年四月九日からの占領に始まり、年代順にテーマを追っている。建物は中庭を囲い、デンマークの屈辱から輝かしいレジスタンスへと歴史の回廊を造っている。どの展示フロアを見ても、いかに小国が戦争局外で中立を守ることが幻想に過ぎないかを教えてくれた。

一九三九年四月、ヒトラー五〇歳の誕生日にナチス・ドイツはデンマークの中立を尊重することを表明し、同年五月三一日には、デンマークと不可侵条約を締結している。また、第二次世界大戦勃発の二日後に、デンマークは中立を宣言した。そのため、在ベルリン・デンマーク公使からナチス・ドイツ軍のデンマーク攻撃に関する極秘情報があっても、多くの指導者たちは全く関心を示さなかった。一九四〇年四月八日、ナチス・ドイツ艦隊と機械化部隊が国境を越えて北上していたが、それさえ信じるものがいなかった。

一九四〇年四月九日早朝、ナチス・ドイツ進撃数時間にして、デンマーク政府は「デンマークの領土の主権と政治的独立」を条件として、ナチス・ドイツ軍によるデンマーク占領を認めて、降伏せざるをえなかった。

その後、ナチス・ドイツは、瞬く間に、ノルウェー、オランダ、ベルギー、そしてフランスを攻撃した。全ヨーロッパ支配は、時間の問題であった。直ちに占領後、デンマーク政府は四党からなる連立内閣を形成し、ナチス・ドイツの重なる要求を受け入れ、国の喪失とナチ化を避ける努力を続けた。ある意味では生きるために、デンマークはプライドを捨て、柔軟に協力することで、時代の転換点を待つほかに方法はなかったのである。

他方、陸海空によるナチス・ドイツ軍のノルウェー総攻撃の中で、ノルウェー政府・国民は激しい反撃・抵抗を続けたのであった。また、スウェーデンは、ナチス・ドイツの恫喝と威嚇の中でバルト海に漂う木の葉のような小船に乗り、身を屈めながら武装中立を死守しようと懸命であった。バルト海全域が暴風帯となった。

平坦なドイツとの陸続きの地勢、チャーチルの支援断念、スウェーデンの孤立主義、度重なるスレースヴィの敗北、圧倒的なナチス・ドイツの軍事力。この時期のデンマーク無抵抗について多くの理由が語られている。このあたりの話になると、それぞれの立場で議論が沸騰する。だからこそ、この小博物館は「いかにデンマーク国民がナチス・ドイツに勇敢にレジスタンスしたか」を内外に示したいのだろう。その気持ちはよく理解できる。英文の資料はこの時代を「順応(adaptation)」と表現している。戦時デンマーク史の研究者ではない私にとって、この表現はなかなか理解の難しい、しかも含みのある語彙である。

一九四一年末ころから、地下新聞が発行され、非合法化した共産党を中心にレジスタンス活動が組織的に始まった。デンマーク・レジスタンスは、小さな穴から水が流れ、砂に浸透するように国民の各層に静かに広がった。ナチス・ドイツへの模範的従順さから、アンスラングという国歌の合唱運動、サボタージュ（多くの展示写真や図表が示すように、各地でのナチス・ドイツに対する輸送や工場での怠業、輸送機関の破壊活動までを含む）、抗議デモ、連合国への情報提供へと次第に「反抗的態度」を強めていった。さらに、ナチス・ドイツの対ソ戦を境にレジスタンスは先鋭化していった。

「カミュは反抗的態度を、革命的手段よりも人間の尺度にあった方法であると思い、革命によって一挙に征服をなしとげるのではなく、反抗をたえ間なく繰返すことによって徐々に勝利を占めようとする。革命の『颶風《ぐふう》の有効性』によるか、反抗の『樹液の有効性』をとるか、それはそれぞれの立場によって異なるというより、しかたがあるまい。」（佐藤朔訳『革命か反抗か』カミュ・サルトル論争あとがき）

「デンマークの首都コペンハーゲンの北方四五キロの地にハムレットの古城で知られるクロンボー城がある。一衣帯水を隔てて対岸スウェーデンを指呼の間に眺める海峡に面する、その古城の地下牢への入り口に伝説で有名なホルガーダンスクの眠れる中世ヴァイキング首領の坐像がある。剣と盾を引き寄せ、兜をかぶった長ひげの顔をうつむかせた石造である。彼の母国デンマークに外的が侵入してくるとき、彼は眠りより覚めてデンマーク国民の胸中に烈しい愛国の炎をともすのだ、という。それは正に第二次大戦中のデンマーク国民のすがただったのである。」(武田龍夫著『戦う北欧』)

一九四二年末から、一九四三年にかけて、イギリスの組織的な支援が確立する。プロパガンダのビラが投下され、地下組織を通して武器が密かに供給された。サボタージュはナチス・ドイツとデンマークの外見的な外交関係に強い圧力となった。多くの展示物にあるように、市民や地下組織のレジスタンスは、武器製造、手製の通信機によるイギリス・連合国との情報交換、レジスタンスメンバーや市民を鼓舞するステッカーやポスター、脱線や駐車転覆などへと次第に直接行動に発展していった。対して、ナチス・ドイツも報復襲撃、強制収容、そして戒厳令をもって対抗し、多くの市民やレジスタンスメンバーが虐殺や拷問の犠牲となった。博物館は、このあたりの歴史の瞬間を生々しく、劇的に陳列している。

同年三月の国政選挙において、デンマーク・ナチス党の議会進出は三議席だけに終わった。しかし、強まる国民の対ナチス・レジスタンスに内閣は辞任し、議会が機能停止に陥った。この時期を境にデンマークとナチス・ドイツは交戦状態に入ったと主張する国際法学者も多い。

一九四三年一〇月、ウエルナー・ベスト占領軍は、デンマーク内のすべてのユダヤ人を国外追放のために逮捕しようとした。だが、直前にナチスデンマーク公使館の雇用人から計画が漏れた。多くのユダヤ人は、レジスタンスメンバーや市民の手で中立国スウェーデンに逃れることができた。このときの多くの写真や記録が展示されている。エーレスンド海峡の対岸は、デンマーク人やユダヤ人にとって大きな灯火であった。スウェーデン政府も、直接デンマークへの軍事支援はしないものの（とてもそのような状況ではなかった）、多くの市民による密かな武器弾薬の供給、レジスタンスメンバーの訓練、難民の救済を行った。長い愛憎の歴史を持つ両国は、このとき、エーレスンドの海底でしっかりと手を結んだのであった。

戦時期のスウェーデンの中立政策に対して、兄弟国見殺しの非難や議論がある。だが、中立政策やナチス・ドイツへの苦渋の譲歩があったからこそ、連合国やレジスタンスへの暗々裏の支援ができたのである。東にフィンランド（ナチス・ドイツによる足枷）、西にノルウェー（占領とレジスタンス）、南にデンマーク（占領）という地理的環境の中で、武装中立を死守しながらも、人道主義を旗印に同胞や連合国を支えたのであった。国を守り、同胞と共に生き延びるということは、塗炭の苦しみだったのだ。いかがだろうか。

中庭の中央には、痩せたブロンズが蹲《うずくま》り、苦しい表情で自由とは何かを訴えている。アバラ骨がくっきりと浮き出ている。この彫刻「倒れる青年」は、クヌート・ニールモーセの製作で、ハルフダウン・

ラスムッセンの詩を書き添えている。

瞬く間に彼は遠ざかる
今、何ものも彼に苦痛を与えるものはない
誰も彼の仲間を裏切ることはない
彼を叩き探すこともできない
収穫の嵐の時間が去る
戦いの必要さえみるみる小さくなる
今夜、友がここにいる
彼の夢は永遠にわれらのものである
（著者訳）

中庭のブロンズ像「倒れる青年」

詩人・劇作家カイ・ムンクもレジスタンス運動の中で見逃すことのできない人物像である。

ムンクは一八九八年にデンマークのローラン島に生まれた。五歳までに父母を失って孤児となり、親戚や牧師の援助で大学に進み、卒業後はユラン半島の寒村の牧師になる。彼は牧師の仕事を勤めながら、神学生時代から憧れた戯曲を多く書いた。ユダヤ王ヘロデ王の蛮行と神に屈服する出世作「一理想主義者」を始め、伝統破壊のイギリス国教創始者ヘンリー八世を描いた「キャント」、あるいは精神錯乱から立ち直って奇跡を行う「言葉」の主人公ヨハンネスなど、強い欲望を実現する人間像を好んだようである。特に、彼はヒトラーやムッソリーニのような権力を求めた「強い人間」に関心を抱いていた。これは、当時、政治経済の停滞と不信からデンマークのみならずヨーロッパ国民の間にあった強い指導者の出現を待望していた風潮とも共振するものであった。

しかし、ヒトラーが本格的なユダヤ人狩りに及んだことを機に、彼の行動は大きな転換を迎えたのであった。彼はベルリン滞在中に、劇作「彼はるつぼのそばに坐っている」を本国に送った。この作品は彼の大きな思想的転向でもあった。

ドイツの良心的考古学者は、瓦礫の中から発見したイエスの像がユダヤ人ではなくアーリア人の容貌であると声明するように権力者から強要される。しかし、彼はそれを拒み、大学を辞して、愛する有能なユダヤ人女性助手と亡命するという筋書きであった。教授は栄誉を誑《たぶらか》され、投獄で脅される。しかし、最後まで真理を守る決意をして、決然と権力者の命令を拒否するのであった。この作品は、デンマークでの上演はできず、反ナチスの色濃いノルウェーでの上演となった。この作品で、彼は一転して親ナチス派と見られていた状況からナチスの要注意人物となった。

ヒトラーのオーストリア併合、チェコスロヴァキアのズデーテン地方の割譲と保護国化。ムンクはヒトラーに対する幻滅と自己嫌悪に陥らざるをえなかった。加えて、ナチス・ドイツは、ポーランドを侵略し、村々を焼き払った。彼は翻り、「戦争に向かって十字を対置し、十字の旗の元にすべての人々が戦線に赴くこと」を求めた。

一九四〇年四月九日の早朝、ナチス・ドイツのデンマーク進駐を聞いたムンクは、村長と村の学校へ行った。集まった子供たちや大人たちと共にデンマーク国歌を合唱し、デンマークの現状を真摯《しんし》に訴えた。彼のレジスタンスは、このときから公然となった。が、彼の姿勢は、武器を取って暴力で問題を解決しようとする言動は取らなかった。あくまで忍耐を持って、時の来るのを待つことを説いた。

その後、ドイツ軍に抵抗した中世デンマークの民族的英雄を題材とした「ニルス・エッベセン」に見られるように、彼は劇作と説教を通して、ペンと言葉でナチス・ドイツを強く批判し、抵抗していった。彼の言動からすると、親ナチス派からの牧師免職要求やゲシュタポによる強制収用所連行は時間の問題であった。多くの友人は、彼にスウェーデンやロンドンへの亡命を勧めた。しかし、彼は地下組織を支援しながら、祖国デンマークに留まることを決意した。

一九四四年一月四日、警察の者と称する三人の男に連行された。翌早朝、夜から降り積もった雪のある小高い丘へアビイルンネの側溝で、彼の死体が発見された。

ムンクの死は、デンマーク国民に驚愕《きょうがく》と哀悼の念を巻き起こした。彼に対する過去の批判者も武器を取り、命と交換に戦っているレジスタンスグループも、そして圧制の中にいる多くの国民にとっても、この訃報はデンマーク抵抗運動の精神的十字架となった。（山室静訳著『抵抗の牧師カイ・ムンク』を参照）

「レジスタンス」。この言葉は私の青春時代に血を沸かせ、心を躍らせた言葉であった。映画や小説の中で活躍するレジスタンス戦士の姿は、勇敢であった。自分をレジスタンス戦士と重ね合わせて、

開放に沸くテレビ映像

恋に陥り、戦い、そして勝利を傍らで静かに見守る主人公になってみたかった。しかし、現にこの記念館を訪れてみて、主権、人権、そして自由を守ることが、いかに多くの犠牲を伴うかを痛感するのであった。民主主義の崩壊時には、悪政や権威、権力に抗するため、そして、歴史の流れを変えるために、武力や暴力を肯定するは止むなしとも思えた。でも、それしか選択はないのだろうか。ムンクのようなレジスタンスもある。

だが、待てよ。

このデンマークの歴史の中に自分自身を置いた場合、本当に彼のような行動をとることができたろうか。ムンクという国民的名士は、言葉によるレジスタンスができた。だが、名もない小さな私にできることは、この記念館に展示されている多くの犠牲者のように地下組織での活動、また隠れた違法（?）の支援しかできないのかもしれない。あるいは、臆病にも、武器を取ることなく、老市民として卑屈な思いで限られたレジスタンス活動しかできないかもしれない。「勇気」――この言葉は難しく、苦しい選択である。

最後のコーナーでは、デンマーク解放の映像を見る。

一九四五年五月四日の午後八時三五分にＢＢＣ放送は、デンマークのナチス・ドイツの降伏を放送し、翌日午前八時に効力が発せられた。解放で沸く市民のパレード映像。喜びで振る国旗の波。笑顔、笑顔、笑顔の列。ナチス・ドイツ降伏のオリジナル電報が放映されて、人々の歓喜の声とデンマーク国歌が流れ出た。「自由」とはこれほど輝かしいものなのか。見ている私の感情もかなり高揚した。ただ時間がたってみると少々扇情的で、船酔いしそうな展示にも思われた。

入り口ホールの左側には、犠牲になったデンマーク船乗組員の遺品とレジスタンス戦士の残した最後の手紙があり、心を強く打たれた。デンマーク海軍の三分の二は、本国が占領されたとき国外にいた。それらの船の大多数は連合国の港に逃げ込み、乗組員はそのまま連合国の旗の下で彼らなりの戦いを始めた。多くの乗組員はアメリカとイギリス間の大西洋横断輸送で活躍し、ナチス・ドイツ潜水艦による犠牲者となった。また、ノルマンディー作戦に参加して、輝かしいデンマーク・レジスタンスの栄光を守った。

絞首刑の柱

海の遺品の反対側コーナーには、ナチス・ドイツの軍事法廷で死刑宣告を受け、処刑された犠牲者たちの木製の処刑柱が展示されている。彼らは、ここから三駅離れたヘルラップ近くの深い森にあるメモリアルパーク・レヴァンゲンに静かに眠っている。私は、彼らの死を讃える前に狂った世紀の戦争を憎みたい。彼らの残した手紙から、彼らの行為を「愛国心」という言葉で片付けたくはない。

エキセル・イエンセン（一九一九―四四年）。商務外交官、ＢＯＰＡサボタージュ組織メンバー。情報提供者の罪で逮捕され、ロスキルとリンステッド間の高速道路近くラウリンエ・ムウアで一九四四年八月九日に他のレジスタンス一〇人と共に処刑。

親愛なるお母さんへ

共感をもって、私の心にあった戦いを戦った。デンマークのために私のすべての人生を使ったのだと思う。だからこそ、私は死を恐れない。家族の皆さん。私を忘れないでほしい。皆さんが私にしてくれたすべてのことに感謝します。最後の望みは、皆さんが悲しまないということです。お父さん、お母さん、そしてメーレ。皆さんは私が幸福になることを約束してくれるならば、きっと、神はあなたたちを守ってくれるでしょう。素晴しい幸福な未来をあなたたちに与えてくれるでしょう。私たちは、死を乗り越えて再び会えるのだと信じます。そのような信念で心安らかに死に直面します。神はあなたたちと共にいます。オーレからの愛が届きますように。私が去っていなくなることを許してほしい。最後の別れに指輪をメーレに送ります。

神があなたたちと共にいることを祈ります。　　オーレ。

（著者訳）

コーナーの中央には、カール・ヘニング・ペダーセンのよる「自由の光」という大きなステンドグラスが、飾られていた。ステンドグラスの黄と青と赤の渦巻と木製の格子。それらは、今、われわれに何を問いかけているのだろうか。自由とそのために戦い、そして犠牲となった多くの命の尊さだろうか。それとも、現代美術にある鑑賞者の自由な想像に何かを委ねているのだろうか。視線が青、黄、白、赤の渦を追う。過去から未来へ、光の干渉が青いバルト海を覆っている。このステンドグラスは、デンマーク・レジスタンス運動を表現し切った傑作であり、自由を求めたバルト海史の風と波でもあった。ステンドグラスの前には、骨壷が安置されている。その台座には、オットー・ゲルステドの詩が刻まれている。

ステンドグラス「自由の光」

このホールを去るあなた
ここで立ち止まり、一瞬考えてごらん
犠牲になったものたちを
彼らは、われわれに褒美を与えてくれたのだ
そして、再びあなた自身の道を行きなさい

しかし、記憶においてほしいことがある
あなたの道の選択が、彼らの血を無駄にするか
あるいは、命の炎の中でそれを讃えるかを

（著者訳）

ステンドグラスを見つめた後、レジスタンス期間に匹敵する五段の低い階段をしっかりと下りた。メインホールの床に足が達するまで、時間が長く、長く感じられた。外に出た。雲が垂れ込み、雨になりそうだ。

近くにあるチャーチル公園には、珍しいウィンストン・チャーチルの胸像がある。なんと口にくわえたトレードマークの葉巻をうかつにも落としてしまい、狼狽しているチャーチルなのだそうだ。ほんとうかな。第二次大戦中のデンマーク支援を感謝して建てられたという。だが、状況は複雑だが、ナチス占領当初、チャーチルはノルウェー支援を宣言したものの、デンマークの見殺しはやむなしと思ったことも書き加えておこう。

大人の童話――『人魚姫』

自由博物館とゲフィオンの泉からランゲリーニェ遊歩道に沿って、カステレット稜堡を歩いた。涼しい風に案内されるような散策だった。このあたりは、紺碧の海が広がり、多くの観光客が訪れるところでもある。世界のいくつかの「がっかり名所」といわれる可憐な人魚姫の像もこのカステレット城郭の北にある。

人魚姫像は、一九一三年に彫刻家エドワード・エリクセンによって作られた。当時王立劇場では、バレー「人魚姫」が上演されていた。それを見たカールスベア・ビール会社二代目社長カールス・ヤコブセンが、この像を制作するアイデアを思いついたといわれる。モデルとなったのは、王立劇場のプリマドンナで、それが縁で後に彫刻家エリクセンの夫人になった。それだけに、一般伝説による人魚と違い、全身、均整の取れた肢体を持ち、半身魚とは縁が遠い。わずかに足の先にヒレが付いているだけである。モデルの美しさを最大限に表現した姿態である。

この美人像は、過去何度も落書きされ、首を切られ、腕を持ち去られ、一部、爆破されたこともあった。その度に、アンデルセンファンばかりではなく、世界の多くの大人や子どもたちが悲しんだ。それだけこの像に魅せられ、関心を持つ人々が多いのである。だが、繰り返される事件は残念なことで

人魚姫の像

ある。幸い、一九一二年以来の像が鋳造石膏として残されているために、事件が起きるたびに修復されている。

暴力や破壊による美の否定は不可能なのだと犯行者は知るべきである。たとえ、すべてが破壊喪失されても、人々の心にある人魚姫像を壊すことはできないのである。人魚姫はコペンハーゲンのシンボル、世界の人々のアイドルとして座り続けるのである。なお、人魚姫像の絶えざるこのような騒動に対して、沖合移転計画が進められている。人魚姫にとっても、ファンにとっても風景に調和した移転となることを願う。

逆に、失望したという観光客にひとこと言わせてもらいたい。もしも、この像がニューヨークの自由の女神や鎌倉の大仏ほどの巨大さだったならば、童話のイメージと適合するだろうか。たしかに、人魚姫の座高が八〇センチメートルとすれば、現在の少女としては、すこし小さいとも思う。だが、敢えて数字をあげれば、日本の文部科学省調査（平成一五年）の十五歳女子の平均座高が八五・二センチメートルである。足の長い北欧美人と二〇〇年前のことを勘案すれば、この座高は納得の範囲ではないだろうか。

遊覧船から見た像も、公園の散策路から眺めた像も、海底から浮上し、岩肌に腰を下ろしている童話の人魚姫そのものである。原作は、広いコペンハーゲン港口で人目を避けて、海、空、渚、森を背景に佇んでいる姿なのである。ただ、人魚姫はかわいいという表現よりも、美しいのである。「美」を表現し尽くしている。失望者の立場に譲歩するならば、周囲の風景が広大すぎ、人魚像が小さく感じるのではないだろうか。

もともと人魚姫たちは、十五歳になったとき、初めて人間の世界に浮上し、人間の目に触れないひと時を過ごすことになっている。この童話に描かれている雰囲気と違うのは、人間さまの勝手な行動のためである。人々は、付近のスタンドで売る茹莢豆《ゆでさやまめ》やアイスクリームを食べながら、人魚姫を眺める。他の人々は、人魚姫に寄り添って撮影し、また隣の岩で人魚姫を真似たポーズを取ってはフラッシュを浴びる。多くの遊覧船が頻繁に像に近づいては、ガイドの拡声器の音を残して去る。喧騒な童話の世界になっている。アンデルセンも、予期せぬ風景に驚いているかもしれない。

童話『人魚姫』は、アンデルセンが名作『即興詩人』で名声を博した後に書いた第三童話集に含まれている。前作『即興詩人』が好評であったために、ジャンルが異なり、批評は好ましくなかった。しかし、その後、人魚姫は近代童話の確立として、世界的に認められる作品となった。

「海をはるか沖へ出ますと、水は一番美しいヤグルマソウの花びらのように青く、このうえなくすんだガラスのようにすんでいます。ところが、その深いことといったら、どんなに長い、いかりづなでもとどかないくらい深くて、教会の塔をいくつも、いくつも積み重ねて、ようやく水の上までとどくほどです。このような深い海の底に、人魚たちは住んでいるのです。」（大畑末吉訳『アンデルセン童話集1』）

この深い海の底の城に六人の姫がおり、特に末娘が一番きれいで、この童話の主人公でもある。この姫たちは、十五歳になると海の上に浮かび上がって、岩の上にすわって、お月様の光を浴びながら、そばを通る大きな船を見たり、森や町をながめたりすることが許される。

その末娘が十五歳になった。初めて海上に浮かび上がり、船に乗っている王子を見初めることとなる。ところが、この船が嵐で難破してしまう。人魚姫は波間に失神する王子を助けて海岸にたどり着く。介護をしているうちに、人（隣国の王女）の気配でその場を去ることになる。その後、人魚姫はこの王子が忘れられず、魔女の助けで自分の美しい声と引き換えに人間の姿になることを望む。魔女から貰った薬を王子の住む城の階段で飲むと、両刃の剣が突き刺さったような痛みのあとに、美しい白い足の人間に生まれ変わる。人魚姫はそのまま気を失っていると王子が見つけ、侍女とする。二人は幸せな短い時が流れる。だが、王子はこの娘が命の恩人とは知らずに、隣国の王女が彼を助けたものと誤解している。やがて王子は、その王女と結婚することとなる。

人魚姫の姉たちは、魔女から彼女たちの美しく長い髪と引き換えに短剣を得て、人魚姫に差し出す。王子の心臓を刺して、末娘が元の人魚に戻ることを促す。さもないと、王子の愛を得られなかった人魚姫は、日が昇らないうちに死ななければならない運命にあるという。これが童話（大人の）の粗筋《あらすじ》だが、特に風景と心理描写が美しい。ぜひ本物を読んでほしい。

華やかな結婚の宴の後に、人魚姫は眠っている二人の天幕に入る。

「人魚姫は身をかがめて、王子の美しい額にキスをしました。空を仰ぐと、あけぼのの色がだんだん明るくなってきます。姫は鋭い短剣をじっと見つめては、また王子の上に目をこらしました。その時王子は夢の中で花嫁の名を呼びました。王子の心の中にあるのは、花嫁一人だけだったのです。人魚姫の手の中で、短剣が、ぶるっ、ぶるっと震いました。――と、その瞬間、姫は短剣を遠く海の中に投げ捨てました。すると、短剣が落ちたあたりが赤く光って、まるで血のしずくが水の中から、あわ立って出てくるように見えました。早くも、半ばかすんできた目を、もう一度王子の上にむけたかと思うと、姫は身をおどらせて海の中にとびこみました。と、自分のからだがとけて、あわになってゆくのが感じられました」（大畑末吉訳）

だが、人魚姫は泡の中から抜け出し、空気の精と同じく、三百年、あるいはそれより短い年数で不滅の魂を授かり、神の国に昇る機会を得たのでした。人魚姫は、人目に見えないように、花嫁の額にキスをし、王子にもにっこり微笑みかけて、空気の精たちとバラ色の雲の方へと昇っていく。

美しいプラトニックラブの情景である。最後の人魚姫の思いは、テレビのサスペンスドラマの心理描写である。だが、決して王子に短剣を振り下ろすことなく、自ら実現しない恋の犠牲となる。彼の作品に多く出てくる結末ではある。そこには、彼の多くの実らなかった恋心を描いているといわれる。彼の海の底と地上の情景を美しい文章で描き、ヒューマニズムにあふれた言葉が波のように読むものの心を捉えるのであった。

人魚伝説は、バビロニアやギリシャの時代から世界各地にあった。手に櫛と鏡を持ち、海上の岩場に腰を下ろし、歌いながら髪を梳《す》く。人魚は、人間への誘惑の象徴でもあった。多くの話は、人間に恋し、結局は破局で終わる。スカンディナヴィアにも、人間と黒衣のアザラシ修道女の恋物語をはじめ多くの伝説が残っている。

デンマークにはひとつの有名な歴史伝説が残る。

一五七六年にカテガット海峡にあるサムソア島海岸に人魚が現れた。その人魚は岩場で漁をしていたひとりの漁夫に「現在身ごもっている女王には男の子が生まれ、いつの日か必ずスカンディナヴィアの偉大な王になる」と王に伝えてくれと話してきた。けれど、この人魚の予言が実現するにはいくつかの条件があるという。王は「人間の原罪、不道徳、そして悪魔と戦うこと」を約束しなければならないという。漁夫は、人魚の話したことをさっそく王に伝えた。すると王は、臣下の者たちに十分に目配りをして、彼の誓いを曲げることは決してないと約束する。さらに漁夫へは沢山の褒美を与えて、帰してやる。まもなく女王は男の子を出産し、その子が後のデンマーク・ノルウェー国王クリスチャン四世となったという。当時、誰もこの話を疑うものはいなかったといわれる。

だが、アンデルセンが書いた人魚姫は、単に多くの伝説の敷衍《ふえん》に終わることはなかった。海底の世界から人間を冷静に眺め、なお叶わぬ人間に恋する乙女（アンデルセンの姿）のやりきれなさを描いている。さらに、アンデルセンの手の届かない上流社会をシニカルに例えているともいわれる。深層心理学的にはアンデルセンの「心の演劇化や転移」と解釈するものもいる。不滅という魂を求めた強欲な者が辿った話であると結論づけるものもいる。とてもこの主張には賛成しかねるが、人それぞれの価値観で読み方も多様なようである。いずれにせよ、この作品を多角的に見れば、これは単なる子供の童話ではなくなってしまう。私たち大人社会の物語である。

上半身が女性（男性の場合もある）で、下半身が魚という芸術作品は、古くからたくさん見られる。コペンハーゲン散策中にも、コペンハーゲン市庁舎の大きなフレスコ壁画や国立美術館内の彫刻にそれを見ることができた。ただし、ランゲリーニェ遊歩道に佇むエリクセンの人魚姫像がやはり一番美しい。あくまで人間の究極の美を追求し、強いて既存の人魚伝説を排しているからかもしれない。このあたりに美に対する偏執《へんしゅう》と拒絶による破壊・破損の被害が生ずるのだという説もきかれる。

二〇〇五年は、アンデルセン生誕二〇〇年ということで、前後して、デンマーク始め世界のマスメディアが彼の特集を組み、多くの団体が記念行事を催した。そこで、人魚姫を書いた偉大なアンデルセンの生地オーデンセを訪ねてみることにした。

「私の祖国デンマークは伝説と古い民話、それに豊かな歴史に富んでいる詩の国である。これはスエーデンとノルウェーのものとお互いに入組んで伝わってきているのである。デンマークのいくつかの島には、立派なぶなの木の林の間に麦やうまごやしの畑が限りなく続いて、国全体が丁度大きな花園のように見える。そういう緑の島の一つであるフューネン島に私の生まれ故郷オーデンセという町がある。町の名は昔この地に住んでいたと伝えられる異教の神オーディンに因んで附けられたという。この町はフューネン州の都で首府コペンハーゲンから二十二哩隔たっている」（大畑末吉訳初版『アン

デルセン自伝』（旧漢字を一部修正）

朝、八時。ホテルを出発し、インターシティ・リュンで約一時間三〇分かかった。

十時近くにオーデンセ駅に着くと、まずユースホステル・ダンホステル・オーデンセ・シティに宿泊の予約をし、荷物を置いた。

向かい側に広がる緑の王様公園を南下し、オーデンセ劇場を左に行くと、広いトーマス・B・スリエス通りに出た。路地に入るとハンス・ヤンセン通りとバング・ボーダー通りの角に美しい黄色い家がある。このロマンチックな家がアンデルセンの生誕の地といわれている。この跡地に世界で初めての作家の人生と作品を中心にしたアンデルセン博物館が、一九〇八年に開館された。二〇〇四年には、生誕二百年を記念してリニューアルされた。

アンデルセン幼少時の家

この付近は、アンデルセンが生まれたときは、オーデンセでも最悪のスラム街で、およそ五家族・二十数人以上が住んでいた。彼の住んだといわれる長屋も三世帯に分かれていた。家は木製の床ではなく、硬い土間であった。壁は漆喰《しっくい》のない煉瓦と木製のもので、天井は埃と雪の侵入を防ぐだけの貧しい作りであった。この集落には、モルモン教徒たちも住み、後に父方の伯母も住んでいたといわれる。アンデルセンは、一八〇五年四月二日にこの場所に生まれたといわれているが、本当の生家ははっきりしない。それだけ彼の家族は、風雨を凌《しの》ぐ家を探すのに困窮していたといわれる。

その後、ムンケメール通り三番地に移り、二歳から十四歳までをここで過ごした。アンデルセンの幼年時代の思い出はこの地に始まった。

アンデルセン公園を訪れた帰りにこの住まいを訪ねてみた。既に六時も過ぎていたので、中の展示物を見ることはできなかった。少年時代の家は、彼の詩の中で「ただ一室と小さい台所、それでもすべてが大きくりっぱに見えた」と書いているように質素な内部であったようだ。童話『雪の女王』は、この場所から創作インスピレーションが沸いたといわれている。周囲も閑静な黄土色の路地裏となっていた。彼の七十歳の誕生を記念して公開され、現在、保存のために見繕いされていた。私が訪れたとき、老父と成人の息子と思える二人が、しきりにカメラのシャッターを押していた。


アンデルセン博物館の入り口は明るく、広い中庭と池がガラス越しに見えた。アンデルセンの肖像ポスター前で、中年の女性が親しみのある顔で受付をしていた。まるで写真で見たアンデルセンの母のように小奇麗な、さっぱりした印象であった。入館料を払うと、「荷物は地下に置けますよ。ゆっくり楽しんでください」と話してくれた。

展示室は、最新の映像技術を駆使してアンデルセンの世界に誘ってくれた。

最初のコーナーは、アンデルセンの時代背景である。その時代の多くの小道具が前後に置かれ、当時のポスターや写真も雑然と添えられていた。

アンデルセン博物館の庭

「ハンス・クリスチャン・アンデルセンの時代（一八〇五―七五年）は大きな変化のときでもあった。ヨーロッパの生存出生児の割合が六〇パーセントという世界に生まれたのであった。君主が世の中の法であり、人々の多くは文盲であり、技術と科学の発展が進行していた。しかし、彼が死んだ一八七五年には、君主の権力は失われて、文盲の比率もほぼ最小になった。科学と技術は、社会に対して明確な衝撃を与えることになった。それでもなお、ヨーロッパは死の運命も貧困水準もかなり高く、性もタブーで、死刑制度は当然とされていた。ヨーロッパのあちらでもこちらでも戦争が行われ、それが普通であった。戦争は新聞に大きく取り上げられることさえない時代であった」とパネルは説明している。

このような時代背景の中でアンデルセンは、貧しい靴屋の子として生まれた。十一歳で父を失い、文盲の母親の下で育てられた。しかし、堅信礼を終えたあと、王立劇場の歌手を志してコペンハーゲンに出る。が、声がつぶれて夢を断念。王立劇場の経営委員のひとりヨナス・コリンの援助で詩人になるためにラテン語学校に入学するが、退学。コペンハーゲン大学を目指して勉強し、やっと一八二八年に無事入学を果たすことになる。しかし、処女作「アマー島東端までの徒歩旅行」（一八二九年）で脚光を浴び、続いて劇作「ニコライ塔上の恋」(一八二八年)を書き、これが王立劇場で上演されることになる。このあたりで彼の最初の童話「幽霊」も書かれ、一八三〇年の「詩集」に附載される。しかし、大学生活と詩作の両立に悩んだ末にコペンハーゲン大学生活を断念し、詩作家として身を立てることを決断する。

このような形で世に出た彼も、正規の勉学不足からかなりの酷評にあった。失恋による精神的な煩悶《はんもん》や消沈も絶えず多かった。その苦悩からの解放と新たな創作のエネルギーとなったのは「旅」であった。また、生涯、独身による孤独感と生い立ちから来る劣等感を珠玉の名作に昇華させたのもまた「旅」。鍾乳洞を流れる地下水脈のように、冷たく、清冽で、多くの伏流を持ち、心地よい温度となって地上に流れ出た源水、それが彼の「作品」であった。

まさしく、彼にとって「旅することは生きること」でもあった。

春の靄はもうあがった
どこもかしこもみどり色!
旅することは生きること
血は軽やかに駆け巡る!

太陽は輝き、花は香り
やさしい風がそよそよと吹く
さあ、いこう、いこう、帆を張って

旅することは生きること！

海では船が、陸では汽車が
ぼくらを引っ張る
どんなツバメよりも
白馬よりもなお早く

あたらしい民、あたらしい町が
空の雲みたいに行き交う
帆を張れるものはみな幸い
旅することは生きること！

小鳥の羽が窓をうつ
出て行こう今すぐに！
知恵の木の実は外になっている
健康のリンゴとともに

とんでいこう、くだものを摘みに！

あらゆる素晴しいもの、綺麗なもの
喜びの実を摘みに、さあ帆を揚げろ
旅することは生きること！

（山室静訳『アンデルセン童話　1』一部漢字に変更）

彼は、生涯、二十九回の海外旅行と六十回の国内旅行をしている。現代のような交通機関のない時代に、この数字は驚異的といってもよい。

博物館では、彼の旅先を地図上に示し、電気ボタンによって解説を加えている。彼の作品との関係や旅行先の写真、そして旅行カバンや小道具なども展示されている。また、彼についての多くの解説書や本も、旅と彼の作品に関して多くのページを割いている。特に、ドイツや南欧を愛したようで、その最も代表作といわれるものは、イタリアの風物に感激して書いた『即興詩人』であろう。この作品はイタリアの美しい文物を背景に、逆境に育った詩人の波乱な生涯を描き、世界の人々を感動させたのであった。わが国でも森鷗外による名訳で紹介されて、明治の文学界や世相に大きな影響を与えたのであった。

この時代のデンマーク人は、概してスウェーデン旅行には関心が薄く、当初、彼もまた同様であった。彼の旅先は、隣国ドイツはもちろん、イタリア、スペインと主として南の地域であった。そしてヨーロッパの果てトルコにまで足を伸ばしている。

旅先では、あらゆる物に関心をもち、こまめに記録を残すのに忙しかったようである。もう少し、のんびりと旅を味わうべきだと示唆した友人もいたほどだ。だが、逆に、それだけ旅から多くの感動を得ていたともいえる。

隣国スウェーデン旅行については、回数は少ないものの、当時のデンマーク人の偏見を正すような深い印象と感動を詳細に彼の自伝に書き留めている。また旅行記『スウェーデンにて』（一八五一年）も出している。

「『ヴァイオリンひき』が出た年、すなわち一八三八年に私ははじめて隣邦スウェーデンをおとずれた。イェータ運河を船で通ってストックホルムに行った。当時はまだ、『スカンディナヴィア親善』という言葉がとなえられていない時であった。古来幾多の戦争のために隣国同士の間にはまだ一種の遺伝的な反目の気分が支配していた。スウェーデン文学はほとんどわが国に紹介されていなかった。少しけいこをすればスウェーデン語はすぐ読んで理解することができるということすら知らないデンマーク人が少なくなかった。わずかにテグネールの『フェリティヨフ物語』と『アクセル』とが、それも翻訳で読まれるくらいであった」（大畑末吉訳『アンデルセン自伝』）

彼は蒸気船でイェータ運河を通りストックホルムまでの旅を続けた。途中の風景に感動し、「自然という書物」という表現で森と湖の国を賞賛している。船の中では、スウェーデンの閨秀《けいしゅう》作家フレドリカ・ブレーメルと邂逅《かいこう》し、また、ストックホルムでは多くのスウェーデン人にめぐり合い知己を得、彼らの好意に感謝している。

「ストックホルムの景観はナポリと同じく雄大」とイタリア風景と比肩している。初めてのスウェーデン旅行は、「学校でおうむ返しに習ったこと以上のことをおぼえた」ようである。私は、この文章を読み、「旅が生きること、そして人々の誤解と偏見を解く鍵」であると確信したのであった。

博物館は、絵やコラージュ、切り紙細工、スケッチなど文学以外にも彼の多彩な才能ぶりを展示していた。しかし、もはや書くべき余白はない。多くの彼の人生、作品、そして評論については、他の多くの書物や解説に委ねて、彼の最期の場面だけを博物館の資料や他の文献からつまみ書きしておこう。

一八七五年四月二日の彼の七〇歳の誕生日は、デンマークだけではなく世界中で記念祝賀が催された。しかし、彼の栄光が高まる陰で彼の身体は急激に衰弱していった。彼の晩年を支えてきたメルキオール家の人々は、彼を海沿いの同家の別荘ローリヘッドへ移して、手厚く看病した。

アンデルセンは、なおメルキオール夫人の手を借りながらも作品を書き続け、読書に没頭し、短い海外旅行さえも計画していた。しかし、彼の病気である肝臓癌を克服することはできなかった。

一八七五年八月四日の朝、「ドロテア夫人がいつものように病室を見舞うと、アンデルセンはすやすやと眠っていた。そこで夫人はしずかに病室を去ったが、数分後には看病にあたっていた下男が走ってきて、詩人が息を引きとったことを告げたのであった。これほど平和な死も、めずらしいのではないか。枕許には『ピドパイ寓話集』がページを開いたまま置かれていた。

メルキオール夫人はアンデルセンの日記帖の余白に書きつけた。

「いま、光が消えました。

ローゼンボー離宮公園のアンデルセン像

なんという幸福な死。十一時五分すぎ、最愛の友はこと切れたのです」（山室静著『アンデルセンの生涯』）

コペンハーゲンのフォル・フルーエ教会での彼の葬儀は、国民的な出来事であった。人々はアンデルセンへ最期の別れをしようと教会の外まで溢れていた。その後、彼はコリン家の墓にあるアシスタンス教会墓地に葬られた。彼の簡素な墓石には彼の詩「老いた人」からの一部が刻まれている。

彼の心象にある神が創造した魂は、
不滅であり、止まることも決してない
我々の人生は、天上にある人生の若芽の一部分にすぎない
肉体は死す、けれども魂は死すことはない
（著者訳）

「人生、それはいくつかの名所へ航海するようなものである。私が舵の前に立ち、私が自分の進路

を選ぶ。しかし、神は嵐と海を支配している。それから何が起ころうとも、私にとっては最良になる。……私の人生は、私のすべての作品の最良のイラストレーションともなるだろう」（「私の人生の偽ざる物語」博物館展示から、著者訳）

博物館の外には、イスラム風のおとぎの城と池があり、芝生では多くの観光客や家族連れが夏の強い日差しの中でひと時を過ごしていた。彼の作風の一端にあるアラビアンナイトの世界を透き見したのであった。この付近の家並みは、現在、歴史保存区域となっている。黄色の低層住宅群の窓辺には、赤やピンクの芙蓉やバラが咲き乱れている。カメラを構え一呼吸すると、先ほどの博物館内での興奮が退いて行くのが感じられた。

すぐ近くには、デンマーク最大の作曲家カール・ニールセン（一八六五―一九三一年）とその妻、彫刻家アン・マリー・ニールセンの業績を紹介する博物館とコンサートホールがあった。オーデンセ出身のカールは、作曲家、指揮者そして音楽教育者として多くの人々に広く知れ渡っている。が、アンの業績や生い立ちを知るのは初めてであった。動物と粘土の好きな少女アンは、彫刻という形で少女時代の夢を表現したのであった。

忙しい二人の芸術生活の中で、家族や子供たちを大切にした多くの写真を見たときに、あまりにもアンデルセンの人生とは対照的であった。オーデンセが生んだ二人の偉大な芸術家の博物館は、人生とはなにか、家族とはなにか、そして芸術とは何かを問いかけているようにも思えた。

アンデルセン像と聖クヌート教会

カール・ニールセン博物館前で一休みした後に、アンデルセン公園を訪ねることにした。

トーマス・B・スリエス通りを南下すると、美しい聖アルバニア教会。そして右側にイタリアのシエンナ市庁舎を模したオーデンセ市庁舎。左側にはアンデルセンが堅信礼を受けた聖クヌート教会があり、ここは作品「赤いくつ」の舞台ともなっている。聖クヌート教会は、一三〇〇年代に建てられた。明るく、高い内陣を持つデンマークで最も美しいゴシック式の建物である。

聖クヌート王は兄のハーラル柔和王が没すと、力で王位に就き、中央集権を強化させた。彼の重税と圧制に耐えかねた農民反乱軍は、礼拝中の彼をアルバニア教会の祭壇で殺し、後になって彼はここに運ばれた。彼が聖人として列席されたのは、ルンド司教への多額な貢物《みつぎもの》と次王の政治的配慮といわれている。歴史上の聖人には、このような世俗的な例も稀に見られる。政教分離の世界は、昔から難しいものだ。

教会脇にある緑の庭園を下りると、アンデルセン公園である。

緑の斜面の下にアンデルセンの銅像があった。この像は、彫刻家ルイス・ハッセルリイスによって作られて、一八八八年に駅前にある王様公園で初公開された。最初のスケッチモデルは、後ろ姿が批評家ハイベア夫人、女優ルイーゼに似ていると嫌悪されて修正された。さらに孤独そうな肩には、外套が掛けられた。少々、気の抜けたような平らな後ろ姿となっているが、それもよしとしよう。隔年に、この銅像に花輪が添えられて、追憶の詩が謳われている。

アンデルセンの母が洗濯をして生計を立てたという小川が見えた。水面に緑の陰が映える。木陰から見える教会は、清楚な貴婦人であった。いくつかの橋が架かっていた。小川の中ノ島に渡り、芝生に腰を下ろして、静かな風景を眺めた。小枝の葉がかすかに揺れた。白鳥がエメラルドの水にアクセントを添えていた。幼い女の子がしきりに犬を調教し、半裸姿の母親が芝生で日光浴。乳母車を押して散策する若夫婦。橋の袂《たもと》では若夫婦が笑顔でポーズを取っていた。老いた父親がカメラの構図を組むために、左右に動きまわる。母親がベンチで満足そうにその光景を眺めていた。北欧らしい風景画であった。

聖クヌート教会の鐘音が、公園の木々と広場を透徹して消え去る。小川が幽《かす》かに漣を立てる。四時三十分であった。

カステレットの詐欺師

朝から天気だった。ショッピング街ストロイエを通り、ローゼンボー離宮、国立美術館とニューボーダーまで辿り着くと、心地好い汗が流れた。ローゼンボー離宮公園では、多くの人々が散策や日光浴を楽しんでいた。この公園のアンデルセン像は、あのオランウータンのような市庁舎横のアンデルセン像とは違い、功なり名遂げた凛々《りり》しい姿だった。

エスターポート駅に辿り着けば、目の前にカステレット要塞があるはずであった。が、なぜか、勘違いをして、エストー（コペンハーゲンと近郊を結ぶ近郊列車）の鉄橋を渡ってしまった。周囲を見渡すと、波止場のような雰囲気であった。周囲に張り巡る金網の柱にユニセフの文字を見た。どうもユニセフの緊急食料援助の巨大な備蓄倉庫のようだった。ここから世界の難民や子供たちへ緊急食料援助がされているのかと想像すると何か胸に込み上げてくるものがあった。デンマークの「ヒューマニズムの米櫃」を見たのであった。迷子になった爺さんが、焦燥の見返りに思い出の光景に導かれたのかも知れない。

地図を逆さにしてみたり、横にしてみたり、現在位置を確認しながら、歩き続けた。そして、どう

カステレット要塞の堀割

にか、あのナチス・ドイツ占領時代の古写真で見たエスターポートに辿り着いた。しかし、周囲の雰囲気も建物群も全く変わり、駅の一部にその面影をわずかに漂わせているだけだった。

駅の交差点からカステレット要塞に入る。

稜堤に坐り、一休みした。朝食のりんごとゆで卵を食べて、ナチュラルウォーターを飲んだ。早朝からの活動で少々バテ始めてきた。だが、旅の満足感が湧水のように心に滲《にじ》んできた。

炭酸の入っている北欧のボトル水はどうしても飲めなかった。一日の活動が終わったときに、スーパーで食料と一緒に天然水を買った。水道水は安全のため、水を空《から》のボトルに詰めて持ち歩くこともしばしばあった。

要塞の掘割の木陰から自動車の往来が見えた。だが、騒音が水と森と空気に遮《さえぎ》られ、周囲は広大な平穏と静寂な画廊となっている。ときどき稜堤をジョギングする男女の姿が見られた。北欧人は、ほんとうにジョギングが好きだ。

離れたところに大きな風車が見える。風が息吹いているが、動かない。

絵画の世界だ。

水辺に葦が茂り、鴨の群れが見える。また、風が葦を靡《なび》かせる。

風車と大砲

芝生に横になり、空を眺める。水に数滴の牛乳を流したように雲が浮いている。目を閉じた。小鳥の囀《さえず》りが、リズミカルに聞こえた。

ノルウェーゲートを抜けると赤い屋根と壁の宿舎が両側に並び、反対側のキングスゲートが見通せた。これらの宿舎は、最初は通し番号であったのだが、現在はかつての宿泊者の愛称で呼ばれるようになった。ゼネラル・ブロックは、将官の住まいで、アーチラリーブロックは砲兵の宿泊所であった。従軍商人の宿泊施設であったフォーチュン・ブロックとゼネラル・ブロックの間を過ぎると広場にあたる。広場の西側の奥にはカステレット教会があった。裏の堡塁に上がると、先ほど遠くから見えた風車が目前に見え、対照的にキャノン砲が配置されていた。

静と動である。

カメラを取り出した。風車と大砲は、この要塞の歴史を具象しているようで、どうしてもひとつの構図で写したかった。カメラのアングルを変えたり、ズームを利かせたり、草叢《くさむら》に顔を埋めたりして、どうにか数枚の写真を撮ることができた。

最初の風車は、強風で破損したが、すぐに新しい風車が建てられ、その後、多くの風車が稼動するようになった。ただ、現在残っているこのキングスベーストンの風車は、突風にも耐えられるように羽根が固定されている。回転しないが、カステレット要塞風景になくてはならないものとなった。

星形の要塞はヨーロッパ各地に見られる。この星形要塞カステレットは、コペンハーゲン港の入り口を防御する目的で、一六六二年から一六六五年にかけて建築された。別名フレゼリクハウン要塞と呼ばれ、フレゼリク三世の命でオランダの要塞建築家ヘンリック・ルーセによって建築された。最初は、あの開発王クリスチャン四世によってコペンハーゲン防衛のために設計されたセント・アンズブルワーク堡塁に始まる。けれど彼は計画の完成を見ないで死んだ。

その息子、フレゼリク三世は、一六四五年にトシュテンソン戦争（スウェーデンでは「デンマーク戦争」と呼ぶ）で失ったハランド等を奪還し、またその時ホルシュタイン公爵として受けた屈辱を晴らすためにスウェーデンに宣戦した（第一次カール・グスタヴ戦争）。だが、スウェーデンの若き王カール十世は、ポーランドで戦っていたが、軍を引き返し、ドイツを横断した。さらに、全軍が凍結したストーアベルトとリレベルト両海峡を渡り、シェラン島に上陸するという奇襲戦法をやり遂げた。海峡は、一〇〇年に一度あるかないかの氷結であった。凍結した海の寿命は、風と波の動きにかかっていた。カール十世は、スウェーデン史上最大の風と波の意思決定をした。彼の熟慮と天候はスウェーデン軍に味方した。一部の犠牲者は氷の波に沈んだが、ほぼ全軍、氷上突破に成功したのであった。そして、雪や氷の溶融した悪路を首都コペンハーゲン、二二キロの地点まで迫った。

コペンハーゲン防衛のカストレット要塞は未完成のままであった。海軍もまた氷結した海では動きがとれずに、兵士の戦意も失いがちとなった。一方、陸路をスウェーデン軍は破竹の勢いで止むことがなかった。この時点で、フレゼリク三世は、戦局の不利を悟り、ロスキレで厳しい条件を呑み、停戦せざるをえなかった。この一六五八年二月のロスキレ条約は、スコーネ、ハランド、ブレーキング、ボーンホルム、それにノルウェー中部のトロンヘイム地区を割譲し、賠償金を支払い、軍艦を引き渡した。さらにスウェーデン軍のデンマーク駐留等多くの譲歩をせざるをえなかった。

だが、この半年後にカール十世は条約を破棄し、コペンハーゲン総攻撃を開始した（第二次カール・グスタヴ戦争）。コペンハーゲン市民は、包囲された首都防衛に郊外の家を焼いて、スウェーデン軍の補給を絶った。さらに、市民は、相手の食料と水の供給阻止に耐え続けた。このときのコペンハーゲン市民の王室に対する熱意と協力、そして忍耐はナチス・ドイツ占領下の状況に匹敵するものといわれている。

スウェーデン軍に対するレジスタンスや暴動がスコーネをはじめ、各地に引き続いた。さらに、エーレスンド海峡とバルト海の利害に関わるオランダ海軍がスウェーデン援軍を開始した。フランスやイギリスの思惑なども動く中、カール十世が突然の熱と感冒で死ぬという大きな状況の変化が生じた。これを機に、イギリス、フランス、オランダを中心としてバルト海周辺諸国の平和的解決が模索された。

一六六〇年五月に対ポーランドとオリヴァ条約が締結され、大陸でのスウェーデン領（リヴォニア）の割譲・返還がされた。

続いてデンマークは一六六〇年六月のコペンハーゲン条約を締結した。ボーンホルムとトロンヘイム地区の返還を得たが、スウェーデン南部のスコーネ地方はそのままスウェーデン領として残った。

バルト海入り口・エーレスンド海峡を取り戻すことはできなかった。スウェーデンは、オランダ、フランス、イギリスによるバルト海覇権の介入という国際政治のバランスから、辛くもエーレスンド海峡北部を死守することができた。

デンマークの三年間のこの戦いは、国内に経済的な疲弊をもたらしたばかりではなく、貴族（騎士）に対する社会制度の改革を招き、フレゼリク三世の絶対王政が確立することになった。

フレゼリク三世は、スウェーデン戦を教訓に、騎士戦から近代砲撃戦に耐える堅固な要塞を作ることを決意した。最終的には最初のヘンリック・ルーセの設計にはない宮殿や教会が要塞内に作られた。これは彼のこの要塞に対する思い入れとみることができる。そこでこのニュー・カステレットは、別名、フレゼリクハウン・シタデルと呼ばれる。シタデル（Citadel）は町全体を支配する大きな要塞を意味し、ハウンはデンマーク語で港または避難所を意味する。つまり、フレゼリクの全生活を含めた最後の砦として機能することを想定したものであった。

また、この当時ヨーロッパで流行となった五星形の稜堡は、どの角度からの攻撃にも対処でき、逆に反撃の砲撃戦が稜の先端から可能にした築城設計であった。この形の築城は、日本でも函館の五稜郭にみられる。これこそフレゼリク三世の対スウェーデンの苦い経験から生まれた大工事ともなった。

一六六四年一〇月二八日、王の近衛騎馬連隊とルーセ自身の組織隊がキングスゲートを通り、要塞内のデンマーク最初の兵舎へと行進した。この日はカステレット要塞の公式記念日となり、現在でも式典が催されている。ここは、今でもデンマークの軍事施設の一部で、若い兵士が、ゲートをしっかりと守衛している。

時代が進むにつれて、デンマーク・スウェーデン間の争いが絶え、国境が固定し、戦争形態も大きく変貌すると、城塞の類は、本来の機能と有用性が失われてくる。これから訪れる各地の城や要塞も同じ運命を辿るものが多い。カストレット要塞も同様に、首都防衛の役割から投獄施設、そして市民の憩いの場所へと大きく変容する。その中で、投獄施設としては、数々の歴史的エピソードを残した。カステレット要塞は、町の中心部から離れていた。警護も厳重であったため、重要な刑囚人を投獄するには、都合がよかったようだ。

最初の囚人のひとりに、イギリスの冒険家で私掠船《しりやくせん》船長だったジョン・ノークロスがいた。既にブレマーホルム島（コペンハーゲンとアマー島の間にあった）から脱獄し、簡単な独房くらいでは、収監が困難であった。私掠船といえば、イギリス公認で活躍する海賊であるから、あの手この手の助けと買収もあったのだろう。さらに彼はスウェーデンに与《くみ》し活躍したといわれている。海賊船の歴史を紐《ひも》解くと、当時の国際関係のアウトサイド物語が浮き上がる。そこで、逃亡対策として独房内にさらに堅固な樫の檻を作り、鉄のバーの柵で囲った。約十六年間、ここでの彼の収容生活は、完全に身体を衰弱させた。それでもなお死まで（一七五八年）彼は他の監獄に収容され続けた。デンマークのスウェーデンに対する憎しみがいかなるものであったかが想像できる。

著名な政治的囚人には、グリッフェンフェルドとストルーウンセがいる。前者は、クリスチャン五世の時代に、一時権勢をふるったが、贈賄と対スウェーデンに関してフランスとひそかに接触したかどで反逆罪として収監された。幸い死刑直前にノルウェーへの終身刑に減刑された。

後者は、一七七二年、クリスチャン七世の宮廷革命の際、他の多くの重要なメンバーと共に捕らえられた。竜騎兵に守られながら、カステレット要塞に護送された。彼とブラント伯爵は、十五週後に荒れた共用地で八つ裂きの形で処刑され、多くの人々へ晒《さら》された。ストルーウンセの独房といわれた牢獄は、現在でも教会の背後に見ることができる。

この政変は、精神を病んでいたクリスチャン七世の侍医で、ドイツ人であったストルーウンセが政治権力を握り、急激な啓蒙的社会改革を実施したことにあった。多くの保守派貴族、地主、軍隊そしてコペンハーゲン市民にも不満が醸成された。改革のひとつであった近衛兵の廃止が直接の起爆となった。反乱軍の近衛兵将校たちは、国王の寝室に入り、実力でストルーウンセの逮捕を国王に署名させ、彼と王妃カロリーネ・マティルダ、そしてその側近たちを捕らえた。

法廷では、非合法政権であるとか、二人の関係は社会腐敗の元凶であるとか糾弾されたが、彼の主張や弁護はすべて却下された。結局王妃マティルダとの不義密通のかどで大逆罪と宣告された。しかし、最終的な判決理由は公にされなかった。彼らに対する処刑の残忍さはロシアのエカテリーナ二世やイギリス（マティルダは後のジョージ三世の妹）などの諸外国から批判が寄せられた。一方王妃マティルダは、クロンボー城に幽閉され、国王と離婚、イギリス戦艦で北ドイツ・セルに国外追放となった。マティルダは、ここで二十四歳という短い生涯を終えた。

グリッフェンフェルドとストルーウンセの生死の分かれ目は、「シタデルの囚人は王の慈悲の中」といわれた典型でもあった。

ランゲリーニェの風景

この美しい要塞は、多くの城の歴史に見られるように、権力闘争の後始末の場所として名を残すことになる。急激な政治社会の改革と男女の愛、そして贈賄は歴史の針を逆ぶれさせるキーワードとなった。グリッフェンフェルドの外交政策とストルーウンセの内政改革は、現在の視点から見ればそれほど間違った方向ではなかったようである。しかし、複雑な人間的キーワードが絡むと、一変して荒れ狂う風と波となるのであった。静かに波打つ海も、風のエネルギーによって波形を変え、バルト海沿岸を襲うようにである。

風力発電の風車のある対岸を海越しに眺めながら、ランゲリーニェ遊歩道沿いを散策した。当時の砲台グレヴェンスベーストンやプリンセスベーストーンは、エスターポートやフェリーポートの完成のために埋め立てられ、今は遊歩道の一角となっている。さきほどの稜堤に戻る頃には、雲が広がり、日も弱まり、風景の雰囲気も変わってきた。北欧特有のにわか雨である。急いでカメラをバックにしまい、帰りの足を速めた。エスターポート駅近くのつり橋にさしかかったときに、いきなり小太りのアラブ系の男が近づいてきた。彼はかなり古そうな巻き上げカメラを差し出して、シャッターを押してくれという。周囲に撮るべき背景もなく、ただ木立ちが鬱蒼《うっそう》と茂った場所だった。ひとつの雨の滴《しずく》がカメラにあたり、はじけた。

私も通行人にシャッター押しを頼むこともあるので、気軽に引き受けた。だが、あまりにも変哲のないところなので、少々遠いつり橋を背景に入れようと考えて、石段を少し下りてくれと促した。が、気が進まないようであった。男はこちらの気持ちを察することなく、ポーズを取るわけでもない。こちらは、少々カメラに興味があるので全体の構図に懲りながら、なんとか記念に残る写真を撮ってやろうと努力した。

疎《まば》らな人通りを避けて一枚目のシャッターを切った。

今度は雨の滴が頬にあたった。そのとき突然背後から背広姿の二人組の男が現れた。中肉中背の男は、警察手帳らしきものをちらつかせた。

「コペンハーゲン警察のものだ」と被写体の男にパスポートを提示させた。被写体の男はそれらしきものを渡した。次に現金を出させた。かなりの紙幣をポケットから無造作に取り出して渡した。

すると二人組みの男は、紙幣を確かめて、数え終えると、私に近づいた。

「お前も同じようにパスポートを出せ」というので、なぜだ、なぜだと大声を上げて、問い詰めた。

「このあたりは、犯罪が多いので確認したい。金がないために犯罪を重ねるものも多いのだ」という。

次に「どこの国から来たのだ」と問い詰めてきた。日本から来たと答えたが、どうも雰囲気がしっくりこない。パスポートをポケットから出したが、しっかりと握り、相手に渡さなかった。パスポートの紐はベストに付いていた。次に金を持っていたらあの男がしたように確認させろという。今度は私の方からもう一度、警察手帳を見せろというと私の手元に振りかざし、見せた。たしかに顔写真は貼られているが、こちらは近視に老眼なのだから、本人の確認などできはしない。

「ノー・キャッシュ」と答えた。

離れて見ていた他の男が、なぜか周囲を気にし出した。通行人が来たようだ。男は、「このあたりは犯罪が多いので、気をつけろ」といって他の男と去っていった。残された被写体の男が私に近づいたので、互いに気をつけようよといって別れた。石段を上り始めたが、どうもしっくりしない。急いで戻って見ると、もはや被写体の男は消え去っていた。

突然の出来事だったので、少々、思考が中断されていた。周囲も暗くなり始め、帰る方向も分からなくなった。途中、ガイドブックの地図を頼りに、通行人に「コペンハーゲン駅」を繰り返した。緑の多い、ローゼンボー公園と植物園の真ん中を突き切った。エアステェズ公園を斜めに入り、市庁舎を目指した。まもなく、やっとの思いで、市庁舎前広場に辿りついた。小雨もあがった。

コペンハーゲン市庁舎

広場では、ケーナから流れるアンデス民謡が私を優しく出迎えてくれた。聞きなれた「コンドルが飛んで行く」を数人で演奏していた。アンデスの先住民だろうか。急ぎ足で流れた汗も止まり、微風が心地よかった。素朴な音色。息を吹きかけるような温かな旋律が広場に響き渡っていた。露天商の間を行き交う人々の賑わい。彼らアンデスの旅人もまた、北欧の文化に憧れてケーナの旅を続けているのだろうか。彼らからコペンハーゲン記念に一枚のCD「アンデスの太陽」を買った。

ここは世界の文化が行き交う欧州北の玄関なのだ。深呼吸をし、息を吐いた。思考停止の状態から次第に自分の置かれた状況が蘇ってきた。彼らは詐欺師だったのだ。

あの前世紀の骨董カメラの持ち主も、彼らの一味だったと気づいた時、再び頭から足の先まで冷たい電流が流れ、背筋が震えた。彼らこそシタデルの牢獄へ行くべき人間だったのだ。

後日、この話をマルメの日本人女性に話したところ、数日前にオランダの老婦人が全く同じ手口で金を取られたと教えてくれた。彼女は、旅行会社を経営しており、日本人旅行者の案内や通訳をしていた。日本経済がバブルの頃に経営を止め、現在は夫と日本の美術刀剣の売買をしているという。さらに数日後、彼女はその詐欺師についての新聞記事を持ってきてくれた。

「偽警察官がツーリストを襲う」の見出しで手口を紹介し、警告を発していた。読むと手口が私の体験と全く同じなのに驚く。彼女は、私が旅慣れているので「勘」が幸いしたようだといった。でも、あの被写体に疑問を抱かずに、「お互いに気をつけようね」とは。しかも三対一の危機だったのだ。まるで落語の説教強盗のように、彼らは私に警告して去ったのである。彼らは、コペンハーゲン警察が手を焼くベテラン詐欺師だったのだその日、硬軟入り混じった思い出を残してコペンハーゲンを後にした。機窓から見下ろした風景は、まだまだ帳《とばり》の下りないバルト海の夕映えであった。

水の都

ストックホルム

帆船——アフ・チャップマン

コペンハーゲン・カストロップ空港からストックホルム・アーランダ国際空港に着いたときは、七時を過ぎていた。空港につくときまって、エアポート・バスを利用するか、エクスプレス・トレインにするか、迷うのであった。

バスは、空港から市内までの風景画の鑑賞、旅の疲れの癒しのひとときでもあった。さらに経済的で、ゆったりとしたジェット・ラグ回復時間でもあった。私の得意技、車内の転寝《うたたね》も実行できた。ストックホルムが近づくと岩盤があちらこちらに見え始め、市中入りしたことに心をときめかすのであった。

約三〇年前、家族ツアーでスウェーデンを初めて訪れたとき、ストックホルム駅のエアポート・バス発着所は工事中であった。駅前や構内は混雑しており、迷路状態であった。その後、バス発着所もモダンなシティー・ターミナルに整備された。バス、飛行機、列車から乗り降りする世界の人々が行き交う広場となった。人々の旅情を醸し出す舞台装置ともなったのだ。

他方、エクスプレス・トレインが開通してからは、ストックホルム中央駅へのアクセスが選択でき、考える楽しみも増えた。所要時間は約二十分。トレインに乗ると、モダンで瀟洒《しょうしゃ》な列車による時間の短縮を体験できた。改札を出て、中央ホールに立ち、目を閉じる。駅のざわめきが風や波のごとく感じられる。旅愁に浸るのであった。スウェーデンのひとり旅の始まりである。今回は、時間も遅いのでエクスプレス・トレインを選ぶことにした。

降りたホームからストックホルム中央駅ホールに出ると、五枚の壁画を見ることができる。発着の時刻ボード脇にあるこれらの絵は、スウェーデン旅行への誘いでもあった。来るたびに新たな旅心を起こさせる代表的なスウェーデン各地の壁画である。冬のラップランドの礼拝日の風景、スコーネの穏やかな館、バルト海岸の古城、グリップスホルム城、国旗の翻るローゼンダール離宮。たとえ私の想像がこれらの画のテーマと違っていても、いつも心は記憶の時空へ飛んで行くのであった。しばらく、立ち止まり、絵画の世界に陶酔した。

ストックホルム中央駅前

ふとわれに返った。今回は、メビウスの旅だ。いつものツーリストインフォメーションに急いだ。

順番札を強く千切り、若い二人連れの相談を終わるのを待った。しかし、少々苛立った。ひとり旅の若い男女への嫉妬かな。まもなく順番がきた。番号札を示し、長い間のストックホルムの夢である船のユースホステルに泊れないだろうかと尋ねてみた。相手は少々困惑したようだった。

日本の中年過ぎのおじさんがユースを希望するとはどういうことだろうと怪訝《けげん》に思ったのかも知れない。このことをユースに同宿した日本の若者に話すと、彼も同じ考えだという。でも、私は貧しく、心は若く、好奇心が強いのだ。少々沈黙が流れたが、納得したようで、ユースを予約してくれた。地図で船の場所を示し、予約済みの紙片を渡してくれた。

駅の外は、まだまだ明るい。春に訪れたときは、まだ、国会議事堂のあるノールストレームは、破損した白い氷原であった。やはりスウェーデンは北国であると実感したのであった。それが、いまはオレンジ色の夕映えに激しく渦を巻きながら流れていた。夕風が心地よい。

グスタフ・アドルフ広場、オペラ座、カール十二世の像、市内観光のフェリー発着所、国立美術館へと急いだ。美術館横の小さな広場には幾体かの彫刻があり、肢体の力強さと愛の美しさに魅了された。目印とした三本マストの帆船が正面に見えてきた。道を挟んだ反対側には、幅の狭い橋があった。シェップスホルメン島に渡るこの橋の風景は、国立美術館、王宮と並び、市民や旅人にとって、ノールストレームの三つの栞《しおり》のひとつであった。

特に、橋の中央にある黄金の王冠は、王宮やガムラスタンを撮影する観光写真の前景ともなっている。

橋を渡ろうとすると、下から海風が吹きつけ、帽子が飛ばされた。バックを載せたキャリーを放し、慌てて追いかけた。出発前に娘からプレゼントされた帽子を旅の始めに海面に落とすわけにはいかない。必死に追いかけた。やっとの思いで拾い、今度はしっかりと背中のザックに入れた。橋下から吹きつける風が強い。薄い頭の髪が梳《す》かされた。

橋の真ん中に立つと、王宮、ガムラスタンとは反対側に、ユールゴーデンを垣間見できた。夕闇の中に映える風景は、思い出の一葉でもあった。このあたりは、ヨットハーバーとして有名で、多くのヨットが停泊している。かつて残雪のある春のヨットハーバーを夕映えの中で撮影した。我が家の居間に飾ってある写真を思い出した。

王宮と王冠

シェップスホルメン島は、王の保養地として、使われてきたが、一六三四年にストックホルム海軍基地となった。多くの島の施設は、一七九〇年代からイギリス公園を含めて王室目的に建てられた。一六四七年からある最も古い海軍指令部は、一八四六年に有名なフレゼリク・ブルムの設計によってルネサンス様式に建て替えられた。一九六八年まであった海軍の諸施設はベルガやムスケへ移転したため、その後、多くの教育文化施設に整備された。東洋文化博物館、建築博物館、芸術アカデミーがあり、さらに一九九五年には現代美術館が建てられた。島の変容はスウェーデン史の脱軍事を節々に反映してきたのであった。

橋を渡ると雑木林と崖があり、鉄格子が嵌《は》められた小さな洞窟があった。ストックホルムの岩盤には、あちらこちらにこのような場所が見られた。以前、冷戦時代に核戦争を想定したシェルターがあちらこちらにあったと聞いている。だが、小さ過ぎて違うだろう。テレビでは対核シェルターを放映したことがあったが、まだ一度も本物を見たことがない。まして、その残骸すらも。冷戦が終了してからだいぶ経つ。一体、あの放映された核シェルターの跡はどのようになっているのだろうか。このシェップスホルメン島にもあるのだろうか。冷戦時の現代バルト海史のひとコマを思い出した。

洞窟の反対側の岸壁には、なぜか砲身を王宮に向けたキャノン砲があった。シェップスホルメン島が海の要塞であった象徴なのかもしれない。

帆船アフ・チャップマンの停泊している岸辺に、元兵舎だった黄色いシェップスホルメン・ユースホステルがあった。入り口は若者たちで賑わっていた。中に入り、宿泊申し込みを待った。左側のダイニングキッチンからは、食事と談笑を楽しむ若者たちの姿が見られた。

「何泊でしょうか。船のアフ・チャップマンと陸のシェップスホルメンがありますが、陸の方は混んでいますよ」

若いスタッフの英語は、教科書的で私にとっては聞き取りやすかった。このユースホステルの名前は、私の頭の隅にはチャップマンとしかなかった。正式な名は「アフ・チャップマン・アンド・シェップスホルメン・ユースホステル」である。フロント・デスクのある陸上の建物と帆船のホテルの部分から構成されていた。

アフ・チャップマンは、イギリスのリバプール北にある小さな港ホワイトヘブンで一八八八年に建造された。当時、貨物帆船の料金は、蒸気船の出現で下落する一方であった。しかし、造船主は、蓄積した技術を保持したいという思いで建造計画を進めた。幸い、この新しい船主が現れた。ダブリンのアイルランド人で、船名をダンボインと名づけた。鋼鉄製の大洋航海用。しかも三本マスト・全帆船というこの船は、船舶史上、最後の傑作となったのかも知れない。

帆船アフ・チャップマン

船名ダンボインの由来は、ダンはゲール語（アイルランド侵略の最後のケルト集団）で「丘陵に囲まれた要害堅固な城」を意味し、ボインはアイルランド東部レンスター地方を流れて、ダブリンから北のアイリシュ海に注ぐ川の名である。ボイン川周辺には、このゲール語のダンと呼ばれる地名がいくつかあり、ダブリン北西にはダンボインという町もある。

ケルト神話のボアーン（白い牛の意、英語読みでボイン）は、豊穣と恩恵を司るボイン川の女神であった。始めこの川は、小さな泉であった。ある日、ケルトの女神ボアーンは、山野を走り回るうちに、泉の岸辺にある真っ赤な実を付けた榛《はしばみ》の木陰で休むことにした。木の実は「知恵の実」と呼ばれ、この実を食べたものは世界の秘密をすべて知ることができるといわれた。落ちてきた榛の実を食べることができたものは、泉に住む鮭（知恵の鮭）だけであった。女神ボアーンはその鮮やかな色に惹かれ、この禁断の実を食べようとした。その瞬間、枝が折れた。すると突然、泉から大水が出て、鮭もろともすべてを流し、止まることのない川となった。幸い、ボアーンは、逃げのびて、このボイン川に住み着き、妖精の渓谷ブルー・ナ・ボーニャの支配者となった。

この「ボイン川のほとり」とよばれるブルー・ナ・ボーニャには、ケルト人が登場するよりも何世紀も前に巨大な巨石墳があった。特にニューグレンジの墳丘墓が有名である。この墳丘墓は、紀元前二五〇〇年ごろのものといわれ、この発掘は二十世紀考古学の偉大な業績のひとつといわれている。

もうひとつボイン川について忘れてはならない歴史的事項がある。ボイン川は、アイルランドの歴史を大きく分けた戦いの場所でもあった。王位の復権を目指すカトリック派ジェイムズ二世とプロテスタント派オレンジ公ウイリアム三世との会戦が、ダブリン北方四〇キロほどのボイン川下流で行われ、ジェイムズ二世は敗退した。一六九〇年七月一日、アイルランド史上、最も激しく壮絶な戦いであった。伝説化したこの戦いは、後にイギリスのアイルランド支配を決定づけたのであった。

このような伝説をもつ全帆船ダンボイの一三〇日の処女航海は、ホワイトヘブンからアメリカ太平洋岸・オレゴン州のポートランドまでであった。パナマ運河は、まだ開通してなく、嵐のホーン岬を経て、北風に乗り北上した。その後、乗組員は、凍てる南太平洋、咆哮《ほうこう》の荒れ狂う四〇度線、灼熱の赤道、緑の海岸線カルフォルニアと航行を続けた。船長オ・ニールの航海日誌によると「彼女は走り続けている。素晴しい。激しいスコールの中を一六・八ノットの速度を記録した」と。

ダンボインは、イギリス旗下で貨物船として風と波の二五年の就航の後、無事役割を果たし、ノルウェー船籍となった。スカンディナヴィアから木材を、オーストラリアからは小麦を、南アメリカからはリン鉱石を運んだ。その意味では、ダンボインにとって、この時期が最も世界的な規模で活躍したといわれる。


一九一五年、この船はイエーテボリィのトランス・アトランティック・ラインに転売された。船名をアイルランド古代王（ハイ・キング）の子孫、G・D・ケネディに変更され、使用目的もスカンディナヴィアからオーストラリア間の貨物船船員練習船に転用され、公式なスウェーデン船籍となった。この期間、第一次世界大戦に遭遇し、バルト海で機雷や水雷に出会い、多くの危機を乗り越えた。喜望岬周りの苦難、スペイン風邪、船員たちの脚気。彼女にとってドラマチックな航海歴となった。

一九二三年、トランス・アトランティック・ラインが経営難に陥った時、水兵訓練の指揮官であるキャプテン・グスタフ・アドルフ・ヴェスターが船の購入をスウェーデン議会に承認させ、海軍がその所有者となった。改修に多大な費用が掛かり、最終費用は新造船価格をはるかに越えたものとなった。

乗り組みの少年水兵訓練は、スウェーデン海軍の二五〇年以上の伝統であった。十五歳の多くの貧しい少年たちが温かな食事と寝床、暖かな衣類、そして教育を求めて集まった。帆船はスウェーデン海軍史上有名なアフ・チャップマン中将（造船工学者）の名をつけて、この船に大いなる期待を与えた。

船は一九三四年の最後の航海まで、航海訓練生用として使用された。

船は、主母港をストックホルム、その後イエーテボリィのマーストランドに、さらに軍港カールスクローナへと移された。少年たちは十七歳となると、カールの称号を海軍から与えられて、文字通り「海の男」（シーマン、セイラーそしてマリナー）となった。乗組員の数は、ダンボインのときの三十人程度に比較すると二七〇人とかなり多かった。訓練もかなり厳しく、海軍精神の涵養には欠くことのできないものとされていた。

一九三四年九月の最後の航海は、大西洋を横切り、英国海峡、北海、カテガット海峡からエーレスンド、ボーンホルム島、そして南スウェーデンと巡航した。ところが、カールスクローナ内海に達したとき、強風のために沖に錨《いかり》を下さざるをえなくなった。救助のタグボートが出された。カールスクローナ市民たちは、この歴史的な出来事に集まり、歓声を上げて出迎えてくれた。その後、見習い水兵たちは士官学校生船・オスカー二世に移された。一九三七年九月四日、アフ・チャップマンは、機雷掃海艇スタッコウダーに曳航《えいこう》されて、カールスクローナからストックホルムへ最終の航海をしたのであった。

しかし、アフ・チャップマンは第二次大戦終了まで未処理のまま、現在のシェップスホルメン島岸で海軍の宿舎として利用された。だが、時代は変わり、海軍は市の中心部に大きな浮き兵舎も訓練施設も必要としなくなった。そこで海軍は、アフ・チャップマンをストックホルム市に提供することにした。一九四七年、ストックホルム市は文化的な遺産として、アフ・チャップマンを多額の費用を掛けて改修し、「世界で最も愛されるユースホステル」に変身させたのであった。

公式には一九四九年四月二四日、ベガディ（一八八〇年、アドルフ・エリック・ノルデンショールドが探検船ベガでヨーロッパ・アジア大陸を回ってストックホルムに帰国した記念日）に就業し、それ以来、スウェーデンユースホステル連盟が運営にあたっている。この少年水兵練習船は、多くのかつての少年水兵たちのボランティアに見守られながら、ときには、ソ連首相フルシチョフのようなストックホルムの賓客たちを迎えたのであった。

冬のシェップスホルメン島

宿泊手続きを終えて、ダイニングキッチンに入った。大勢のユースメンバーがそれぞれ食事をしながら談笑し、また、キッチンで料理を作っていた。窓側に席を取り、周囲を見ると、何人かの日本人らしい青年たちがいるのに気づいた。

最初、三人の若い女性が日本語を話していたので出身地を尋ねた。すると東京の府中市という。私が勤務していた学校もよく知っていた。彼女たちは、保育を専攻する短大生で、夏季研修としてスウェーデンの福祉を勉強に来たという。すぐ隣の日本人男性はしきりにアラブ系の年配男性に領事館でのパスポート取得の手続きを英語で教えていた。まもなく男は彼から連絡先のメモを受け取り、出て行った。

男との話を終えたその青年に話しかけると、ロンドンに語学研修に来ており、新学期からイギリスの大学に入学するという。

ユースホステルは世界の旅人たちの情報交換場でもあった。ただ残念にも、ときどきアクシデントの場となることもある。私と話している間、青年はシンクに置いたデポジット制の鍋を持ち去られ、換金されてしまった。カレーのお裾分けを頂いた私は、全く困惑してしまった。

食事を終えて、渡されたキーカードを桟橋のゲートに差し込んだ。岸壁と船に当たる波音が軽快に静寂を破っている。月が青白く輝き、ダイニング室の喧騒から、異次元に入り込んだ感覚だった。桟橋の鋼鉄ドアの音が周囲の静寂に波及する。重く鈍い音であった。船内に入るドアもまた、セキュリティドアとなっており、さらに、狭い談話室から船室への通路も再度カードが必要であった。もちろん外からの厳重な安全対策を考えているのだろう。ただし、内部からの呼び込みや前者に続く場合はフリーパスとなってしまう。

船のベッドは二段になっていた。ベッドを窓際に選んだ。とりあえず、キャリーの荷物を窓辺に置いた。既に下のベッドには先客がいたので、短い梯子を登り、上段に寝ることにした。旅の疲れで冷たい汗が首と背に流れていた。汗を拭き、ベッドに横になるときしむ音がした。毛布を腹に巻き、枕を船窓に置いた。真上の天井をじっと見つめ、そーっと目を閉じた。

身体が波に引きこまれるようにベッドに溶け込んだ。船窓から覗くストックホルムの夜景は、幻想的であった。波が船腹にあたり、心地よい音を奏で、無限に続くカノンの旋律である。若き水兵たちの歌声が聞こえてくる。

私は再び海へ行かねばならない、孤独な海と空に、
そして望むすべては、一隻の帆船と舵を執るためのひとつの星、
舵輪の響きと風の詩と白い帆のはためき、
海面の灰色の水煙と灰色の夜明け。

私は再び海へ行かねばならない、流れる潮の誘いにのって、
荒々しいが、きっぱりと断わり切れない誘いに、
そして、望むすべては、白い雲が飛ぶ風の日に
たたきつける水しぶきと褐色の泡、そして鴎の鳴き声。

私は再び海に行かねばならない、放浪のジプシー暮らしへ
鴎の道と鯨の道へと、そこは研ぎ澄まされたナイフのような風が、
そして望むすべては、愉快な放浪仲間からの楽しい冒険談を
長いほら話のあとの静かな眠りと心地よい夢。

ジョン・メスフィールド（イギリスの桂冠詩人、著者訳）

波の子守唄を聞きながら、母なる胎内のゆりかごに溶解するように眠りに入ったのであった。

一三〇〇メートルの栄光——ヴァーサ号

翌朝、三時過ぎに目覚めた。同船室者に気遣いながらそっと貴重品の入ったザックを持ち、船の談話室に出た。テーブルと椅子が両サイドにあり、若い女性たちが三人、たわいない話に興じていた。壁板には、帆船アフ・チャップマンのセピア色の写真が飾られていた。満帆の風を受け、大洋を進む勇姿は、往時の全盛を偲ばせるものであった。

私は、コンセントを見つけ、彼らとは反対側のテーブルに座った。デジタルカメラの電源は一日しか持たない。毎朝の充電は欠かせない。昨日のメモや資料を整理したあと、船の甲板に出た。

外は朝靄《もや》で景色がかすみ、青白い月光が残っていた。船首の方に回ると毛布を被り、一夜を明かしたように思える男女がいた。無賃の旅行者なのだろうか。スウェーデンのユースホステルには、このタイプの青年たちはしばしばいる。

船尾の甲板には、ビール瓶が転がっている。昨夜の若者たちの宴の跡のようだ。岸辺の黄色いユースのレセプション・オフィスの明かりが、所在ない雰囲気で灯っていた。熱いコーヒーを飲みながら、再びメモと資料の整理をし、これからの行動計画を立てようと考えた。船を出て、レセプション・オフィスに渡った。

コペンハーゲンン・カストロップ国際空港からアーランダ国際空港、そしてストックホルム駅までに溜《た》まった航空券や列車の半券、宿泊予約票やユースホステルの領収書、その他諸々のメモをノートに貼り、簡単な日誌を記入した。私の一日の始まりなのだ。

八時過ぎにユースを出た。ノールストレーム沿岸を若い女性がジョギングをしていた。やはり北欧の女性は走るのが好きだ。王宮を眺めた後に、ゴットランド行きの乗船予約をすることにした。ゴットランドの旅行会社・ゴットランドシティーは、クングスガータンにあった。この通りは何度来ても覚えにくく、道に迷う。今回も途中で道に迷い、通行人の案内でやっと辿り着いた。

予約の手続きを済ませると、ほっとした。夏の予約なしの乗船は、大変なのだ。運がよければすぐ乗れるが、長く待たされた後に次の便になることもしばしばある。気楽な旅ではあるが、半日待つのは嫌だった。

次にヴァーサ号博物館を訪れることにした。

多くの観光船がU字形のニューブロハムネン港の岸壁に停泊している。ここからユールゴーデン行きのフェリーに乗った。このあたりで王艦ヴァーサ号は建造され、現在のシェップスブロンの王宮前まで曳航され、南西の風に乗り、処女航海に出たのであった。

私もこのユールゴーデン行き航路は処女航海である。小さなフェリーボートであるが、心躍った。湾岸の美しい風景を眺めながら、一二〇分も経たないうちにヴァーサ号博物館前に着いた。さらに船

ヴァーサ号博物館

はスカンセンに向かうが、大部分の客はここで降りた。船着き場に立つと、大きな植木の固まりの背後にヴァーサ号の三本マストが見えた。逆台形の帆綱が張られたマストは、博物館の屋根から突き出ていた。博物館前面は、マストの光景とは趣を変え、青みがかった銅板屋根のモダンな建物であった。このあたりは、昔の軍艦造船所跡地で、ヴァーサ号が沈没したベックホルメン島沖からも近かった。建設にあたってはスカンディナヴィア諸国でコンペティションが行われ、三八四案という前例のない応募から、「一八七九年からのガラール造船所の古いドックに銅板屋根をすっぽり被せる」というヒィーデマルク・モンソン建築事務所（後に、モンソン・ダールベック建築事務所）の案が採用された。新しい博物館の竣工式は、一九九〇年六月一五日であった。

眩しい夏の陽光から館内に入ると、そこは巨大な暗闇の空間であった。ヴァーサ号の環境保存に配慮して、照明を落としているのだ。目がすぐ慣れず、多くの物と人が影絵に見えた。

一九七〇年代、初めて北欧を訪れたとき、博物館は仮設のものであった。当時、くさや汁に漬けたようなぼろい船からは、十七世紀の重みあるスウェーデンの歴史は感じえなかった。だが、今回は、最先端の映像や展示技術から歴史遺産の保存に格闘する博物館の姿が浮き彫りとなった。さらに、ヴァーサ号の現代的意義を知り、当時の社会・文化の世界へタイムスリップすることができた。目前にあるのは、「バルト海の風と波」の物的証拠である。時間と空間を越えた相対性の旅となった。

暗いモダンな館内には、約四〇〇年近くも経た飴色の船体が、どっしりと鎮座していた。見上げる船首には、ライオンが歯をむき出し、敵に躍りかかるように吼えていた。この彫像は、ヴァーサ号船体が引き上げられる直前に発見されたもので、いろいろの意味で大きなセンセーションを引き起こした。長さが三メートル二五センチ、幅六五センチ、高さが一メートルもあるこのライオン像は、沈没した場所から百メートルもしないベックホルメン島の陸上へ直接引き上げられた。消防ホースの水が船首像の泥と汚れを洗い落とすと、ライオンの黄金のたて髪が次第に輝きを増し始めたのであった。

この威圧感と壮麗さを持つライオン像こそ、三〇年戦争(一六一八—四八年)のバルト海の雄・スウェーデンの国威発揚の表象でもあった。

当時、スウェーデンは、バルト海沿岸に迫るカトリック教・神聖ローマ帝国勢力、ポーランド王シギスムンド三世のスウェーデン王位継承の要求、そしてロシアのバルト海進出、デンマークとの歴史的確執というただ中にあった。スウェーデン国王グスタフ二世アドルフは、この王艦ヴァーサ号によってカトリック教徒とハプスブルグ陣営、そしてバルト沿岸諸国に対してその軍事力と経済力を誇示したかったのだろう。ライオンは、闘う相手に自分を強く示威して勝つという。この習性は人間の世界にも通じるようである。

ライオン像は、ヴァーサ号のあちらこちらに見られる。ヴァーサ号の建造を命じたグスタフ二世アドルフは、しばしば「北方の獅子」と呼ばれた。三〇年戦争で、彼はカトリック教陣営をしばしば打ち破り、恐怖におとしいれた。他方、プロテスタント陣営は、彼を旧約聖書予言の出現と見なし、歓呼で迎えたのだった。

また、ノストラダムス（一五〇三―六六年）と同時代の医学・自然科学・哲学者である預言者パラケルスス（一四九三―一五四一年）は、「一五四九年には世界が大きな不幸にみまわれる。しかし、それは北方からやってくる金色の獅子が鷲を打ち倒したときに終結を迎えるだろう」と告げていた。まさしく黒鷲はカトリック教・神聖ローマ帝国ハプスブルグ家の紋章であった。

呪術《じゅじゅつ》的シンボルである船首から船尾に向かって眺めて行くと、横二列に砲門（ガンポート）が並んでいた。砲門は砲口を船外に出すための方形の口で、外上方に開く蓋が付いている。ヴァーサ号沈没のときは、ここから最初に海水が流れ込んだといわれる。積載されているキャノン砲は合計六四門あり、そのうち砲甲板には四八門の二四ポンド砲が据えてあった。大砲のすべての重さはおよそ八〇トンに達し、戦艦の重さの二〇パーセント以上にも達していた。この二〇パーセント以上という数字が王艦ヴァーサ号の致命傷となったともいわれる。だが当時は、互いの砲撃戦に始まり、戦艦を接舷させた肉弾戦で決着を図る海戦であった。アドルフが大口径キャノン砲に拘《こだわ》った理由も理解できる。さらに、発砲には多くの時間と手間がかかった。連射不可能な未発達な火砲技術を考慮すれば、数多い大砲の搭載も止むなしといえるだろう。

現在保存されている二四門砲は、装飾の後部が鋳造ミスで、損傷されているが、ヴァーサ王朝のエンブレム、わら束と弾倉の上のグスタフ・アドルフのイニシャル「ＧＡＲＳ」が明確に読み取れる。ただ、年号と思われる数字は一六二までで、最後の数字は判読できない。リフト砲架装飾は二匹の狼像となっている。他の多くの銃器類と同様に芸術性と実用性を兼ね備えたものである。

ヴァーサ号の多くの砲身は、金属分析の結果、現在のブルックベリィ・トーリィ近くの大砲鋳造所で製造され、銅はファールン産、そして耐腐食強化のために白熱処理されている。このキャノン砲は一度も発砲された痕跡はなく、ヴァーサ号建造から沈没までの経緯を物語っている。

船体の後方では、分割大型ディスプレーが当時の国際情勢と処女航海するヴァーサ号のイメージ像を映し出している。映像は、今回の旅行記のテーマである「バルト海の風と波」の歴史的経緯をよく説明していた。四枚の分割ディスプレーに数秒の時間差で次々と写しだされる風と波。ヴァーサ号と私という二点の音源は、近づけば近づくほど歴史の振動数は大きくなるのであった。歴史のドップラー効果ともいおう。

ヴァーサ号進水時の国際情勢は複雑であった。一六一一年、グスタフ二世アドルフが父王カール九世の死により十六歳で即位したとき、スウェーデンはデンマーク、ロシア、ポーランドと交戦中であった。まず、アドルフはデンマーク王クリスチャン四世とのカルマル戦争を終結させようとしたが、敗れ、イギリス・オランダの仲介で多額の賠償金を支払うようになった。東の大国として登場したロシアとの戦いでは、ストルボヴァ条約で、一旦バルト海進出を阻んだものの、その脅威からは抜け出せ

グスタヴ２世アドルフ

ない状況であった。第三の懸案は、ポーランド王シギスムンド三世のスウェーデン王位継承問題とロシア帝位問題（シギスムンド三世が息子にロシア皇帝を継承させたいと主張、他方、父カール九世も介入）、そしてエストニア・リヴォニア領有問題であった。イギリス、オランダ、スペインそしてフランスもまた、バルト海貿易に大きな関心を寄せて、軍事力をスタンバイさせていた。まさにバルト海は、ポーランドとの一六一四年から一七年の休戦を除いて、嵐の海であった。

まず問題解決のため、若き王グスタヴ二世アドルフは自らが出陣して、ポーランド戦を展開させた。

このような情勢の中、アドルフはバルト海をスウェーデンの「海の玄関」と見て、「一国の富は、神に次いで国の海軍にかかっている」と主張し、フランスの経済的な援助の下に海軍力増強を図った。さらに海軍の主要任務は本国スウェーデンの防衛であるとした。次に、バルト沿岸に軍隊や軍事物資を運搬し、敵の港湾を封鎖して、同時に入港税を徴収して、国庫を富ませることも大きな役割とした。強い海軍力は、スウェーデン王国そのものを意味した。彼は、バルト海の雄を目指し、大型艦船を次々と建造し始めた。

だが、一六二〇年代には、四年間で一五隻の大型戦艦を失っている。

一六二五年、リガ湾で突然の時化《しけ》のため、一〇隻の艦船が難破している。一六二七年にはポーランド戦・ダンジグ沖の海戦では、ソーレン（「太陽」の意味）とティーゲル（「虎」の意味）の二隻の大型艦船を失い、さらに一六二五年には旗艦クリスティーナ、戦艦リクスニッケン（「国の鍵」の意味）を座礁・沈没させている。それだけに、王艦ヴァーサ号への期待は国運を掛けたものであった。

一六二五年、アドルフは、造船業者ヘンリック・ヒィーベルトソンとヴァーサ号の建造契約を締結した。四〇〇人以上の職人が海外も含めて集められ、最先端の技術を駆使したガレオン船の建造となった。

ガレオン船は、地中海で発達した速力と風の操舵性に優れた「ガレー船」を語源に持つといわれる。ガレー船は船体が細長く、船首楼や船尾楼が低く、帆と櫂を用いていた。しかし、十五世紀頃、重い大火砲の発達で転覆する危険がでてきた。そこで、砲列を舷側におき、戦闘力と堅牢さを加わえた艦砲を主体とする帆走ガレオン船が考案された。船首は飛び出し、船縁は丸みを帯び、船尾は敵船への乗り込みや銃の狙撃に適した高い楼を持っている。バルト海のように島が多く、浅瀬の海域では北方ガレオン船として進化し、多くの沿岸諸国の主力戦列艦となった。

完成したヴァーサ号は、長さは六九・〇メートル、幅一一・七メートル、排水量一二一〇トン、総トン数一〇五三、そして大砲六四門という数字であった。周辺諸国は、建造当初から強い関心を持ち、その完成に恐怖さえ感じていた。

真ん中からヴァーサ号の全景を撮ろうと試みたが、とても私のデジタルカメラで撮れる大きさではなかった。暗闇に浮き上がる巨大な戦艦を眺めながら周囲を歩いた。自分が悠久なタイムトンネルを経て、ガリバー旅行記の巨人国ブロブディンナグでも迷い込んだような錯覚さえ感じた。

一六二八年一月一六日、王アドルフは建造中のヴァーサ号を視察し、期待と満足を感じながら、再びポーランドの戦地に向かった。その後、早急な完成をたびたび催促してきた。

八月一〇日、日曜日の午後三時過ぎ。当時、スウェーデンで一番高価で、一番華麗に装飾されたヴァーサ号は、多くのストックホルム市民の見守

ヴァーサ号模型

る中、造船所を発ち、王宮前でバラストや砲弾、大砲など航海に必要なものを積み込んだ。

天気晴朗。風力は微風であった。

戦艦は、ゆっくりと現在のガムラスタンに沿って曳航された。船首のライオンの色は、西日で輝きを増した。セーデルマルムの斜面に向いた目と口は獲物に挑む形相であった。青い絨毯を蹴る勇姿は、多くの市民を感動させた。

現在のスルッセンあたりで帆をあげた。一瞬、強い風が吹き、直ぐに止む。波頭はまるで青と白の切子のように輝いていた。ソーフリング・ハンソン艦長は力強く命令した。

「前帆、中しょう帆、大しょう帆、ミズン帆をあげよ」

続けて打ちあがる号砲と花火の中を、ヴァーサ号は静かに海面を滑るように処女の海路についた。艦内はまだ出帆の興奮がおさまらず、船員たちは外海への準備に追われていた。出航後、約一三〇〇メートルの地点。一陣の強風で帆がはらみ、船体が少し横に傾いたが、すぐに戻った。ベックホルメン島沖にさしかかったときに、再び南南西の突風が帆を膨らませた。艦は大きく傾き、直ぐに復元した。しかし、この突風によって船は、安定を失った。突然、下甲板の砲門から浸水を始めた。艦長は全員すぐに持ち場に着くようにメガホンで叫んだ。そして、帆を緩めるように命じたが、傾きはさらに大きくなった。

海軍大将エリック・ヨンソンは船底の点検をしていた。しかし、ことの重大さを感じて、急いで大砲の固定を確認するために階段を上がろうとした。だが、浸水の水位は高く、階段は壊れ、上ることさえできなかったと証言している。

沿岸で歓呼の声で眺めていた人々も、一瞬の出来事にどうにもすることもできなかった。戦艦は、大きく海中に差し込むように沈没していった。結びのない多くの物体や船のハッチが浮遊した。乗組員は救助を求めて泳ぎ、死の苦悩の叫び声をあげた。水夫一三三人、およそ兵士三〇〇人が乗り組むはずであった。幸いに、すべての構成員が乗船していたわけではなかった。事故時の正確な乗員数は不明である。また、敵地に向かう作戦航海でない限り、関係者の子供や女性の一時乗船が規則で認められていた。戦艦には数百の乗組員・関係者の子供や女性も乗り込み、内海を出るまで船上で盛大なるパーティーを催す予定であった。これらの婦女子たちも突然な犠牲となった。

推定では約五〇名以上の乗組員が、「北方の獅子」の象徴たる王艦と運命を共にしたといわれている。

引き上げ後の発掘の際、二五人の遺骨やその破片が発見された。ただ、乗船者のリストもなく、正確な犠牲者数はなお不明である。

命からがら海中から抜け出して助かったソーフリング・ハンソン艦長は、王宮で事故の責任を追及された。その事情聴取の記録は、現在でも一部残っているが、神に誓い無実を主張した。船には充分なバラストが積まれ、大砲はしっかり固定されていたと説明した。乗組員の多くは、日曜日の聖餐式に出席しており、パンとわずかなぶどう酒で過ごしていたという。酒気帯び乗船者はいなかったという。ただ、マスト、帆桁、帆幅、多くの大砲などを考慮すると船体の喫水線が高すぎたのではないかと答えている。

さらに、甲板長のユーラン・マッツソンは、処女航海前に船の安定性を試《ため》した。停泊中の船の甲板を乗組員三〇人に走らせたところ、大きく横揺れし、三往復で中止しなければならなかったと証言した。この上申書の対応もされてなかった。

海軍有数の実力者クラース・フレミングは、多くの証言を聞き、ただ一言「国王がスウェーデンにいらっしゃればよかったのだがなあ」と呟いた。

王艦の設計者ヘンリック・ヒィーベルトソンは完成の前年に死んでおり、後継者ヘイン・ヤコブソンとデ・グロードは、国王自ら容認した寸法に従い、大砲も契約どおりに取り付けたまでだという。聴取人の「それならば、いったいこの事故は誰の責任か」と問うと、デ・グロードは「神のみがご存知」と答えたという。神と国王が取り調べの俎上にあがったのでは、有罪判決は不可能となった。三〇〇年以上経て、引き上げた際に調べた結果でも、大砲やマスト関係の措置に問題は発見できなかった。

ただ、近代造船技術の研究によれば、当時の戦艦の多くが、不安定な船体に多くの大砲を装備しようとして、多くの事故を招いていることがわかった。また、ストックホルム群島は、風と波が不安定で、また島と浅瀬も多く、船の航行を悩ませてきた。完全に沖のバルト海に出る前に船が陸に吹き寄せられると、座礁もしばしばあった。沖合に出るまでは相当の日数を要することもあった。いずれにせよ、国王アドルフから厳罰の命令が出たものの、ヴァーサ号沈没の責任は、時間が経つにつれてうやむやとなった。結果として、誰も罰せられたものはいなかったようだ。

ヴァーサ号が沈没してから十年の間、多くの冒険家や宝探し屋が砂糖に群がる蟻のごとく、高価な大砲等を目指し、船体の引き上げを試みた。しかし、すべて挑戦は失敗した。ヴァーサ号の宝は、眠り続けた。一六六〇年代に、二人の男がコップを逆さまにした釣り鐘状の潜水器で、三〇メートル以上の海底から五〇門以上の大砲を引き上げた。皮製の服を着て、皮製のブーツを履き、潜水器の足場に立った。男たちは一〇月の寒い海で上部のわずかな空気を吸いながら、引上げ作業を行った。一回の潜水は、一五分も続かなかったという。

一九五〇年代の近代的な機械による引き上げでも、一台の大砲を引き上げるのに丸一日かかっている。当時としては、とてつもない作業であったと思える。その後、ヴァーサ号は海底の泥の中に埋もれて、人々から忘れ去られた。

三〇〇年以上も経た一九五六年、アンデルス・フランツェンというスウェーデンの十六、十七世紀の海戦史研究家が沈没推定区域を多くの苦難と独創的な手法で探索を始めた。その結果、黒ずんだ樫の木片を引き上げることに成功した。海中の木には船食虫が付着するのが常であった。しかしバルト海は塩分含有率が低いため、沈没した木造船は腐朽しないで眠っていた。

数日後、潜水夫P・E・フェルティングが海底に潜ると、船の横腹と砲門が確認された。さっそく引き上げ方法が検討され、「ヴァーサ号を救おう」という全国的なキャンペーンが始まった。引き上げ作業では多くの経験があるスウェーデン企業・ネプチューン社が費用の無料を申し出た。海軍からは、人と船が提供された。この間、引き上げに対する多くの人々の熱意と技術的な苦労、そして国民的支援が続いた。

一九六一年五月四日、最後の引上げ手続きが完了すると、「ヴァーサ号」は世界中のマスコミとストックホルム市民の見守る中、ゆっくりと自力で海面に浮上し、春の陽光と潮風を浴びた。沈没してから三三三年後に、十七世紀の戦艦がほとんど原型に近く闇の海底から自然光に晒されたのであった。

船は、沈没現場のすぐ近くのベックホルメン島のドックに移された。考古学調査団が結成された。調査団員は伝染病の予防をしたあと、厚い泥や障害物と格闘しながら、散在する遺跡物を収集した。初めの二週間で約三〇〇〇点の発掘品が登録された。五ヶ月後の発掘完了時点では、一万四〇〇〇点の遺跡物が登録された。これらの引き上げられた品々は、十七世紀当時の造船技術だけではなく、当時の政治経済や社会文化を反映したものであった。まさしく、ヴァーサ号は、貴重な歴史社会の資料庫となった。

分割大型ディスプレー画面の没入から抜け出した。再度、船全体を眺め、船尾に戻った。「すごい」

の一言に尽きた。

船尾の飾りは豪華そのもので、二二片あった紋章部分はパズル解きでもするように復元された。一番上の部分には、GARS（グスタブォス・アドルフォス・レックス・スヴェシア）と彫ってある。すなわち、スウェーデン国王グスタフ・アドルフのラテン語の頭文字である。この文字の上には若い国王の像があり、二匹のグリフォン（半身が鷲で、半身がライオン）が王の頭に冠を捧げもっている。グリフォンはギリシャ神話では、北方で黄金を守り、一つ目のアリマスポイ人と争ったといわれる。この部分も多くの象徴的意味を持っているようだ。

中央部には、スウェーデンのヴァーサ王朝の紋章であるわら束が彫刻されている。この紋章は船内に三ケ所あり、スウェーデン語ではヴァーセと称する。船名の刻印はどこにもないが、ここからヴァーサ号と呼ばれるようになった。船尾の反対側の壁には、復元された色とりどりの像が掲げられていた。かなり色合いは鮮やかで、船体の黒々した彫像と比較すると、まったく別物と思えるほどの彩度である。船体や彫像の色彩研究には、非常に多くの時間が費やされた。マイクロスコープなどによる分析の結果、多くの彫像は当時としても強烈な個性的な色合いをしているという。

これらを含めた五〇〇点以上の彫像や二〇〇点余りの木彫り装飾は、ギリシャ神話、ローマ神話、ローマ史そして旧約聖書の中から雄雄しく、肉感的で、ユーモア溢れ、しかも自由な発想で刻まれている。様式としては、ドイツまたはオランダのルネサンス後期と初期バロックの影響が強い。

力と勇気の若きヘラクレス。ライオンの皮をまとい、地獄の番犬ヘルベロスを従えていた。賢明さと思慮深い表情は、壮年のヘラクレスであった。当時の人々は、アドルフとヘラクレス、そして勇壮

ヴァーサ号の彫刻

な戦士と賢明な為政者という形で交互転写をしていたようである。
　旧約聖書の二三人のギデオンの兵士が松明やランプを持ち、トランペットや角笛を吹きながら神のために戦いに向かう様子もある。主キャビンの楣《まぐさ》にあった頭と胴が人間である海神トリトン像は、法螺貝《ほらがい》で海を鎮め、船を導くともいわれる。最もユーモアに富むものは、巨大な胸をもつ通俗な女が長い舌で自分の鼻を舐めている彫像である。そのユーモラスな顔に芸術と歴史という緊張感がすっかり吹き飛んでしまった。
　逆に船体の一部には、当時のスウェーデン人たちのポーランド人に対する複雑な思いが彫りこまれている。ポーランド人がベンチの下に腹這いになり犬のように吼える姿である。この彫刻は、他人の前で相手を卑しめて仲間に加えるというポーランドの伝統的慣習を表していた。長く対ポーランド戦で苦悶するスウェーデン人が対戦相手を侮辱し、心理的に圧力をかけているようでもあった。
　あれこれと見て回ると、ヴァーサ号全体が豪華な美術館に思えてきた。ヴァーサ号の周辺諸国に対する「美」による文化的威圧と国家権力の誇示。さらに、職人たちのユーモアとアイロニーに富む自由な発想。そんな見方もできないわけでもない。

船体が全貌できる二、三階のフロアに上がり、多くのパネルの歴史解説を読んだ。ふと読むうちに、スウェーデンらしいバランス感覚に気づいた。それは、栄光のグスタフ二世アドルフ時代の陰の部分である。

多くの農民や市民が戦場へ徴集され、悲惨なドラマが展開された。徴兵を免れるために教会名簿を改竄《かいざん》し、また役人に賄賂を贈り、徴兵を免れたものもいた。スウェーデン北部やフィンランドの森に逃亡し、苦しい生活を送ったものもいた。一六二八年にカルマルで徴兵された二一六六名中、翌年には九〇六名が逃亡したり、罹病したり、反抗したという記録もある。戦場や船内の疫病、特にペストやコレラは、乗組員を壊滅状態に追いこむこともあった。乗組員や兵士の日常生活は極貧状態であった。「俸給が少ないから浮浪者みたいなものしか入隊しない。優秀な船員は賃金のよい外国海軍に行ってしまう」とクラーク・フレミング提督がアドルフに手紙を書き、嘆いたという。華やかで豪華な船体の裏には、税金や徴兵で苦しみ、多くの犠牲となった貧しい人々の生活があったことも記憶したい。

乳母車を押しながら入館している若い夫婦。小さい子供に一所懸命に解説している父親。夏休み期間とはいえ、その数の多いことに驚いた。最初は、あの幼児や子供たちに本当にヴァーサ号を理解させることができるのだろうかと思った。が、それはあまりにも私の偏狭な思い過ごしであることに気づいた。誰しもが、時間の螺旋階段を上り、それぞれの階から眺める視野を身につけるものだ。年齢などは関係ない。また、日本とは違う父親たちの時間と心のゆとりも知った光景であった。サービス残業による監督官庁の摘発が報じられる日本の現状を思い出すと、子供たちに対する父親の関わりの深さに感動するのであった。

最後のコーナーは、保存環境と戦う歴史博物館の使命であった。

水に浸っていた木片が温かく乾燥した環境に置かれると、数日で亀裂が生じる。大小の木片や木製品、彫刻、装飾品、そして繊維や革製品を保存するためには、水にポリエチレン・グリコール（PEG）を混ぜた液体に浸す方法がとられている。このPEGは、木の細胞中の水分に代わり細胞に入り込み、亀裂や収縮を防ぐ役割を果たしている。ただ、船体はまるごとこのPEGの溶液に浸すことはできないので、水と混ぜたPEGを吹き付ける作業がとられた。約一七年の間、この保存作業が続けられ、当時館内は濃い霧に覆われていた。たしかに初めて私が見たヴァーサ号は、濃霧の中で座礁した古い難破船という記憶であった。

今日のヴァーサ号は、湿度は六〇パーセント、温度は二〇度前後、そして照明は五〇ルクス以下という薄暗い通風路の中で永久保存できるように工夫されている。だがパネル解説は、「保存とは、崩壊の過程が阻止されることを意味しない。それはゆるやかになるだけである」という。さらに温度が高くなると、硫化酸による腐食の攻撃は急激化する。問題は、ヴァーサ号の減耗過程を何とか少しでも先延ばしできるかどうかである。しかも、この難問は、ヴァーサ号に限られた問題ではない。世界の歴史的遺産が直面している大きな課題でもあるのだ。

パネル説明は、十七世紀のスウェーデンの詩人ラッセ・ルーシドール（一六三八―七四年）の言葉を引用している。

「初めあるすべてのものは、たった一回だけの息吹を持つ」

スウェーデンのディオゲネスといわれた彼のこの言葉は、ある意味では芸術や文化の保存に日夜献身しているものにとっては、少々棘のある言葉に思える。だが、別な角度から冷静に考えてみれば、示唆に富む言葉である。つまり、「歴史的文化遺産は、一回限りの命なのだ。だからこそ、絶えざる保存の努力が必要で、その遺産を少しでも長く次世代へ継ぐのが私たちの義務なのだ」とも理解できる。いかがだろうか。

博物館を出ると、長い夏の日差しも傾いた。深呼吸しては、「現在」という一回限りの空気を吸い込んだ。限りある人生のひと時を、今この地に立っているという存在感を改めて感じた。ヴァーサ号博物館前から、後期ルネサンス様式の北方民俗博物館を通り、ユールゴード橋を進めば、ヴァイキングコーナーのある国立歴史博物館である。右に回れば、国立海洋博物館、逓信博物館、民族博物館や科学技術博物館もある。そして、背後にあるのは、スウェーデンの民族野外博物館スカンセン。これらの多くの博物館（人類の知の貯蔵庫）へ続くひとつの道を歩きながら思いを巡らせた。私たちは歴史の連続性とその保存のために何をしたらよいのだろうか。難問（アポリア）である。物質は崩壊するのが原則だ。だが、人類はそれを遅滞させる知恵と技術を持てる気がする。その気になれば、実行は可能だと信じたい。

湾は潮満ちて、吹く夕風も心地よい。

ヴァイキング栄華の夢――ビルカ

今日は、世界遺産ビルカに行くことにした。

前夜、カメラの充電を忘れ、出発間際の慌しさとなった。予定した時刻にだいぶ遅れてしまった。だが、ビルカ行きの遊覧船の時刻と場所は確認していたので、焦りはなかった。もちろん、気ままな旅なのだ。言えることは、コペンハーゲンに始まり、ストックホルムからバルト海沿岸を南下し、コペンハーゲンに戻る「メビウスの帯」の旅。帰国の日時だけは帳尻を合わせないと、帰りの手続きが面倒になるだけなのだ。

午前中、書店アカデミーブックショップとセルゲル広場のスウェーデンハウスに寄った。翌日購入の品定めをしておいた。これが長い間のストックホルム滞在の習慣でもあった。もともとスウェーデンハウスはクングスゴーデンにあったのだが、ビルが改装中で移転していた。書籍部門は王宮近くに移転しており、探すのに苦労した。

船着場には、出航予定の一時間前に着いた。ストックホルム市庁舎とガムラスタンに渡る橋、セントラルブロンの間にあった。観光客が既に大勢待っていた。待ちながら、パンと牛乳、そして胡瓜《きゅうり》と青りんごをかじった。これが私の昼食である。

十三時十五分に出発。わんちゃんも何匹か同伴である。

遊覧船は、メーラレン湖を西に向かった。船上から見る市庁舎はしばらくぶりなので、カメラのシャッターを押し続けた。天気は快晴で、波は穏やかであった。

群島を縫うようにビルカに向かう。しだいに島と島との間隔が広くなる。ヴァイキングや海賊がこれらの島々を根城にしていたという。島は、木の葉が水面に浮かぶように点在している。風が心地よく、午後の太陽が乗船客に暖かく照り注ぐ。雲が真綿をところどころ敷いたように青空に散点する。モーターボートやヨットが通り過ぎるが、波の干渉はない。手に持ったビルカ観光のパンフレットがときどき強い風で音をたてる。船旗の錨のマークが靡《なび》き続ける。船はメーラレン湖という風と波のスクリーンをかき分けるように進む。船風は涼しく、エンジンが心地好く響く。風の色も水の色もコバルトグリーンに染まっている。

メーラレン湖は、一一四〇平方キロメートルあるスウェーデン第三の大きな湖である。周囲は断層と山の尾根、そして亀裂のあるバルト海の入り江であった。ところが陸の隆起によってバルト海の一部が孤立して、湖として残された。地殻の隆起は現在も続いている、メーラレン湖とバルト海の水位は、ストックホルムのノールストレームの水門で調整されている。この旅行中にノールストレームにある国会議事堂の基礎が改修されているの見た。土台の木材が隆起のために腐食してしまったようで、耐久工事を行っていた。

湖の水質は、一九六〇年代にコミューンの浄化事業が進められ、改善した。現在一三〇万人以上の水資源となっている。かつては湖面の交通も栄え、シグチューナ、ヘルイェーを始め、多くの古代スウェーデンの遺跡や都市的集落が湖岸に見られた。よくある「メーラレン湖は、海、それとも湖」という疑問には、バルト海やスカンディナヴィア半島の地質学だけではなく、古代スウェーデンからの社会文化を辿る必要があるのかもしれない。

三時前にビルカに着く。船着場は簡単な木とコンクリート造りの桟橋で、目の前に小さなレストランがある。乗船客が降りたところで、帰りの船便時刻が知らされた。十八時四五分である。見学に十分な時間かどうかは、島を見て回らないとわからない。目の前にユネスコ世界遺産（「ビルカとホヴゴーデン」は、一九九三年、世界遺産リストに登録された）の解説板とビルカ遺跡の案内があり、ツアーガイドが説明を始めた。だが、人込みで解説板は読めない。ガイドのスウェーデン語による解説は、わかったようでわからない私の語学力なのだ。彼らが去った後にゆっくりと読むことにした。もともと私は、ツアーガイドの後に付くのが苦手なのだ。

少年の頃から、グループで教師の後に続くのがいやだった。いつも列を離れては注意を受けた。その私が、生徒を引率し、集団から離れた生徒を注意しなければならない職業に携わったのであるから、

ビルカのヴァイキング風景

人生の皮肉といいたい。今回の旅行でも、大部分は単独行動である。ツアーガイドは、要領よく解説してくれるが、自分の興味に無関係に次々と移動する。ゆっくり意のままに鑑賞や理解ができない。メモを取る時間もない。グループ行動なのだから、当たり前といえばそれまでだが。そこで、乗船時の群れから解放されて、気ままに行動することにした。

古ビルカには港が三ヶ所あった。集落の西に現在の人工港、そして天然の港が西側と東側に二つ。さらに、島の北にある現在のサールヴィーク付近には、平底船用の港があったといわれる。これらの港は、水際の喫水線が深く、埠頭施設として陸揚げ桟橋の跡も残っている。しかし、メーラレン湖の土地の隆起の結果、現在の海岸線はヴァイキング時代のものよりも五メートル下がり、かつての港や桟橋は肥沃な土壌として牧草地や農耕地に変わっている。

ビルカは、白樺の木が群生しており、ビョルケー島（白樺の島）の東側に位置する。桟橋の水際を歩くと白樺の影が湖面に映え、漣が岩に打ち寄せるたびに木影が揺れる。

渚の石を記念に拾い、ポケットに入れた。北欧を旅行するようになってから、海外旅行の際には、記念に現地の石を持ち帰るようになった。小さな私の書棚には、各地の石が無造作に並べられている。ただ、残念なことに地名と取得した年月日を記録していなかった。石の分類もしていない。特徴のある石だけが旅の記憶にちょこっと残っているだけである。この拾った石もヴァイキング時代の地層にあったかもしれない。想像するだけで石拾いも楽しい。

ビルカは、隣の島アデルセユーにあったメーラレン古代王朝の王による発案で、七六〇年頃に造られた。当時、ビルカは新しい町だった。ヨーロッパ・カロリンガ朝の市場造りに大きく影響を受けている。西の海峡を越えたアデルセユーの王は、ビルカに彼の代理総督を置き、遠隔地物資を交易する市場を築かせ、支配下に置いた。新しい珍重物は、三日以内に王のもとに届いたといわれる。ビルカの繁栄は王の権威を輝かせ、メーラレン湖支配という重要な役割を担うこととなった。

ビルカは、ヴァイキング時代の代表的な都市的集落である。

ヴァイキングとは、八〇〇年から一〇五〇年頃まで活力ある侵略と拡張活動を爆発的に行った北方ゲルマン人を称していう。

「ヴァイキング〈英〉viking〈古北欧語〉ヴィーキングル vikingr）の語源についてはさまざまな説がある。もっともよく知られているのは北欧語で入江をさすヴィーク（vik）と、子孫・人をあらわすイング（—ing）の合成語とする『入江の人』説である。北欧の古い用法ではヴァイキングは人（海賊）をさすよりも状態、行為をあらわすことのほうが多い（「ヴァイキングにでかける」など）。動詞のヴィーキャ（vikja 退く、動く、向きを変える）の派生語説もある。これによればヴァイキングという状態は、生活者の本来のあり方（農民として定着する、世帯をもって落ち着く）に対比して、交易や略奪といった非定着局面の活動をさすことになる。」（百瀬宏ほか編『北欧史』）

いずれにしろ、彼らは、中世の暗黒時代（ひとつの見方……）を前に、スカンディナヴィア半島やユラン半島を原住地として、ヨーロッパ各地を襲撃し、植民地化した。さらに、広範囲なノルマン王国を築き、歴史に大きな衝撃を与えたのであった。一般的には、ヴァイキングは彼らの原住地から、ノール人（ノルウェー）、デーン人（デンマーク）、スウェード・スヴェア人（スウェーデン）の三部族に分け

ヴァイキング船の遺跡（ロスキレ）

られる。活動内容は、交易・植民・掠奪・征服からなっていたが、活動範囲によって多少異なった特徴を示している。

ノール人の活動は、ブリテン北部の島々、アイスランドの入植、アイルランドのダブリン地域に王朝樹立などと掠奪と新天地進出という海への活動が顕著であった。さらに北大西洋を北上し、中でも、殺人を重ねた罪でノルウェーを追われた「赤毛のエーリック」は、九八五年頃に二四隻の船を率いてグリーランド島に到着したといわれる。彼の息子は現在の北アメリカの北部ニューファンドランド諸島まで達したといわれ、コロンブスのアメリカ沿岸到達よりもはるか前の話であった。

デーン人は、北海沿岸、バルト海南岸、さらにライン、セーヌ、テームズなどの大河流域の修道院や都市を組織的に襲撃、掠奪を繰り返した。

ヴァイキング後半になると、ノール人のロローオ首領が家族と共にフランスのノルマンディー地域に入植した。またデーン人は地中海シチリアまで遠征し、王国建設を実現した。十一世紀初め頃にはデンマーク王子クヌートがイングランドに侵入し、ノルウェー、スコットランド、スウェーデン南部、ドイツ・ポーランド沿岸に渡る広大な北海帝国といわれる勢力範囲を確立した。デーン人のヴァイキング活動は、その後の西ヨーロッパ史にとって大きな撹乱要因となった。

他方、東に向かったスウェード人は、バルト海を渡り、スラブ人やフィン人から掠奪・襲撃で財貨を得て、奴隷売買もしていた。またフィンランドや北西ロシアに植民していた。バルト海を結節点として、中国から北西ヨーロッパに達する広範囲な東西交易を続けた点がノール人やデーン人の活動と大きく異なっている。

彼らは、ロシア起源となるノヴァゴロド公国やキエフ公国の原形成に関係したといわれる。これらの歴史は、ビルカを始めメーラレン湖周辺やロシア各地で発掘される遺跡・発掘品（特に貨幣・陶器・ガラスなど）から裏づけることができる。ロシア国名の起源であるルーシ（櫂で漕ぐ荒くれ男）は、スウェード人の語源に発するとも言われ、多くの伝説が論争になっている。

その中で、ストックホルムの「歴史博物館」に展示されている解説を基に、キエフ公国起源を紹介しよう。

「七世紀、スカンディナヴィア半島に住むノルマン人が南下し、この世界に進出してくるようになった。彼らは海からきて、川を進んだ水上武装集団としてヴァイキング、ヴァリャーグとも、ルースとも呼ばれたのである。彼らは交易にも熱心であった。このノルマン人たちがヴォルガ川の河口に首都を持つユダヤ人商人の帝国、ハザール王国の勢力を退けて、スラヴ人たちの支配者となったと考えられる。」（和田春樹編『ロシア史』）

ノヴァゴロドのスラブ人は、侵略者スウェード人と戦って、彼らを撃退したが、自分たちの内部対立を解決できなかった。そこで、スウェード人（ルーシ）のもとに赴き、統治を懇願した。この言葉を聞いたスウェード人リューリク兄弟がノヴァゴロドに入り秩序を回復させた。また彼らの部下オレーグは南下してキエフに入った（ルーシの起源）。リューリクの没後、息子イーゴリと彼の部下オレーグは、コンスタンチィノープルや東方貿易の繋ぎ目キエフを支配下に置いた（キエフ・ルーシ公国の起源）。

現在のエストニア共和国とロシア連邦の境界に横たわるペイフス湖南端、プスコフ出身のオルガは、東スラヴの歴史に最も重要な影響を与えた女性のひとりであった。彼女は、八九〇年頃にプスコフ郊外のスカンディナヴィア系家族に生まれた（スラヴ系という説もある）。十二歳のときに、ヴェリカ川の渡し船の手伝いをしていたときに、リューリクの息子イーゴリに出会い、結婚した。

キエフ公となったイーゴリは、周辺諸族を懐柔し、貢税を徴収し、コンスタンティノープル、ブルガール、ハザールと北西ヨーロッパ間の通商を行い、繁栄を築いた。だが、ドレヴァリャーネ族の貢税徴収の遠征の際に殺害され、妻オルガが摂政として公位を継承した。歴史博物館の解説の見出しでは、オルガを最もカニング（cunning）な女性と表現している。巧妙な政治・外交を行い、周辺諸国を支配し、国内統制を行った。殺害される原因ともなった貢税の徴収方法も改善し、キリスト教改宗を通じてローマ・コンスタンティノープルとの通商関係を維持した。ドレヴァリャーネに対しても復讐を繰り返して、ついには彼らを征服した。後に息子のスヴャトスラフにキエフ・ルーシ統治を譲り、九六九年頃に没したといわれる。

もう一人のキエフの王女にインゲゲルドがいる。彼女は、一〇〇〇年頃にシグチューナの王とスラブ族首領の娘との間に生まれた。彼女は、シグチューナを訪れたノルウェーの王子エストリドと恋に陥ったが、ノヴァゴロドの王子ヤロスラフに嫁がされた。このことは、既にこの頃から、ヨーロッパの王家間では、政治的な取引で婚姻関係がなされていたという典型例でもあった。

ヤロスラフは、賢公ともいわれ、キリスト教を定着させて、国内の文化と政治の安定繁栄を築いた。インゲゲルドには十人の子供たちがいて、三人の娘は王女として海外の王家に嫁ぎ、五人の息子たちはキエフ・ルースの王子となった。晩年には尼僧院に入り、アンの名を与えられ、スウェーデン出身の最初の聖女ともなった。彼女は、キエフ・ソフィア大聖堂に安置されているヤロスラフの脇に葬《ほうむ》られている。

一九九〇年代にキエフのセント・ミハエル修道院が発掘された際に、十世紀頃のいくつかの墓が現れた。そのひとつのスカンディナヴィア風墓室に一人の若い女性の遺体が発見された。発掘した付随の品々は、キエフ・ルーシ公国の物と推察される。「歴史博物館」は、この女性をオルガの侍女かその関係者ではないかと疑問と期待を投げかけ、入館者をヴァイキング時代のロシアに誘っている。

国家起源は、現存国の威信に関わることなので、いつの世も多くの論争を招く。だが、境界のない自然の中で重層的な民族交流がされ、後に人為的に時の権力バランスで国家が形成されるのであるから、ひとつの形枠に人々を押し込めることそのものが無理なのである。キエフ・ルーシ公国とロシア起源の話もまた然りである。ただ、メーラレン湖の政治文化、そしてヴァイキング活動が当時のロシア政治文化に大きな影響を与えたことは、多くの資料や発掘物から事実といえよう。

目の前に広がっている牧草地と丘が、ヴァイキング時代に繁栄した場所だと考えると、歴史の栄枯盛衰の激しさに驚きを新たにするのである。遺跡区域の入り口柵は、自由に取り外しできる木製のものであった。狭い牧草地から岩石だらけの斜面が丘まで続いていた。頂上にはアイルランド形式の巨大な十字架が孤立然と青空に聳えていた。このデザインは、スウェーデンの墓地によく見かけるものである。碑は、「アンスガルの十字架」として、彼のキリスト教布教を記念に一八三四年に、ここビルカ民衆の避難所に立てられた。巨大ではあるが、周囲の風景にすっかり溶融している。

アンスガルの十字架

アンスガルは、ベネディクト派修道士である。ベネディクト修道院派は、信仰と労働にもとづく修道院生活を定めた戒律をもつアイルランド修道院派と共通の戒律を持っていた。したがって、このデザインの十字架が、信仰と労働という宗教文化を共有するスウェーデン人の墓地によく見かけるのも、独断であるが、頷ける。両派の修道院規則は、ヨーロッパの多くの修道院で採用され、西欧キリスト教の生活文化に大きな役割を果たしている。

十字架の風景は、観光ガイドブックに必ず掲載されているので、私も自分なりの写真に嵌まってみようと、丘まで登ることにした。岩石のある急斜面を避け、鱗のように輝く凪の海を眺めながら、瓦礫の螺旋路を辿った。このあたりの土壌は黒土からなっているため、このヴァイキング集落がビルカ（黒土）と名づけられたようである。歩く坂道の土が、たしかに黒いようにも思われた。

途中、ガイドがヴァイキングの住居跡をツアー団体に説明していた。仲間に入るつもりはなかったのであるが、柵を開けて入ろうとすると、ガイドは、入るなという。彼らの胸にはビルカツアーのシールが貼ってあった。たしかわれわれのボートツアーもガイド付きのはずだった。だがシールもない。勝手に行動しているのだからしようがないと断念した。少々腹が立ったが、神に宥《なだ》められ、促されるように謙虚に十字架の丘に向かった。

巨大な岩盤に立つアンスガルの十字架は、鉄柵で囲まれていた。柵に沿って一巡した。海、そして反対側には、農耕地が広がり、遠く左に堡塁跡、右に縄のように伸びる道路の端にアンスガル教会がある。そして、今辿った緩やかな斜面には白樺林。足元を見ると岩石と牧草地が広がっていた。かつてヴァイキング時代に最も繁栄したといわれる集落は、もちろん、この丘からは見ることはできない。だが、人間の脳は、想像力をもつ。煙立つ家々が見られた。

集落の東の丘にある防御堡塁の遺構は、ビルカに多数存在する共同墓地と共になお発掘が続き、立ち入り禁止区域となっている。北から南に緩やかな曲線を描き伸びる防御堡塁は、木製の胸壁で築かれて、一般的な防御堡塁と比較するとかなり低かったようである。破壊されているが、海賊などの襲撃に備えたものとして重要な意義を持っていた。たしかにこの富めるビルカは、海賊の襲撃を度々受けたようである。

共同墓地群は、集落の南に位置するアンスガルの十字架を取り巻くように多数広がっている。この墓跡からヴァイキング時代の集落の日常生活を裏づける品々が大量に発掘された。今日、ビョルケー島全体で三〇〇〇基以上の墓跡がある。これは、スカンディナヴィア最大の墓跡である。

最初の考古学上の発掘は、十七世紀であった。墓や集落の大規模な発掘は、十九世紀に行われた。一九九〇年代の大規模な発掘では、ビルカの日常生活や集落の構造について、さらなる多くの新しい情報を得ることができた。スウェーデンのヴァイキング史に新たなページを書き加えることになるだろう。現在も続くこれらの集中的な発掘調査は、さらにどのような史実をわれわれにもたらすのか楽しみである。

ヴァイキング時代の重要な北回りの交易路は、巨大市場・カロリング帝国からヘゼビュー・ダーネヴィアケ（現ドイツ・シュレースヴィヒ地峡）から、ビルカ経由でバルト海を通り、東方遠隔地に延びていた。各地からの重要商品は、このビルカに集中し、バルト海貿易の一大中継貿易港となった。ビルカの手工芸職人も販売と交換のために、多くの魅力的な商品を作った。原料は、スウェーデン北部とメーラレン湖の後背地産のものであった。特に、ビルカの重要な輸出品は鉄や枝角、毛皮であった。

九世紀中頃、スウェーデンのヴァイキング貿易は、ロシアの諸大河ドニエプル、ヴォルガ、ドンを利用して、スターラヤラドガ（ロシア）、ノヴァゴロド、キエフなどを経て、ビザンチン帝国やアラビアカリフ（バグダット）などと交流し、果ては中国にまで及んでいた。さらに南西には、ラインランド、イングランドという広大な遠隔地市場が形成されていた。多くの東西の硬貨や奢侈《しゃし》品がビルカにもたらされた。王や富裕な商人の生活スタイルや服装も、東西の文化的影響を受けたことが遺跡の品々や文献から明らかになっている。

ビルカが絶頂のとき、町の住民は、約七〇〇人以上にもなった（書物によると一〇〇〇人の記述もある）。彼らは、防護壁の狭い路地に密集した形で生活していた。手工芸職人は、狭い区画に工房と住まいを持ち、鶏や豚を飼育していた。毎日の生活物資や工芸品の材料はすべてメーラレン湖周辺の町や村から持ち込まれた。ビルカは、特定の商品製造に特化したため、これらの地域の余剰農産物や原料の取引する場所ともなった。その意味で、ビルカはメーラレン湖集落文化の最初の場所となり、多くの地域にその経済的影響を残した（このあたりの詳しい研究も日本の経済史研究誌に二、三みられる）。

ビルカは、またスウェーデンへの最初のキリスト教布教地でもあった。八二九年、アンスガルは、フランク皇帝・敬虔《けいけん》王ルードヴィヒの要請でビルカに渡航した。アンスガルがビルカに来たときは、すでにキリスト教は伝来されていた。だが、多くは異教アーサ神話（北欧神話）を信じていた。とくに異教の殿堂ウップサラ神殿の存在は、キリスト教宣教師たちに布教の困難を感じさせた。彼についての伝記の中で、アンスガルはビルカの民衆を多く洗礼させたと記している。しかし周囲のキリスト教化にもかかわらず、ビルカはなお、キリスト教社会になることはなかった。十世紀の終わり頃まで、両宗教は混在し、時には紛争と戦いを続けて、スウェーデンのキリスト教化はゆっくりと進んでいった。メーラレン湖集落市場の繁栄がビルカからシグチューナに移った遠因をビルカの伝統的な宗教の根強さにあったと考える研究者もいる。彼の布教がいかに困難であったかが推察できよう。

アンスガルの十字架の岩に腰を下ろした。遠くから耕運機の音が風に運ばれてかすかに聞こえる。縄のように続く道路の端にあるアンスガル教会は、まるでマッチ箱が立っているように見える。腕時計を見るとまだ出発の時間に余裕があった。そこで、アンスガル教会まで歩くことにした。途中、教会から帰途にある中年の男女に所要時間を聞いた。三〇分位との答えだった。大丈夫だ。周囲の風景などをカメラに収めながら歩いてみても、意外に時間は短かった。

アンスガル教会は、一九三〇年の夏至祭にアンスガルのビルカ訪問一一〇〇年を記念して、ノーベル平和賞受賞者ゼーデルブロムの提唱によって設立された。建物は、建築家ライス・イスラエル・ヴィルマンによるモダンでオリジナルな形と色彩をしている。教会の広場には、村民が集会や外での礼拝ができるように簡単な椅子が配置されている。教会の中を見たいと思い、正面の巨大な扉を押した。どうしても動かなかった。そこで、袖の扉を押すと、開いた。

アンスガル教会

扉には、コルヴェイ修道院（ドイツ・ザクセン地方）出身のアンスガルが、ルードヴィヒ皇帝から北欧への伝道を命じられる場面が描かれていた。多くの教会にある広い身廊はなく、内陣は狭い。半円形の祭壇や後陣にはアンスガルの生涯やイエス・キリストに関する絵画が描かれている。天を仰ぎ、両手を広げ、神への祈りを捧げるアンスガルの彫像。ビルカ訪問の目的をフランク帝国膨張の先兵という政治的見方よりも、むしろ敬虔な宣教師像であった。彼は、二度ほどビルカを訪れている。ヴァ

白衣のアンスガル像

イキングの襲撃に会い、異教の迫害や王族の権力争いなどで十分な成果は得られなかった。ただ、デンマークのヘゼビューやリーベを基点とした北方の飛び石を、線としての布教にレールを敷くこととなった。

　帰還後、北方布教の責任者としてハンブルグに移り、「この地の軍用砦を補修して、伝道の拠点とした。彼はここに教会、学校、病院を建設し、多数の有能な生徒と助手を養成し、これらの青年を自ら手塩にかけて教育し、宣教の術を仕こんだ。こうして北ヨーロッパのキリスト教化のための、その時まで欠如していた組織的基地が、彼によって創設された（ルードルフ・プェルトナー著『ヴァイキング・サガ』）。

　ハンブルグの教会がヴァイキングによって襲撃・破壊されると、ブレーメンの教会に移り、その後ハンブルク司教区とブレーメン司教区とが合併したときに、ハンブルグの初代大司教となり、八六五年に他界した。ビルカに同行した彼の弟子で、後継者でもあるリムベルトは、彼について『白衣のアンスガル』を著した。これは、当時のデーン人やスウェード・スヴェア人を知るうえで貴重な文献になっている。アンスガルも外交官としての高い能力と権力渇望の強い個性、そしてキリスト信者としても高い目的意識を持った宣教師として描かれている。二月四日には、「北方の使徒」「神の槍」として彼を聖人として讃えている。

アンスガル教会の帰り道、夏のひと時を楽しんだメイポールがコテージの庭に立っていた。メイポールは、若草や花で作った十字架を白樺の木に付けたもので、夏至祭のサークルの中心に置かれた。歴史のわずかなページにかつての繁栄の名を残したビルカのように、ひっそりと立っていた。

港の近くまで戻り、同乗したグループがまだ集まってないのを確認した。最初に集合した説明板の向かい側には、ビルカミュージアムがあった。スタッフの女性がヴァイキングの服装で行き来している。舟に乗ったり、火をおこし料理を作るヴァイキング実体験も催されていた。ミュージアムには、ヴァイキングの歴史についての説明、土産品と書籍、そして精巧なビルカの港町の模型が展示されていた。一通り見学した後、再度、「アンスガルの十字架」の丘に上り、ビルカ跡を展望することにした。目の前に立つ丘は、野草と岩の斜面である。あの記念の十字架がなければ、変哲のない風景である。今度は、石だらけの斜面から頂上に挑むことにした。

牧草地には多くの羊が草を食んでいる。緩やかな斜面の牧草地を上っているうちに、今朝、新調したばかりのスニーカーに羊の糞が付く。羊の糞を世界遺産として持ち帰るわけにはいかないので、枯れ木で取り去った。ただ、歩くたびに、足の裏には旅のメモが貼りつき、データベースとして蓄積された。いずれにせよ、気になる羊の群れであった。

周囲は羊の群れが逃亡しないように軽い電流を流した針金を張り巡らしていた。この地の所有関係はどのようになっているのか分からないが、この世界遺産一帯が羊の牧草地のようである。急な斜面は頂上まで岩石が連なっている。飛び石を渡るように、慎重に、そしてリズミカルに上ってみた。頂上に辿り着き、顔に流れる汗を拭いた。十字架を背に、夕日に輝く海を眺めながら、ペットボトルの水を飲もうと口を近づけた。ボーと風の音が響く。古代ヴァイキンングからの風が、ボトルの中に流れ込む。夕方になるとこの丘を越えて海に向かって風が吹き始めるようだ。海面を燕が飛来する。岩の上に仰向けになり、まだ明るい空を眺める。真っ青である。風と波は、ヴァイキング時代から連続する青さなのだ。心は静かに無の状態に落ちていく。風が顔を撫で切った。

―

ヴァイキング時代は、中世という記述の文化、キリスト教文化、また死と生の遷移社会ともいわれる。また、スウェーデンという輪郭がバルト海の波間に現れ始めた時期でもあった。

さらに、ヴァイキングを考える場合、映画や小説のファンタジーな世界ばかりではなく、もうひとつの世界観が見え隠れすることに留意したい。

ストックホルムの「国立歴史博物館ヴァイキングコーナー」の入り口には、次の言葉が掲示されていた。

「北欧のヴァイキングのイメージは文学や芸術の中で支配的な型を形成してきた。後に、二十世紀になりナチズムにも利用され、そのイメージは現在でもなおネオ・ナチズムや極右勢力の間で持てはやされている」

「歴史博物館は、ヴァイキングのイメージと反民主主義の動きとの結びついて議論するためのいくつかの発案をしてきた。このことは、このプロジェクト（ヴァイキングコーナー）のテーマがホワイトノイズ……北欧の夕闇……であると考えてみたい」

ホワイトノイズなるタームがいかなる概念かを詳細に検討する余地はない。不規則に上下する波も正規分布をなしている。フーリエ変換を使うことですべての周波数を同じ強度にすることができるという。

この概念は、決して物理学や数学上だけの問題ではない。歴史や現代社会を考える場合、多くの示唆に富むものといえる。フーリェ変換という操作で、すべての騒音を消し去る社会。ホワイトノイズによって他の雑音と思われるすべての音を覆ってしまう社会。そのような社会であってほしくないことは同感である。

「歴史」は、十九世紀や二十世紀の国民国家形成を目的として、しばしば時の権力者に利用されてきた。多くの者に史実から離れた過去を国威発揚のもとに共通概念として植えつけてきたときもあった。

たしかに歴史的事実とは異なる、血湧き肉躍る創作されたヴァイキングの世界を否定するものではない。他方、歴史的真実はひとつかもしれない。だが、その真実を得ることは至難の技である。しかも、歴史を見るための価値判断は多様である。それだけに、歴史を見たり、読んだりする場合、私たちは冷静さを必要とする。スウェーデンの識者たちがヴァイキングのイメージ形成に警告を発していることは、歴史の教訓として大いに納得できる。

私たちは歴史を考える場合、過去から何を学び、どう生かすべきか、私たち一人ひとりが負わされた重い課題だといえよう。私は、「歴史博物館の言葉」を反芻しながら、アンスガルの十字架の丘を下りたのであった。

翌朝、ストックホルムを後にして、ゴットランドに渡ることにした。シェップスホルメン島の橋の袂《たもと》で、海軍の国旗掲揚儀式が行われていた。若き海兵たちがキャノン砲を前に王宮に向かって整列し、指揮官の指示で敏速に、一様に行動していた。ひとりの女性がジョギング姿で、差込画のように通り抜けた。風も波も穏やかなシェップスホルメンの朝の風景である。爽やかな海風の中を、私はストックホルム・シティターミナルに足を速めたのであった。

ハンザの栄枯盛衰

ゴットランド

バラと廃墟の町――ヴィスビィ

ヴィスビィは、ストックホルムからバスでニネスハムンまで約四五分、それから船で約三時間。朝四時起床のために、バスの中ではぐっすり眠れた。最初のヴィスビィ訪問は、南のオスカルハムンからであった。予約なしのために、最後の最後まで待たされた。今回は、既に予約済みであったので、余裕を持って乗船できた。八月上旬のヴィスビィは、中世フェスティヴァルと避暑客のため、船は混雑する。

かつて、ウップサラ大学の夏季語学研修を受けたときに、友人が土、日曜を利用して飛行機でゴットランドを訪問した。その美しい旅路を感動しながら話してくれた。そのときの輝いた彼の顔を思い出すと、今回も期待は膨らんだ。

船は小雨降るバルト海の風と波の中をスローモーション・ビデオのようにゆっくりと進む。前日のビルカのメモを纏めたり、ゴットランドの資料を読んだりするうちに、はるか水平線に板状の島が現れた。「よき島」ゴットランドである。

私たちのフェリー入港で海面は渦を巻く。煉瓦色の石を積み重ねた堤防が、バルト海の荒波を和らげている。下船するころには、小雨もあがり、千切れ雲から夏の陽光が漏れ始める。桟橋には雨滴が残る。停泊するヨットがひしめく。カモメの群れが、私のヴィスビィ訪問を歓迎しているかのように飛び交う。

まず、パンフレットで探したヴィスビィユースホステルを目指した。コンクリートの海岸沿いから石畳の坂を上る。引くキャリーの荷が重く揺れる。坂の右手には黒い屋根のサンタ・マリア大聖堂が見える。廃墟に唯一残るドイツ商人たちの教会である。観光客で道が埋まり、車が遠慮がちに通る。市街壁を出ると、途中、夏草の茂る広場に朽ちた尼僧院の礎石と解説板を見る。

この尼僧院は、シトー派のようである。シトー派修道会は、既存のクリュニー修道院などの戒律逸脱を批判して、フランス・ブルゴーニュ・シトーに創設された。彼らのめざすものは、ベネディクトの戒律の精神に回帰し、修道制の刷新を行うことであった。

十分の一税を放棄して、労働を重視し、典礼や聖堂建築などの簡素化をはかった。彼らは、封建領主の地位にあった従前の修道会からも独立し、十二世紀末には、ヨーロッパ各地で五〇〇を超える数に達した。日本にある函館トラピスト修道院（女子）は厳律シトー修道会といわれ、シトー派の流れを汲むものである。

このソルベリア修道院は、人々の要請によって一二四六年頃に建てられた。ゴットランドただひとつの尼僧院である。尼僧たちは、おそらく対岸のイスターゴットランドの僧院から移り住んだようである。シトー派の戒律を守り、ヴィスビィ市外壁の外にある、かなり豊かな僧院であった。十五人ほどの修道女がシスター、ブラザー、そして旅の僧たちと生活していた。しかし、ゴットランドの治安が乱れ、その後、宗教改革の嵐が吹き始まった頃、彼らの多くは他に移ったといわれている。

修道士たちの生活は、自己規制、静穏、黙想を特徴とした共同生活である。祈り、学習、ミサの外に多くの雑事がある。例えば、洗濯、聖歌練習、台所の当番、そして針仕事や写本が重要な日課ともなっている。尼僧たちの針仕事である刺繍は、その芸術的価値が高く評価されている。また写本は歴史的資料として、中世の政治経済・文化を生き生きと現代に伝え、中世を書物によって確立された文化ともいわせている。中世の上流階級の女性たちは別として、彼ら尼僧たちは仕事は尊きものであり、質素な生活を営むことによって有徳な神の子となることができるものと信じていた。

この尼僧院にも艶のある話が残る。

一四七八年、リューベックのハンザ商人ヘンリック・ハルレコウがひとりの尼を拐《かどわ》かし、彼女たちの掟を破った。事は大きくなった。結果的には、彼は全財産を残してヴィスビィを去らざるを得なくなった。その尼僧は、残された彼の財産を償いとして返還を請求したといわれる。詳細な顛末は記録に残されていない。しかし二人の愛憎の結末が、法的問題解決となったのは中世社会としてはおもしろい。その後の彼らの行方はどうなったのだろうか。ハンザ商人と尼僧という組み合わせは、ゴットランドらしい話でもある。尼僧院跡の十字架は、中世の騎士物語とは一味違うもうひとつの世俗的なエピソードを伝えている。

ヴィスビィユースホステルの入り口は、足のない羊を象《かたど》った石灰岩のブロックが置かれていた。車の進入止めである。この形のブロック石は、ヴィスビィのあちらこちらに見られる。類似のペーパーウエートが町の店々で販売されていた。私はゴットランド土産にこれを選んだ。

ユースは、まだ開いてなかった。若い女性が携帯電話で友人にこの様子を知らせていた。間もなく、彼女は、荷物を持って去った。私の方は、重いキャリーを引きずりながら街へ戻るのも面倒と思った。あたりを見回すと、ボックスがあった。蓋を開けると底に砂があったが、キャリーを荷物ごと入れられる空間があった。持ち歩く中身は、衣類などの駄物である。キャリーごとこのボックスに入れることにした。町を散策し、五時ごろまでに戻ればよいだろう。

ヴィスビィユースホステルは、夏季や冬季の長期休暇以外は、小学校の校舎として子供たちの教育の場になっているという。この件をヴィスビィの観光案内のスタッフに聞いたことがある。休暇期間の子供たちは、日本の学校制度と違い、デイケアセンターや各種のコミュニティー・サークルなどで生活している。彼らは、休暇期間は学校から離れて、保護者の責任で各種の体験学習やクラブ活動をしているという。日本の学校は長期の休みでも生徒・児童や教員が幾人かは必ずいると話すと、あっさり文化と制度の違いですよねと受け流された。

スウェーデンの学校は、長期の休業中、閉鎖される。このことは、初めてスウェーデンを訪れたときは、大きなカルチャーショックであった。その後、このシステムはスウェーデンでは当たり前なのだと納得できた。ある意味では生徒・教師・社会を含めて別の観点から教育を考える期間ともいえる。最近のゆとり教育批判の論議を含めて「学校漬け」の日本の教育制度を考える上で、もうひとつの視点があるように思えた。面白いことに、このように学校をユースホステルとして利用しているケースは結構ある。まさに、スウェーデン的合理主義といえる。

キャリーを置いたので、両手が自由になり、カメラ撮影が便利になった。市内に戻る途中、廃墟の市街壁を背景にバラを撮影しようとした。結果的には多く紹介されている定番の構図になってしまった。でも、市街壁に沿って歩いてみると、いろいろな角度や構図で「バラと廃墟の町」を撮影でき、作品のよしあしは別として、もうひとつの旅の楽しみを味わうことができた。

バラと廃墟

最初、ヴィスビィ市街の北東側に位置するサンタ・マリア大聖堂を市街壁の高台側から俯瞰した。雲の塊が吹き飛び、午後の太陽が中世の町を照射する。赤銅色の屋根の波に教会の廃墟と緑の木立ちが島のように浮かぶ。町を囲む市街壁は、南北両端から海岸に向かって伸びている。輝く波が白い渚に打ち寄せている。そして、果てしなく伸びる水平線。

黒いキューポラ形の尖塔に灰色のタワー、赤銅の屋根、そして灰色の壁の大聖堂が、眼下に見えた。おそらくこのあたりが、ヴィスビィ市街を一望するに最適な場所といえよう。バラと大聖堂を纏めた構図で撮影しようと長い石段を下りて、大聖堂の正面でカメラを構えた。

大聖堂は、高さも幅も大きすぎ、すべてをひとつのフレームに入れるのが難しい。遠近を調整しているうちにファインダーに車が進入する。次に観光客が画面に入り込む。しばらく、脇を閉めて待った。不本意な構図ではあるが、彼らが去った瞬間にシャッターを切った。やっとバラを大聖堂の片隅に入れることができた。観光地は、どこでも人影や車の入らない写真を撮るのが難しくなった。逆に、車と人が写ってない風景写真は、観光地では不自然なのかもしれない。ここも世界遺産といえども、彼らの日常生活の舞台なのだから当然であろう。

サンタ・マリア教会

サンタ・マリア大聖堂は、一二二五年にリンチョーピングの僧ベンクトによって処女マリアに奉献された。一五七二年、ヴィスビィ管区の大聖堂となった。市街地にあった一七教会の中で唯一廃墟となることなく活動している。教会の起源は、ヴィスビィ寄港のドイツ商船に課税した基金で、一一〇〇年頃に建設された。ヴィスビィには多くのドイツ人が住んでいた。だが、この教会は、あくまで「ドイツ商人」のための教区教会であって、多くのドイツ人のためのものではなかった。

最も古い部分は、翼廊と東側に後陣を持ち、三つの通路のあるバシリカであった。数回の改修が行われた。一七四四年の火災で西側タワーが損壊し、現在の形のキューポラの塔が完成した。二十世紀の変わり目には、ゴットランド出身の建築家兼芸術家のアクセル・ハーマン・ヘイグによって広範囲な改装が行われた。絵のある内陣や北側の聖具室などが増築されて、大きく変わった。

中に入ると祭壇に向かって褐色の通路が伸びていた。その通路を横切るように宙吊りの梁にあるキリスト像が祝福の右手を掲げて出迎えてくれた。ゴシック様式の建物の中は、高いアーチの天井が見られる。多くのキリスト教関係の黄金の品々が壁や周囲の小部屋に配置されている。ヴィスビィがハンザ貿易の中継都市として栄華を極めた証である。南ゴットランドの砂岩製の祭壇、柔和な顔立ちのマリア像。ゴットランド特産の赤石灰岩製に控えめなパールが散りばめられた洗礼台。中央の祭壇パネルにはセント・ビルギッタ（スウェーデンの聖女）をはじめ多くの聖人が立ち並ぶ。飴色の深い彫刻の説教台。重厚なパイプオルガン。見ることもないと思われる天国は、このように美しいのだろうかと想像しそうなステンドグラス。荘重の美とは、この教会のためにある言葉と思われた。

一五六六年七月の嵐の夜にヴィスビィ沖でリューベック・デンマーク人の船が遭難した。千人以上が死亡した。そのひとりリューベック市長チナンフェルと犠牲者たちの墓碑名が礼拝堂の北側壁にあった。彼らのうち、四〇〇人近い人々が遺体としてこの大聖堂に葬られている。

身廊中央の一角にあるハンザ礼拝堂には、洋ナシ形の蜀台に数本のローソクが点《とも》されていた。バルト海の海難事故で亡くなった人々、第二次世界大戦中にバルト海で命を落としたバルト諸国の避難民、第二次世界大戦中に沈没したフェリー定期客船ハンザ号、そして一九九四年九月二八日に北バルト海で遭難した大型フェリー・エストニア号などを追悼した銘板があった。凍てるバルト海を越えようと命を落とした第二次大戦中の亡命者たちの話には、数多くの心痛めるエピソードが残されている。また、エストニア号の惨事は、私がスウェーデンに関心を寄せて以来の大惨事で、九〇〇人以上の犠牲者がでた。自然の暴力にいかに人間がかよわい存在かをまざまざと知らされた惨事であった。蝋燭を手に取り、蜀台に差し込み、バルト海に消えた人々の冥福を祈り、頭を垂れた。

エストニア号惨事の後日談が私のスクラップブックにあった。要約を添えておこう。

ストックホルム発のAFP通信によると、沈没寸前の同号のデッキで見知らぬサラさんに「生きていたらストックホルムでディナーを一緒にしないか」とケントが声をかけた。サラさんも「分かったわ」と大声で答え、二人はバルト海に飛び込んだ。それから二人は救命ボートにたどり着き、凍てるバルト海を漂流。生き延びるために「五時間も互いに体を温め合った」という。

ケントさんは手足を負傷したが、「サラが救命ボートに引き上げてくれなかったら、僕は死んでいた」と感謝した。サラさんも「ケントがいなかったら生き抜くことができなかったでしょう」と感慨深げ(概要は朝日新聞から)。その後、二人は、ストックホルムの高級レストランでデートし、さらに、結婚したと報じられている。タイタニック号惨事の映画に劣らぬロマンスであった。この記事を読んだ多くの人々は感動したようだ。

大聖堂を後にして、北門側のセント・ニコラス教会の廃墟に寄った。中からピアノによるジャズが流れている。入ろうとしたが、鍵がしっかりかかっていた。中世の廃墟と現代の音・ジャズ。透き通るリズム。心拍が高まった。建物の周囲を音源に引き寄せられるように眺め歩いた。屋根も天井もない廃墟といっても周囲の壁は美しい。切妻壁には、ローズ・ウインドウといわれるひとつの岩を刳《えぐ》り貫いた

セント・ニコラス教会

花模様の装飾が施されている。その下に格子のない窓がぽかりと開き、ほの暗い中世史を覗かせていた。

この教会は、一二三〇年に黒衣の修道士として知られているドミニコ派修道会の商人によって建てられた。バルト地域の伝道拠点として、最初のそして最大の修道院でもあった。ドミニコ修道会は、街のギルド商人たちの助力で建物を手に入れ、商人と船乗りたちの守護神セント・ニコラスに因み教会名を付けた。その後、彼らの会則に沿って、教会の尖塔を廃し、さらに内陣を拡張した。

一五二五年にリューベック人たちのヴィスビィ襲撃や火災によって大きな損傷を被り、北側の部分は、既に大部分喪失している。建物は、ヴィスビィ貿易の衰退と共に破損の道を辿った。だが、「砂漠から都市へ引き戻った」（片田舎の清貧な説教集団から都市部に進出して繁栄）といわれるドミニコ派修道院の盛衰が、隣接した南側跡地からよく知りえた。

廃墟の壁には、「ペトルス・デゥ・ダキア……約一二三五―一二八九、セント・ニコラスのゴットランド・ドミニコ修道院長（一二八六、ストンメル出身の聖女クリスティーナについて）の伝記作家。オペラ（ペトルス・ドゥ・ダキア）は一九二九年以来ここで演じられてきた」という表示があった。

この聖女クリスティーナとペトルスの愛の書簡についてのオペラは、武田龍夫編訳『愛の伝説……中世北欧の信仰と愛』で詳しく紹介されている。概要を記しておこう。

「ダキアのペトルス」のダキアとは、現在のルーマニア・ドナウ川下流地域の古称である。おそらく、ヴァイキング時代、ハンザ同盟時代を通じて東方貿易が栄え、バルト海から黒海までがひとつの輝かしい経済圏であったのだろう。当然、ドミニコ修道派の活動もこの経済圏を中心に北ヨーロッパからバルト海・黒海まで伸び、ゴットランド・ドミニコ修道院長は、この地域の重職になっていた。ペトルスに対する敬称は、このような歴史背景があったようだ。

ペトルスはゴットランドで生まれて、ヴィスビィ・ドミニコ教団に所属していた。彼は、入団後、この戦うドミニコ教団の信仰の奥義に没入した。一二六六年から七〇年まで、彼が教義研究でドイツ・ケルンに派遣されたとき、近くのストンメルという小村の「祝福の聖女」クリスティーナという精神的指導者と知り合った。彼女は幻覚、聖痕、そして恐ろしい法悦を体験することで知られていた。ペトルスがケルンを去り、セント・ニコラス修道院に帰ってから彼が死ぬまで二人の愛の書簡は続いた。後に、修道院長になった彼は、クリスティーナは聖女であったと確信し、彼女の伝記を書き、そして彼らの書簡を世に出した。しかし、ペトルスが書いた手紙は、彼がこうあるべきだという思いを書き続けたもので、クリスティーナに送ることはなかった。この書簡は、離れた二人が神を介した真心と悲しみを表現したものであった。ペトルスは、この書簡によってスウェーデン文学史上、個人の愛を表現した最初の叙情文作家ともいわれてきた。

武田はこのペトルスとクリスティーナの愛の書簡を編訳者覚書で次のように述べている。

「ペトルスとクリスティーナの愛は、生々しい地上の愛とは違ったものであり、天上の愛の高みを求めて歓びまた悩んだ聖職者と聖女の特異な愛の体験なのである。それは何よりも主イエス・キリストに対するあこがれと愛を基調に置いた純粋なプラトニックラヴに彩られた劇的記録である。それだけに現代のわれわれの目からは、相寄る二人の愛の情念は、美しいが奇怪な、そして異常で痛ましい非人間的な「凍れる炎の悲恋」に見えるかもしれない。あるいは逆に、われわれの心のどこかに潜む、自らもまたかくあらまほしく願う神に祝福された花咲く愛の幻影をかいまみたと思うだろう?」（武田龍夫編訳『愛の伝説』）

中の音源を見ようと西側のゲートに廻り、広い庭に入ろうとした。しきりにスタッフらしき人々が出入りしていた。その一人が、今夜のコンサートのリハーサルをしているので入れないよと忠告してきた。では何時に開演なのかと聞くと、十九時三〇分と答えた。ゲートの扉には、今夜のジャズフェスティヴァルのポスターが貼ってあった。ユースに着いてから、また出直そうと考えた。が、結局、コンサートには出席しないまま寝てしまった。毎年夏には、スウェーデンや世界各地から音楽家たちがここに集い、ゴットランド音楽祭が催されている。中世の宗教オペラと現代音楽のジャズ。夏のヴィスビィからは遥かなる機械式音から電子音響まで、音の芸術が世界に発信されている。

バラの中に埋もれたヴィスビィ最古のセント・クレメンス教会から、セント・ハンスガータンに沿って進むと、再び廃墟姿の教会を見ることができた。まさしく「バラと廃墟の町」である。有力なヴィスビィ商人の死後、仲たがいの姉妹が建てたといわれるセント・ドロットン教会とセント・ローレンス教会もこの区域にあった。狭い広場と道路を挟んで建っているために、市民が星座物語のように想像した話である。セント・ドロットン教会前には、ゴットランド生まれの天才発明家で建設者でもあったクリストファー・ポールヘムの胸像がある。セント・ローレンス教会は、平面が縦横同じで、ギリシャ十字架形の様式である。東方文化の影響を見ることができる。さらに、ヴィスビィ中心部の大広場には、セント・カタリーナ教会跡がある。貧しさを理解し、清貧に生きることをモットーとしたフランシスコ派の修道院に属し、市街壁内にある廃墟のうちで最も美しいといわれている。一二三三年に建てられたこの教会は、ゴシックの内装にステンドグラスのないアーチを有し、天蓋と窓から青空をくっきりと見上げることができる。セント・ハンスガータン通りの中ほどには、広場があり、セント・ペーターとセント・ハンス教会がある。ヴィスビィ最初の木造教会で、敷地内の墓石には「この世が続く限り、残りますように」という願いがルーン文字で刻印されている。十二世紀にセント・ピーター教会が建てられ、十三世紀には隣り合うようにセント・ハンス教会が建てられた。廃墟の木陰の中で、コーヒーブレークを楽しむ人々の姿が見られた。ゴットランドには、およそ百近くの教会があり、多くは一一〇〇年から一三五〇年頃に建てられた。中世ハンザ都市の経済

セント・カタリーナ教会

的繁栄を誇示するように、ヴィスビィを中心にキリスト教の各宗派が競い合った。丸いアーチのロマネスク様式から当時最先端を行くゴシック様式まで、中世建築史の野外展示場であった。

それぞれの建物や街路には、東西文化交流の足跡を多く残している。まるでキリスト教宗派の見本市のように、さらに交易民族の坩堝《るつぼ》のように、多様な教会文化がここヴィスビィに凝縮しているのであった。その後、新規建築のために石材資源を奪い合い、火災や海賊・戦争の襲撃に会い、最後に宗教改革とハンザ同盟の衰退が駄目押しのように打ち寄せたのであった。多くの教会は栄枯盛衰の悲哀を味わいながら、廃墟の道を辿ったのであった。だが、この廃墟の美しさは、歴史に裏打ちされた自然な色合いでもあった。


セント・クレメント教会からDBS協会植物園を通り抜けた。この植物園は、自然の美しさと中世的な雰囲気を保護しながら、ヴィスビィの野外活動を推進しようとする団体によって作られた。色とりどりのバラは、その美しさを咲き誇っていた。花壇はバラ園芸の集大成と思われるような華やかさであった。ヴィスビィ旅行の証として、一枚だけ自分の写真を撮ることにした。三脚を取り出し、バラの絨毯に埋まるようにしっかりと腰を落とした。セルフタイマーのボタンを押した。確認にディスプレーを覗くと、顔はまだ若い……？。

庭園を出て、斜めの道から海辺に向かった。途中、バラの咲き乱れる路地の片隅に腰を下ろし、休息をとった。すると通る人々が私の周りで立ち止り写真を撮り始める。最初は、何かパントマイムの群集心理劇を見ている感じがした。そのうち、改めてカメラを構え、周囲の構図を見直すと、たしかに美しい路地である。近くにヴィスビィ最古の建物といわれる火薬塔があるので、多くのガイドブックもこのあたりの散策を勧めているのかもしれない。時計の針は、かなり南に回ったが、日差しはなお強い。腰を下ろした石畳の端にタンポポの花が咲いていた。この夏にタンポポとは珍しい。ここゴットランドは、いま、花の楽園のようだ。

市街壁と少女たち

火薬塔は市街壁の出口にあるフィッシャー広場にあった。この塔は、一一〇〇年頃にヴィスヴィ港防御の目的で建てられた。十八世紀初めの頃には、火薬の貯蔵庫として使われた。ゴットランドの象徴である羊に因み、ラムタワーともいわれている。

海岸沿いを、寄せる波を見ながら歩いた。

二人の若い女性が、市街壁にしがみつきながら下りてくる光景に出会った。しかも中世の服装をしている。彼女たちは何者かに追われ、必死の思いで難を逃れようと、近道を辿っているのだろうか。理由は分からないが、私がナイトとして彼女たちを助けなくてはならないのだろうか。眺めている私も、ついつい中世ドラマに嵌《はま》りそうになった。

火薬塔のゲートを抜けて、昔、海だったアルメダール公園に向かって歩いた。おもちゃの遊覧車が通り過ぎてゆく。時刻的には、最終便である。

風と波の芸術——フォーレ

二度目にヴィスビィを訪れたときは春だった。


春のゴットランド行きは、予約なしで乗れた。バックパック姿もあまり見られなかった。ニネスハムン港から、のんびりした船旅となった。灰色の雲が隙間なく空を埋めていた。

ヴィスビィに着き、ツーリストインフォメーションに寄ったが、閉まっていた。時計は午後五時を過ぎていた。ユースホステルも同じく閉まっていた。市街地に戻りながら、翌日の予定をあれこれ考えた。粉雪が舞い始めた。ゴットランドのバス時刻表を手に入れようと市街壁近くのバスターミナルに寄ってみた。そのとき、ふと、ある新聞で、スウェーデンを代表する世界的映画監督、イングマール・ベルイマンがゴットランド島のフォーレをこよなく愛していたという記事を思い出した。

ところが、偶然に目の前にフォーレ島の渡し場であるフォーレスンド行のバスが出発しようとしている。まるで吸い込まれるようにバスに乗った。まさしく乗ってしまったのだ。

バスは込んでいた。粉雪がバスの窓辺にしがみ付いた。周囲は瞬く間に、薄暗がりとなった。バスのヘッドライトが舞い落ちる雪片を照らし出した。揺れるバスの中でガイドブックを読み始めた。宿泊場所を探さないと凍《こご》えてしまう。フォーレ島にはユースホステルの印があったので、そこで何とかなるのではないかと考えた。念のために、隣の頑丈な中年男性に、バスがフォーレ島に行くかどうか、泊まるユースホステルがあるかどうかを尋ねた。男性は、きれいな英語で「このバスの終点はフォーレスンドで、島に渡るにはフェリーとなる。でも、島のユースホステルは、今の時期は閉まっているよ」と説明してくれた。再び、ガイドブックを読むと、フォーレスンドには一軒のホテルが示されていた。ここにしようと決めた。

バスがフォーレスンドに着くと、先ほどの男性がホテルは値段が高いので、友人の家を紹介しようと私の先を歩き始めた。彼の好意に頼ることにし、上背のある彼を追った。

彼のいう友人の家は、明かりが灯り、窓から覗くと、ストーブが真っ赤に温まっていた。雪が降りしきり、まるでマッチ売りの少女のように覗き込んだ（中年もとうに過ぎた男だが）。

ドアには鍵が掛かっていた。ノックをするが、返事がない。留守のようだ。男は、次のフェリーに乗らなければならないといい始めたので、不安がよぎった。このまま残されては、雪の中に野宿することになる。この近所にホテルはないかと聞くと、付いて来いという。船の時間を気にする彼の足取りは速かった。懸命に重いキャリーを引きずりながら、彼の後を追った。

ホテルらしき建物に着いた時、全身汗が流れ、持病の軽い喘息発作がおきた。深呼吸をすると、少し息が戻った。

ホテルといっても夏季のロッジであった。彼は、宿の主人となにやら話し合い、あとは彼にしたがってくれという。肩で呼吸をしながら、礼をいい、別れた。手が悴《かじか》んで、降りかかる雪が痛いほどだった。彼が去ったあと、フェリーに間に合ったかどうか気がかりであった。

そのあと、部屋続きのロッジに案内され、一泊することにした。


部屋に入ると、温かいというよりも、暑かった。上着を脱ぎ下着姿になった。スウェーデン政府広報が環境問題を盛んにＰＲしているわりには、スウェーデン人は室内温度調整に無関心のようだ。たしかに室内は軽装の方が活動しやすい。厳寒の外から帰ってきても、部屋が温かいとほっとすることは確かである。でも、どのユースホステルも暑過ぎた。

ただ、過去に経験した北部スウェーデンのユースホステルは、朝方の暖房が弱く、寒さで震えたことがあった。これもまた困る。ゴットランドは、夏は避暑地として、冬は避寒地として、ストックホルム市民に人気のある島である。しかし、春先でも粉雪が飛び交い、吐く息も真っ白になるとは、やはり、ゴットランドいえども北国スウェーデンなのだ。

テレビのスイッチを入れると、アメリカのイラク攻撃開始のニュースが報道されていた。


翌朝、フォーレ島に渡ろうと荷物を纏めキャリーを引き、渡し場に向かった。

空は青かった。

昨夜のバス停の傍《かたわ》らがフェリー乗り場になっており、船賃は無料である。対岸から来るフェリーを待っているのは、高校生の男子と私だけであった。彼に声をかけた。これからどこに行くのかと質問すると電話を掛けに行くという。少々不思議に思った。フェリーに乗って対岸に電話を掛けに行く行為がすぐには理解できなかった。あとで分かったことであるが、こちらの電話が故障しており、五分もかからない対岸のテレフォンボックスに行くところであった。

このあたりの集落フォーレスンドは、ナポレオン戦争後のヨーロッパ戦時下のスウェーデン「中立」政策のありようを象徴した場所でもあった。あくまでもスウェーデンなりのカギカッコ付き「中立」である。

さらに、第二次世界大戦中は、ソヴィエトやナチス・ドイツに対して沿岸砲兵隊や空軍部隊がここフォーレスンドに駐屯し、対バルト海防衛の要となった。そのときに、この集落はより大きくなった。

フォーレスンドの港

歴史的にみると、一八五三年から五六年にかけてのクリミア戦争時のフォーレスンドが想起される。この戦争は、ロシアがロシア正教徒保護を名目にトルコの支配地モルダウ（ヴルダヴァ）とヴァラキア（ワラキア）を占領したことに始まった。フランス、イギリス、サルディニアがトルコ側に付き、主戦場がクリミア半島となった。しかし、バルト海もまた戦場と化した。スウェーデンは、即座に中立を宣言した。だが、バルト海の要にあるゴットランドは、沿岸各国の戦略的中心となった。フォーレスンド南部のスリートは、海軍基地となり、その沖の小島エンホルメンには、多くの砲台が築かれた。多くの兵士たちがスウェーデンの中立を守るために、本土から派遣された。けれど、フォーレスンドは、フランス・イギリス連合軍に開かれ、ロシア支配下のフィンランドのスヴェアボリィやボーマルスンド堡塁を攻撃するための作戦基地として利用された。拿捕されたロシア艦船が曳航され、多くの捕虜がフォーレスンドの風車小屋や教会に収容された。フォーレスンドの農民や商人たちは、戦時ブームの経済を享受した。人々の生活と軍事関連産業は生き生きとし、前にも後にもないほどの繁栄を経験した。島の開発も大いに進んだ。

当時、ゴットランド・レーン新聞のある優れた記者は、「中立」というアイロニーに富んだ見出しで、フォーレスンドの人々の生活を記事の中で紹介していた。

フランス・イギリス兵は、ディナーパーティーと広場のダンスを楽しみ、上陸休暇の水兵たちは、しばしばもめごとを作った。小さなゴットランド海岸の砲台は、英仏戦艦の入港に礼砲を轟かせて、歓迎を表出した。一八五〇年代のスウェーデンの中立とは、もちろん詳細な歴史的経緯と説明が必要ではあるが、このようなものであった。しかし、のどかな中立という軍事風景も、水兵たちからコレラが発生し、島中に伝染した。フォーレスンドは、直ちに隔離され、静かな村落に戻った。

対岸からのフェリーが着いた。

車が出たあとに、乗船客が降りてきた。その中に、偶然に昨夜の男性がいた。昨夜は、宿泊の件で少々パニックになっており、彼の印象は薄かった。朝日の中で見る彼は、フォーレ島をこよなく愛した中年過ぎのイングマール・ベルイマンの写真顔に似ていた。締まった顔立ちは、どこか理想と虚無をない交ぜにした典型的なスウェーデン人である。「私のベルイマン」は、鋼鉄のフェリーと対岸のフォーレ島を背景に、厚い外套を着て、リュックサックを背負い、こちらに近づいてくるのだった。ズームアップの場面である。

スウェーデンが生んだ偉大な映画・演劇家イングマール・ベルイマンは、彼の自伝で、フォーレ島との出会いを次のように書いている。

一九六〇年に「鏡の中にある如く」の撮影場所を探していた。冒頭に四人が夜明けのまだ暗い海から姿をあらわすシーンをオークニー島（スコットランド北部の群島）でしたいと思ったが、プロデューサーが費用の点から難色を示した。ヘリコプターでスウェーデン国内の海岸を探すことになったが、やはりオークニー島でロケすることがベストと思った。困り果てた会社は、フォーレ島を提案してきた。四月の悪天候の日にフォーレ島の海岸を回った。あまり期待してなかったが、映画のイメージどおりの難破船、りんごの木のある古い家、太古の昔からの海辺を発見した。最後に、激しい雨と風に打たれながら、島の北側にあるラウカー岩層（石灰岩が波で侵食された層）を見た。

「砕ける波に向かって大きな額を突き出しているような、神秘的な神の造形と、しだいに暮れ行く地平線をながめているうちに、涙がこみあげてくるのを覚えた」（木原武一訳『ベルイマン自伝』）と書いている。

その後、彼はこのフォーレ島に魅せられた。しばしば彼の作品の撮影現場として、また彼の思索の立脚地として、そして故郷として住み続けたのであった。さらに、彼は、厳しい自然の中で生きる島民の日常生活を二本のドキュメンタリーに収めたのであった。この作品は、彼の作品の中に見られる孤独と虚無というよりも、むしろ彼の心奥にあるフォーレ島共同体への信頼を社会派手法で描いた作品といえる。

私は「私のベルイマン」に挨拶をすると、彼は偶然な再会に驚きながら近づいてきた。

昨夜の礼を述べて、お礼に藍染の巾着をプレゼントした。いつも旅行には、旅の礼にいくつかの小物を持ち歩いている。彼は手に取り、「お返しのプレゼントがないのだが」と恐縮そうに受け取った。私は、お礼の手紙を書きたいので住所を教えて欲しいというと、メモ用紙がないのでといいながら、ポケットから茶色の荷札を取り出した。その上に崩れた字体でストックホルム……と書いた。職場はストックホルムだが、別荘があるのでときどきこちらに様子を見に来るという。フォーレを愛するストックホルム市民なのだ。

硬い握手のあとに、瀬戸のフェリーに急いで乗船した。船からバスが消えるまで目で追った。

対岸に着くと道が二股に分かれていた。一本は、どうも海岸沿いの自然歩道のようである。他の道はよく舗装された島の縦貫道のようであった。案内板によれば舗装された道は、途中にフォーレの集落があった。最北端に行くには分かりやすかった。

道端には、この「風の旅」を象徴するように、古い頑丈な風車小屋があった。低い松林、冷たく澄んだ空気、自然にすっぽりと包まれた風車。続けて何枚か撮影した。青空が見えるが、雪片が紙吹雪のように舞い降りている。既に冬将軍が去ったフォーレスンドの春。スウェーデン版「風花」物語となった。

フォーレ島の風車

昨夜聞いたアメリカ大統領のイラク攻撃開始演説を思い出した。だが、ここフォーレスンドでは遠い国の出来事であった。これが歴史なのだ。

二時間ほど歩いたろうか。小さな集落があり、ツーリストインフォメーション、フォーレ教会、スーパーやガソリンスタンドもあり、島の中心になっている。教会にはスウェーデンとゴットランド・レーンの半旗が翻っていた。これから葬儀があるようで、喪服姿が見られた。

この教会は、変化激しい中世ゴットランド教会の中で、唯一、原初の形態を残すものといわれている。一一六六年頃にローマ法王に献納されたものといわれている。十八世紀に改修され、時計付きの尖塔のある教会塔となった。内陣、聖壇や窓枠には当時のキリスト教芸術の粋が見られる。現在も塔の時計は、手動で正午の時刻を島民に告げている。

ガムラハムン

教会を去り、文化遺跡として表示されているガムラハムン（古港）を目指して歩くことにした。道は、途中、湧き水で湿地帯のようにぬかった。キャリーを引きながら歩くのが困難であった。

フォーレ島は隆起でできた石灰岩層のために、大小多くの湖沼が残っており、地面も湿地が多い。深い松林の細い道を歩いて行くと、古い壊れたタイプライターが一台捨てられていた。なぜここにあるのだろうか。なぜタイプライターなのか。まるでフォーレ島と文明という大きな謎を解くかのようにいろいろと考えながら歩き続けた。このような絵解きを考えることは、毎日の些事から開放された空間を泳いでいるからなのだろう。だが、文明を問う旅だなど大げさに考えてみても、単なる廃棄物にすぎないともいえる。だが待てよ、たしかにこれは文明の排泄物なのだ。……まあ、考えることはよいことかもしれない。自由な風と波の旅なのだから。

間もなく、松林の奥に海辺が見えた。このあたりの自然保存区域は、ヴァイキング時代からの多くの洞がある。森林の外側には古墳群、湖の近くには中庭のある教会跡があった。この教会は、セント・オルフ教会と呼ばれ、一〇〇〇年代のものと説明されている。海岸沿いには、敵の襲撃に備え、石灰岩群を利用した防御港も築かれていた。

フォーレ島は、人々が海、湖、あるいはやせた土地から生活物資を得て生活するという単なる原始形態の遠隔前哨点ではなかった。この付近のランサ青銅器時代の船形遺跡から推測すると、遠い地方との豊かな交易があったと考えられる。さらに、中世には、たしかに重要な貿易の中心地でもあった。しかも、ゴットランド全海岸では、ここが最も遺跡の保存状態がよかった。

風に曝《さら》された樅の木と浜辺の小石のあたりには、昔は細長い小さな礁湖や内湾があった。当時、水深は数メートルもあった。埠頭の先端と思われる部分には、いくつかの灰色の石塊が残されている。それらは、荷を積む前に降ろされた船のバラストである。バルト海南岸、オランダやフランドル地方からの火打石や軟体動物の殻がバラストに混じって発見された。ライン地方のブロック片や陶磁器なども発見されている。朽ち果てた教会の敷地内には、古い中世タイプの石櫃《せきひつ》もあった。

このガムラハムンのカタストロフィーは、突然の自然災害であったと推測されている。十四世紀、バルト海や北海の沿岸を襲った巨大な嵐が、高波を起こし、この港の堰堤《えんてい》を破壊したのであった。さらに、フォーレ島の隆起によって海岸線が沖に延び、港は機能しなくなった。人々は去り、集落は人々の記憶から忘れ去られたのであった。人間の文明も自然現象の摂理を超えることができないことは、今も昔も変わりない。大地震や大噴火の後に古代文明が埋もれ、忘れ去られる。この小さな集落跡もまた、人間社会の足跡と大自然の驚異を思い巡らせるものであった。

白い海岸に出ると、ラウカー岩層からなる奇岩群が立ち並んでいた。カメラのシャッターを押す

ラウカー岩層

指も手袋を嵌めなければならないほどの冷たい海風であった。狛《こま》犬のような奇岩、仁王立ち姿の岩。小型の奇岩群は、まるで小動物群が海水浴をしているようでもあった。渚の自然芸術館である。

一時止んだ粉雪がまた降り始めた。風が冷たく、身体が強張った。帽子が吹き飛ばされて、慌てて追いかけた。一列に寄せる波の攻撃は、ラウカー岩に当たっては、高い飛沫を上げる。砂浜に寄せる頃には漣《さざなみ》に変わる。捕まえた帽子を拾い、深呼吸をすると、肺の中が凍えた。

砂浜から松林の小道を通り、広く舗装されている道路を進む。まもなく、小さなよく整備されている漁港が見えた。そこから先がまた、ラウカー岩層の奇岩が続いていた。広い舗装道が渚に沿って伸びている。陸地側には低い松林が広がっている。

ここディーガーフーヴド自然保存区域は、波の浸食による数百のラウカー岩石群があり、スウェーデン最大といわれている。ラウカー岩石は、数メートルから、大きいのは八メートルほどの高さのものもある。四億年前のシルル紀のゴットランドは、熱帯性大洋に取り囲まれた浅瀬や洲であった。そこには、三葉虫、腕足類、珊瑚が海と環礁や洲の汀《みぎわ》に多く生息していた。何千年もかけてそれらは、化石化し、粘土層に混じり石灰岩層を形成した。その後、最後の氷河期を迎えたあと、たっぷりと一万年以上かけて氷河が溶けだし、島はゆっくりと上昇を始めた。その間、硬い石灰岩から成るラウカー層は、波に揉まれて、風に擦られ、孤立した自然の芸術作品となった。まさしく、地球の履歴書でもある。ゴットランドには、同じようなラウカー岩石群が二五ヶ所あるが、このディーガーフーヴド自然保存区域が最も大きく、有名である。

この自然保存区域は、一九三〇年に国の天然記念物に指定され、一九六四年に自然保存区域に移行した。一九七六年、低木の松林を含めた区域まで拡張され、今日では一一三ヘクタールもの面積となっている。北西のスレットヘールからヘルグマンネン漁村近くまで、長さ約三・五キロメートル、幅二〇〇メートルの石原が広がっている。このあたりは、顕著な植生もないといわれている。だが、歩いてみると早春とはいえ、海岸線と遊歩道には低い野草が春の到来を待ちわびている。若い芽と小さな花がしっかりと自己の存在感を示していた。

庭の雑草は手入れが込み、腹立たしい。だが、ここの雑草の中に小さな花を見つけるとマドンナに思える。ラウカー岩石群と海を背景に、衝動的に小さな花の群生を撮り続けた。名の知れない草花を雑草と称する悪癖も反省した光景であった。

海岸線の反対側には、潮風に吹かれた低い松林が延々と続く。夕日が海を染めて、一日の最後の瞬間を完全燃焼している。この美しい光景は、おそらくこの風と波の旅で最も印象に残ったシーンともいえる。夕日の中に粉雪がちらつく不思議な天候でもあった。遊歩道を海、奇岩、白い砂浜と夕日を眺めながらキャリーを引き、歩きに歩いた。切り込むような風。ゆったりとしたリズムで舞い落ちる雪片。

夕日も水平線に沈むと、あたりの風景は星空と月の天空、そして黒い松林に変わっていった。時刻も七時を過ぎた。小さな島と安易に考えていたが、とても徒歩で周遊するのは無理だった。ますます寒さも厳しく、風も強い。ツーリストインフォメーションで周遊時間を聞いたとき、徒歩でラウカー奇岩を見て帰るのには約七、八時間かかるとアドバイスされたことを思い出した。襲いかかる不安の中、月と星明かりで、地図を頼りに出発点の教会を目指すことにした。

満天の星空を仰ぎながら、ゴットランドの民話を思い出した。

天空に住む太陽と月の間には一人の美しい娘がいた。彼女は、地上の風景に大変好奇心を掻き立てられ、ある日、両親に地上の男性に注意することを条件に地上に降りることを認めてもらった。

地上ゴットランドの初めての旅は疲れた。日が暮れると一軒の老婆の山小屋があった。老婆は、温かく彼女を迎えてくれた。老婆との生活は、紡ぎ車で銀の糸を紡ぎ、山野の中を走り回り、楽しい日々であった。地上の暮らしが長くなるにつれて、昼には太陽の父が暖かな日差しを浴びせ、夜には月の母が美しい月光で天上に戻ることを促した。しかし、ゴットランドの風と波、緑の森と銀色の雪に囲まれた毎日の生活が楽しかった。その間に、逞しい騎士に魅せられて、結婚することになった。六人の子供が生まれ、仲むつましく暮らした。

ある日、バラ庭園を歩いていたとき、水のせせらぎ、色深きバラの花、温かな夏の日とそよ風に天上の楽園を思い出してしまった。つい、自分が太陽と月の姫であると呟いてしまった。通りすがりの老人がこれを聞きつけ、彼女の身上の秘密が国中に知れ渡った。国中の者たちが驚き、喜びに沸いた。数年後、昼は太陽、夕方には波間から月が昇る光景を眺め、凄まじいまでの望郷の念にかられた。彼女は両親に破約の許しを請い、彼女と子どもたちは七つの星座として永劫《えいごう》に夜空に輝くことになった（「太陽と月の姫（ゴットランド民話）」大橋實著『スウェーデン民話（18）』所収）。

小学生の頃、星空を見ては、星座を覚えようとしたが、だめだった。ギリシャ神話と星座の図形は、あまりにも想像力を要するものであった。しかし、ゴットランドで仰ぎ見る北斗七星は、民話の美しさをよく伝えていた。満天の星空とは、この民話の舞台である天然のプラネタリウムを指すのだろう。

森林が黒いビロードを着て佇んでいる。舗装道の先がまっすぐに森陰に消えている。途中に湖がいくつかみえたが、歩けど歩けど人家はない。所々に鉄格子の暗渠が道路を横切る。引きずるキャリーが阻まれ、そのたびに鈍い音が静寂を破る。軽く持ち上げては、またキャリーを引きずる。一定の間隔ごとにあるこの暗渠はなんのためにあるのだろうか。手に伝わる振動に疑問を抱く。

暗闇から車が三十分位の間隔で現れては、猛烈な速さで過ぎ去る。闇を突き破る爆音と稲妻が消えると、また真っ黒な深閑《しんかん》となる。ますます不安が増幅する。戻れるだろうか。微《かす》かな明かりで地図をみる。進む方角に確信を抱く。だが、しばらくするとまた不安が過ぎる。寒い星空がますます透明度を増す。とても東京では見ることのできない星空である。凍《こご》える手でポリ袋の雑菓子から一片のチョコレートを取り出して、口に入れた。ペットボトルから最後に残ったコーヒーを飲む。渋く甘い味だった。気分が和んだ。粉雪は痛く頬を打ち続ける。

また、車の音が背後から近づいてきた。過ぎ去るものと思い路肩側に身を寄せると、私の前で滑り込むように止まった。ドアが開き、乗るように促がされた。タクシーであった。もう夜も十時を過ぎて、不安と寒さで疲れ果てていたので、幸運だった。促されるままに車に乗り込んだ。車内は暖かい。運転手は仕事で帰る途中なので、波止場までどうぞという。ヴィスビィまでやってほしいというと、明朝なら早く客を迎えに行くことになっているが、今夜はオーナーの許可がないので駄目だという。

波止場には五、六分で着いた。乗車賃を払おうとするといらないという。何度も礼を言うと、彼は「楽しい旅を」と答えてくれた。

フェリーはまだ動いていた。フォーレの旅は、思い出深い春の旅となった。

中世フェスティヴァル

窓から外を眺めると、雲ひとつない青空が広がっている。ユースホステルの食堂で遅い朝食を摂った後、ゴットランド青銅器時代の船形石墓を訪れることにした。

バスターミナルから約一時間、かつて商業港で栄えたクリンテハムンで下車。炎天下の中、ルート一四〇を歩き続けた。途中、白い牛の牧場があり、カメラを向けると、臥《ふ》していた牛も立ち上がり、勢ぞろいしてくれた。車の制限速度は九〇キロとなっているが、それ以上のスピードで走っているようだ。背後から来る車に恐怖を感じ、前面からくる車の風圧に一瞬、身構えた。約二時間、車の恐怖と周囲ののどかな風景の中を歩いた。

子供連れの夫婦が案内板を読んでいたのを見つけた。ガンナルヴェの船形石墓である。あまり目立つ遺跡ではなく、多くの車は通り過ぎる。この家族連れのように、サイクリングの途中、ふと目にして立ち寄る遺跡のようだ。周囲は牧草が広がり、耕運機の音が、古代からの自然にリズムを付けている。当時の権力者の亡き後、多くの男女が生贄《いけにえ》と共にこのあたりの沼沢《しょうたく》地に埋葬されたようだ。

夫婦は、石墓を前に抱擁しながら、子供たちに記念写真を撮らせていた。撮影後に、彼らは昼食を始めたが、子供たちと一緒の写真撮影はなかった。これがスウェーデン流の自然な家族像なのだろう。家族観の相違を見た思いであった。

帰りの足は早かった。まるで伊能忠敬がゴットランドを測量しているかのように(大げさな表現かな)、背筋を伸ばして、歩幅を一定に保ってみた。なるほど、心地よい。続いて、手に持った帽子と些細な腹話をしながら、クリンテハムンのバスターミナルに向かった。ヴィスビィに戻ったのは、四時過ぎであった。

疲れも忘れ、次に、市街壁南の丘に登ることにした。三基の風車があった。この風車は、かつては潮風で回っていたようだが、現在はしっかりとロープで固定されている。若い男女がこの風車を目当てに上ってきた。風車の背景は、絶妙なバランスを保った青い海と白い空とが広がっていた。眼下のヴィスビィ港には、デスティネーション・ゴットランドの大型フェリーボートが停泊している。ヴィスビィ港全体が見渡せた。この高台から、中世の悪名高い海賊ヴァイタリィ兄弟がヴィスビィ港に出入りする各国の商船を俯瞰し、バルト海を支配したのかもしれない。数枚の写真を撮った後、南市街壁にあるスカンス門からヴィスボリィガータンを歩いた。

このあたりから海に向かってヴィスボリィ城があった。現在は、木陰の多い公園や病院、その他の住居が占め、わずかに海岸近くに当時の遺跡があるだけである。桜が咲き乱れる砲台は、ヴィスビィ港に入るパイロットの目を楽しませている。中世後半のヴィスビィの運命は、このヴィスボリィ城と共にあったのだ。

一三六一年の残忍な（スウェーデン側の説明）ヴァルデマー四世のゴットランド征服の後、バルト海の政治情勢はデンマークを中心に混沌としていた。数世紀にわたり、自らの利益を求めて、外国の支配者たちが島や町を開発し、ヴィスビィの富を得ようとした。

デンマークでは、ヴァルデマー四世の死後、マルグレーテ一世が執政者となった。スウェーデンではアルブレクトが統治していた。しかし、一三八七年にアルブレクトはマルグレーテ軍によって敗れ、カルマル連合が成立した。スウェーデンで権力を放棄したくない彼は、海賊ヴァイタリィ兄弟の援助を得て、一三九四年に豊かな島ゴットランドを征服した。ゴットランドは冷酷な海賊ヴァイタリィ兄弟とアルブレクトの支配に置かれた。そこで、彼らは、ヴィスビィ南西区域に根城を作った。これがヴィスボリィ城の起源といわれる。彼らは、この城の高い塔からヴィスビィの町や港を統制した。

一時、バルト海は、彼らの勢力圏となり、ハンザ同盟の交易は阻害された。海賊たちは、ヴィスビィの永久基地化と市民や僧侶たちの追放を図った。だが、その計画が暴露されると、リューベックを盟主とするハンザ同盟は、チュートン騎士団に彼らの駆逐を要請した。

当時、チュートン騎士団（ドイツ騎士修道会）は、八四隻の艦隊、四〇〇〇頭の馬、武器弾薬、豊富な食料備蓄を有し、四〇〇〇人以上の武装兵を持つバルト海沿岸最強の軍事組織であった。騎士団は、一三九八年に海賊たちを追放し、ヴァイタリィ兄弟の根城を堅固なヴィスボリィ城に作り変えたのであった。

その後、島の繁栄に目をつけたカルマル連合王ポンメルンのエーリック七世がヴィスボリィ城を騎士団から購入し、新たなデンマークのゴットランド支配と城の拡張を図った。さらに彼は、市民や僧

セーデル門

侶の反対を抑え、税を十倍に上げ、城の拡張に労働を強制した。その彼も一四三六年にカルマル連合王を追放され、ゴットランドに退去し、逆に冷酷な海賊となるという数奇な運命を辿った。

エーリックがデンマークに戻った後、スウェーデン王となったカール・クヌートソン・ボンドが一夜の夜襲でヴィスビィを確保しようとした。だが、ヴィスボリィ城は厚い壁で落ちなかった。城は包囲され、町は放火され、多くの犠牲者が続出した。やむなく市の有力者、僧侶たちは、スウェーデン王への忠誠を誓わざるをえなくなった。他方、デンマーク王クリスチャン一世は、自ら軍を率い、スウェーデン軍を降伏させて、今度は彼が武力で市民にデンマーク王への服従を強いた。

かくして、ゴットランドとヴィスビィは幾度かの例外を除き、一六四五年のブレムセブルー講和までデンマークの支配が続き、市民とゴットランド人の不満はこのヴィスボリィ城主に注がれることになった。しかし、一六七五年から一六七九年間のいわゆる両国のスコーネ戦争で、デンマークは敗北した。ルンドの講和に先立って、ヴィスボリィ城は七人の工兵によって完全に解体されてしまった。

その後、城跡には、ゴットランド名産の石灰焼きの窯が建てられた。その煙で町の空気が汚染され、住民の苦情の場所ともなった。

中世フェスティヴァル行列

ヴィスボリィガータンを歩いていると、ピンクや赤の中世の服装をした若い女性たちが裸足で歩いていた。盾と剣を持った男の子と中世のドレス姿の女の子を連れた若夫婦も見られた。中世へのタイムスリップである。スウェーデンのツーリストかと若夫婦に聞くと、ドイツから中世フェスティヴァルを見に来たという。男の子の盾と剣は、昨日、ヴィスビィで購入した。女の子のドレスは、レンタル衣装だという。高価でしょうの問いに、あっさりと「祭りですから」とにこやかに答えてくれた。

最初の計画では予期しなかったヴィスビィの中世フェスティヴァルに偶然に出会うことになった。

人々の流れを追って、セーデル門の広場に向かった。映画や本から抜け出したかのような中世衣装で人々が三々五々広場に集まっていた。セーデル門の堡塁壁には、十数人の弓矢を持った鎧姿が見られた。デンマーク国旗とゴットランド・レーン旗がはためく。スウェーデンの国旗ではない。

女性たちのフォークダンスが始まった。次第に、人々の数が増えてくる。矢を背負い長い弓を持った長身の男が剣を持った半裸の男子と戯《たわむ》れていた。二人の大小差は面白い光景であった。

群衆の中にも中世の衣装姿があちらこちらに見られた。円舞する女性たちのスカートが民俗音楽に合わせて靡《なび》いていた。

午後六時に開催実行者の挨拶で、中世フェスティヴァルのメインのひとつ「悪王ヴァルデマー四世の行進」が始まった。

祭りの行列の先頭は、兵士たちが農民姿や乞食姿を追いたてた。逃げ惑う下層民。続く聖職者たち。さらに、色とりどりの貴婦人たちの列が続いた。鼓笛隊が、足並みを揃えて進む。赤いデンマーク十字を胸に彩った白衣の騎士が、長剣をかざして過ぎる。デンマークの国旗ダンネブロと黄色い生地にライオン紋章のついた幟《のぼり》を高々と掲げる兵士。鎧に赤い十字の胸当ての騎士修道士。鎧姿の騎士は、馬上から盾を構え、剣を振りかざして見物者に大サービスをする。私の隣の女性が、透き通る声で若い騎士の名を呼ぶ。恋人かな。彼の剣が何度か宙に舞う。私はいま中世の旅人なのだ。

最後にデンマーク王ヴァルデマー四世が馬上から威厳を保ち、見物者を見下ろしながら通過する。その凛々しい姿は、まさしく王者である。王にふさわしい人選も大変だっただろう。騎乗の風貌は、デンマークを再興させたといわれた豪然たる雰囲気を備えていた。彼らの人選は的確であった。

見物者集団は、行列を追い、北に移動する。首に下げたカメラを大きく揺らしながら、通過すると思われるヴィスビィ市庁舎前まで走った。ユネスコによるヴィスビィのハンザ都市・世界遺産認証プレート前でカメラを構え、行列を待った。

再び現れた。中世の女性、騎士集団と次々とカメラを連写し続けた。

最後は、どうもヴィスビィ中央広場のように思われたので、また近道を通り、走りに走った。

広場は人々でぎっしりと埋まっていた。周囲には、魔女や乞食姿、檻《おり》に入った罪人姿もあった。狂人や農民姿、そして華やかな中世ドレス姿の女性があちらこちらに見られた。この庶民姿、下層民姿、魔女姿を演じるために、ストックホルムやスウェーデン各地からこの中世フェスティヴァルに参加する。多くの人々が一年のうちの数日をこのヴィスビィで過ごすことを楽しみとしているという。

行列の騎士や役人が中央広場の舞台に上がった。僧侶が引き出され、彼らから多くの奢侈品を取り上げた。魔女狩りも演じられる。あらゆる蛮行が騎士団によって再現される。最後にヴァルデマー四世の前でヴィスビィ商人によって金貨や銀貨、宝石とあらゆる財宝が樽の中に投げ込まれる。

一三六一年七月二九日、ヴィスビィの悲劇の日である。

デンマーク王ヴァルデマー四世は、古いよきデンマークの再興を望んだ。バルト海に航路を広げ、豊かな土地や島、エーレスンド海峡を確保したかった。一三六〇年、彼はスウェーデンからスコーネを奪取、一三六一年の夏にはエーランドとゴットランドに進入した。

七月二七日、デンマーク軍はゴットランド南岸に上陸し、ゴットランド軍と激しく戦った。数千人のゴットランド人が殺害された。主力の三分の二は、急に招集された戦いに不慣れな、背の高い、頑丈なゴットランド小作人たちであった。だが、残りは、老人、子供、身体の不自由な者たちであった。戦いは壮絶、残忍きわまるものといわれている。農家は掠奪と放火で荒廃し、遺体は現在でもなお発掘されることがあるという。

ヴィスビィ市民は、市街壁の門を閉ざし、戦いの行方を見守り、積極的な支援行動に出なかった。だが、ついに、デンマーク軍の市街包囲に屈し、七月二九日、あらゆる交易の保障と戦い以前のヴィ

ヴァルデマーのヴィスビィ掠奪

スビィ市民の安寧な生活を確約させて門を開いた。

勝利に酔うヴァルデマー四世は、町を力で奪ったことを市民に示したかった。彼は、ただちにセーデル門脇の戦場となった市街壁を取り壊すことを命じた。破壊された壁の間を十三人の騎士が並んで行進した。現在、セーデル門にある銃眼の狭間は、このときのシンボルとして、後に再建されたものであった。

町に入ったヴァルデマー四世は、町の大広場に三つの大ビール樽を持ち込ませた。町の身代金として、日没までに金銀、宝石でこの樽を満たすことを要求し、もしできなければ、町は掠奪され、焼かれるだろうと怒号した。夕方までに樽は裕福な市民たちによって持ち込まれた財宝で溢れた。

この伝説は、有名な絵画「ヴァルデマーのヴィスビィ掠奪」としてC・G・ヘルクヴィストによって描かれている。ヴァルデマー四世と兵士の見守る中、市民によって樽に財宝が投げ込まれる姿。画面中央には、子供を抱え、女の子を連れた女性が天を仰ぐ姿が描かれている。歴史絵画の傑作である。

私がゴットランド歴史博物館を訪れたとき、この複製画が展示されていた。実物は、ストックホルムの国立美術館に展示されている。

その秋にヴァルデマー四世は多くの掠奪物を持ち、デンマークに帰国した。その中に二つの大きなルビーが含まれていた。

昔々、ゴットランドの南に夜になると海上に不思議な動物が現れ、大きな光り輝く丸い石と戯れる姿が見られた。その動物は、その石を空中に投げては、仰向きになったり、海面にうつ伏せになったりして楽しんでいた。幾度も繰り返した後に、海に消えるのであった。

ある日、投げたその石が陸の岩に落ちて、真二つに割れてしまった。石は貧しい農夫に拾われ、サンドレ教区（ゴットランド南部）教会の壁に奉納された。その後、この大きな石（ルビー）はヴィスビィに持ち込まれ、セント・ニコラス教会の西の破風《はふ》に飾られた。ルビーは、非常に明るく輝き、ヴィスビィ入港の航路標識ともなった。いまでもサンドレ教会の壁には、この石があったといわれる穴に標石が嵌め込まれている。

貪欲なヴァルデマー四世は、帰国の途中、ストーラ・カールシェ沖（ゴットランド中部沖）で難破し、持ち去った財宝はことごとく海の底に沈んだと伝えられている。これらの財宝にはサンドレ教会のルビーもあった。海が静かなとき、海底のルビーは一瞬明るく輝き、航行の漁船はマストからこの光を見ることができるという。多くの人々が、この伝説を信じて、沈んだ財宝を探し出そうとしている。だが、いまだ見つからない。もちろん、デンマークの歴史記録によると、ヴァルデマー四世は難破もなく、無事に帰国したと記されている。

午後七時になると、ユングハンセ農場から若い女性がヴィスビィ大広場の舞台に召還された。ヴァルデマー四世は、ゴットランド侵略の前年に、変装して偵察に来ていた。その時、彼女が隠れ家を提供したと伝えられている。彼女は王と恋に陥り、各種のゴットランドの情報を教えた。侵入軍が上陸の折は、敵兵を先導し、故郷ゴットランドを裏切ったとされる。それに対して、ヴァルデマー四世は、彼女との恋の契りを破り、不幸にも彼女を置いて帰国した。

その後、彼女は、このヴィスビィ市民によって大広場に引き出され、塔に生き埋めにされる判決を言い渡された。彼女は市民の罵声を浴びながら、現在の海沿いにあるメイデンズタワーに送られた。ヴィスビィに長く滞在すると、海に漂う彼女の苦悩の吐息を聞くことができるといわれる。

この伝説は、圧倒的勝利のヴァルデマー四世に対するゴットランド人の憎悪の心情を伝える作り話であった。だが、現在では、中世フェスティヴァルの大きなプロットともなっている。人々は、この判決後、メイデンズタワーまでの護送行列を共にし、音楽を演じ、ダンスに興じ、浜辺でフェスティヴァルの夕食を楽しむのである。ヴィスビィ市内は祭りの坩堝《るつぼ》である。

私もこのバラと廃墟のハンザ都市で最後の夕食を摂ることにした。

入り組んだ路地は人々で溢れ、肩を触れないように歩くのは難しい。迷路のような中世の面影を残す街並みを眺めながら、多様体のトンネルを潜る錯覚を覚えた。四次元の世界である。

島の名物ラムステーキを食べることにした。最初、ゴットランド・シープ・ステーキを食べたいなどと訳の分からない言葉で、店員を迷わせた。羊をそのまま食べられるはずはないのだ。羊とその肉は、英語の単語が違うのだ。まったく。

子羊も牡羊も日本人にとって発音は、ラムである。RとLを区別するのは苦手である。生育一年未満の子羊の肉はラムで、一年から二年未満はホゲット、成育した羊の肉はマトン。スウェーデン語で子羊はラム。でも、もう関係ない。要は美味しければよいのだ。羊はゴットランドのシンボルである。羊の絵柄は、既に中世のゴットランド商人たちが取引の印章の中で用いていた。

この地で羊が貴重に用いられた理由は、キリスト教と深い関わりがあると同時に、痩せ地のゴットランドに適した多用な動物であったとも推測できる。また、財貨をラテン語で羊の群れを意味することから富裕を象徴する動物とされた。古いゴットランド商人の印影には、「子羊と呼ばれたキリストと共にいるゴットランド人、私を証す」という言葉と共に、栄光が牡羊の頭上に輝き、その前に聖餐杯が置かれていた。「ヴィスビィ・ゴットランド人の私は子羊と共に」の刻印も多くの商取引の書類に見られる。

ゴットランド商人の印影（Gotlandsmedeltid より）

ウエーターは、地ビール「ヴィスビィ」を勧めてくれた。彼は、ラムステーキ料理を配膳するとゴットランド名物なのでゆっくりと寛ぎ、楽しんでくださいとテーブルを去った。

ラムステーキの他に、皿にはブロッコリー、味付けの薬草チミアン（Timjan）、トマト、そしてポテトのバター焼きが添えられた。ラムは少し切るのが難しかったが、味はよかった。ビールを喉に流すと、気分がほっとし、落ち着いた。周囲の雰囲気を見る余裕ができた。

若い男女が反対側のテーブルに着くと、店員が蝋燭を点した。女性は、中世のドレス姿に着飾っていた。ところが、私には、蝋燭を点けてくれなかった。でも、しようがないか。若い男女の恋は、志賀直哉が夫婦生活を一本の蝋燭に譬えたように、最初の蝋燭が消えかかると、新しい蝋燭が必要なのだ。彼らには、いま新しい蝋燭が必要なのかもしれないと自分を納得させた。

ほろ酔い気分で煉瓦作りの窓から海の景色を眺めていると、家々の屋根越しに栄枯盛衰を辿ったヴィスビィの中世史が天然の大スクリーンに投影された。

ヴァイキング時代が終焉しても、バルト海沿岸諸都市やゴットランドの東方貿易（特に、ゴットランドからノヴァゴロド経由でロシアや西アジアへの交易は重要であった）は、発展した。ヴィスビィはこの中継的位置の重要性から多くの国の貿易商人が集まるようになった。十二、三世紀、ゴットランド貿易商と海運業はバルト海地域で指導的な役割を果たすようになった。一方、東方の交易品（穀物、毛皮、材木、麻布、蜜蝋、瀝青など）は、ゴットランドを経由して、西方のユラン半島の付け根に位置するリューベックとハンブルグから西欧各地（南ドイツ、イングランド、ネーデルランド、そして遠くはイベリア半島や地中海）に仕向けられるようになった。ヴィスビィと競合する形で、この両市を含む北ドイツ諸都市が次第に遠隔地貿易の拠点として重要性を増してきた。この両市を盟主とする緩やかな都市連合がハンザ同盟（ドイツ・ハンザ）といわれ、十三世紀末から十五世紀末にかけて、バルト海、北海や北ドイツで政治経済の鍵ともなった。

ハンザ同盟の目的は、交易の障壁を除き、盗賊や海賊を共同で取り締まり、都市商人たちの貿易を独占することであった。さらに同盟は、個々の都市の自由な商取引よりも成員の活動を制約することによって、多くの利益をもたらすようになった。

他方、ゴットランドは、ロシア・東方貿易では長い歴史を持っていた。特に、ヴィスビィは財政・司法の両面からもノヴァゴロドを中心に強固な地位を築いていた。また、ヴィスビィは、ラトヴィアに対するドイツ十字軍の出発点ともなり、賑わった。このような航海の地理的利点を持つヴィスビィ商人とゴットランド農商人たちは、長い間、互いに緩やかな連帯の中で東方貿易の繁栄を享受してきた。ところが、次第にゴットランドの商取引は、ドイツ商人を中心としたヴィスビィに一極集中化してきた。しかも、ヴィスビィは、リューベックを中心に急速に発展するハンザ同盟の中で、より多くの利益を獲得するために、ハンザ同盟の法と規制を受け入れざるを得ない状況となった。

十三世紀中頃、ヴィスビィ商人は、自由な東方貿易を主張するゴットランド農商人と経済的に立場を異にするようになった。そこでヴィスビィ商人は、ゴットランド農商人を市街地から排除するようになった。彼らはバルト海の交易権を守るために、石灰岩の市街壁を構築したのであった。現在の火薬塔（ガンパウダータワー）あたりが最初の築壁といわれる。

一二八八年、ハンザ同盟との取引を排除されたゴットランド農商人と特権を維持しようとするヴィスビィの都市商人の間で内戦が勃発した。ゴットランドの農商人は、バルト海沿岸騎士団の支援を受けた。だが、勝敗は、明らかであった。裕福なドイツ商人を中心としたヴィスビィは、ハンザ同盟の支援を得て勝利した。さらに、十四世紀頃、再度の襲撃に備えて市街壁が補強されて、現在見られる姿になった。高さ一一メートル、長さ約三・六キロという市街壁は、北ヨーロッパでは、最も良く保存された貴重な世界遺産となった。

ハンザ同盟は、十四世紀中頃には、リューベックがリーダー的地位を確立し、政治的にも軍事的にもバルト地域の巨大な勢力となった。そのハンザ同盟の宿敵であったのがデンマークであった。その典型例がデンマーク王ヴァルデマー四世のヴィスビィ占領であった。翌年、リューベックを中心とするハンザ同盟の連合艦隊がデンマークに攻撃を加えた。しかし、ハンザ同盟は手痛い敗北を喫して不利な状況に追い込まれた。一三六七年、この危機にハンザ同盟はケルン同盟条約を結び、緊急の軍事行動を起こした。同時に、ハンザ同盟と利害の深いスウェーデンやメクレンブルク、ホルシュタインを自陣営に加えた。戦局はハンザ同盟が有利に逆転しデンマーク軍は大敗した。一三七〇年、シュトラールズンド講和が結ばれて、ハンザ同盟はエーレスンド海峡の自由航行権、鰊の漁獲権、そしてスコーネの若干の要塞の租税三分の二を確保し、デンマーク王位継承に発言権を得ることになった。

しかし、ハンザ同盟対デンマークの戦争は、ハンザ同盟にとってもヴィスビィにとっても大きな転換期を迎えることになった。ラトヴィアのリガやエストニアのタリンがキリスト教化され、安定したハンザ貿易の中継点が確立していった。自然と、バルト海貿易の条件は大きく変容した。東方貿易は、海路よりも陸沿いで航行するのが安全であった。

また、十四世紀後半になると、スウェーデン、デンマーク、メクレンブルクがヴィスビィに対して次々と支配権を主張してきた。このような時代の変化の中で、漸次、ドイツ商人を中心とした在住ヴィスビィ商人は、その取引と資本をヴィスビィからラトヴィアやエストニアに移すようになった。ここに、ヴィスビィの衰退が始まったのである。市街壁、教会、多くの商人の建物が撤去され、崩壊し、腐朽していった。

ハンザ同盟もまた、十五世紀後半から衰退を始めた。理由として挙げられるのは、ドイツ商人の貿易独占の崩壊、都市間の利害の不一致、そしてバルト海沿岸諸国の政治的発展と西方（イギリスやオランダなど）商人の挑戦であった。また、ユラン半島付け根の陸路からエーレスンド海峡を経たバルト海航路への通商路変更もまた盟主リューベックの衰退を招いた。ハンザ同盟は、諸都市の離脱と地理上の発見による大航海時代を迎え、十六世紀末には終末を迎えることになった。

バルト海に繁栄したハンザ都市ヴィスビィもまた、多くの人々から忘れ去られた。


十九世紀の初め、ヴィスビィの歴史的遺跡に関心を持つ作家、芸術家、市民が現れ、「ヴィスビィ・ルネサンス」が始まった。同時に、この頃からヴィスビィは、新たな経済的発展を始めた。町には新しい家々が建ち、小規模な企業、鉄道敷設、軍事施設などで町の経済活動は市街壁の外にも広がった。十九世紀中頃には、観光産業が発展し、町の主要産業となった。

一九九五年に、「ヴィスビィは、北ヨーロッパの壁のあるハンザ都市として顕著な遺産例である。町は、その景観と非常に貴重な建造物をユニークな形で保存してきた。また、形や機能の点でも重要な人間的な都市集落文化を最も良く反映している。」として、世界遺産リストに登録された。


店から出て、セーデル門に向かった。人々の祭りの興奮は続いていた。市街壁を眺めると、デンマーク国旗がスウェーデン国旗とゴットランド・レーン旗に替わっていた。夕風に両旗が力強く翻る。まだ、空は明るかった。

翌日、ヴィスビィを立ち、オスカルハムンに向かった。

船上から眺めた島影は、「ニルスのふしぎな旅」にある栄華を極めたヴィネタだったのだ。百年に一度、一時間だけ姿を現して、消える幻の都。

スカンディナヴィアの春

カルマル

海峡の支配者――カルマル

オスカルスハムンからバスで約一時間半、高い円形の塔が見えてきた。初めてカルマルを訪れたときは、あの塔がカルマル城の一部かと錯覚した。たしかに、どの方向からもくっきりと眺めることができた。後にウォータータワーであることがわかった。メビウスの旅で各地で見たウォータータワーは、旅行者の第一印象になるものが多い。カルマルのヴェスタポーテンのウォータータワーは、それらの中で最も傑作に思われる。カルマルの遠景には、大聖堂、ウォータータワー、そしてカルマル城が水平な中世の町から突き出るように目立っている。これらは、カルマルのランドマークである。

煉瓦作りのウォータータワーは、一九八六年、モニュメント建築で北ヨーロッパ・アワードを獲得している。円塔は、市街壁の残るヴェスタポーテンに位置しており、壁門から覗く風景は、半円形の額縁の世界である。煉瓦作りの門には、素朴なブティックがあり、陶芸や機織《はたおり》の実演もされている。塔にはカルマル市の旗が翻り、木橋がある堀の水面にその優雅な姿を映している。

駅の近くの公衆電話からユースホステルに電話をすると、ＯＫの返事。地図を見ると、現市街区クヴァルンホルメンの隣に位置するエンゲー島にある。徒歩にするか、バスにするかを迷った。だが、碁盤の目のように整然と区画された町なので、迷うことはないようだ。まっすぐ突き切ることにした。ケーキのスポンジカットだった。

カルマル大聖堂

途中、町の中心にある大広場には、イタリア・バロック様式のカルマル大聖堂が聳えていた。この大聖堂は、一六六〇年にニコデムス・テッセンによって、設計・基礎が造られた。別名、カール教会ともいわれるように、カール十世、カール十一世、そして一七〇〇年初めのカール十二世と、数代のスウェーデン王家変遷の中で完成した。バルト帝国スウェーデンの数少ない変わらぬ建物のひとつである。

この大聖堂は町の移転後に建てられた。大教会といわれたゴシック式の古い教会は、カルマル城の脇にあるガムラスタン（旧町）にあった。大聖堂は、東西に後陣を持つ長く伸びた十字形になっている。四隅にある塔のうちで南北部分は、設計者テッセンによるイタリア遊学で学んだローマ建築の粋である。ルネサンス様式に、彼の独創性を加えている。正面は古代ギリシャのメトロポリスにあった渦巻き模様の柱（イオニア・コリント式）

と切り妻である。建物全体はエーランド産の花崗岩や石灰岩が使用されている。大広場を抱き込むような入口は、訪れる旅人の足を教会に吸い寄せる。

内部の祭壇、絵画、オルガン、シャンデリア、その他の備品は、いずれにも真実、博学、力、そして母なる愛のキリスト伝説と寓意を表現し、芸術的装飾に満ちている。祭壇背後にある飾り棚は、テッセン・ジュニアによるもので、父の偉業を完成させたものであった。説教台は、ガムラスタンにあった旧教会のもので、おそらく一六三〇代のデンマーク戦による戦利品と思われる。ここでもメビウスの旅を実感したのであった。

落ち着いた中世の町並みを歩き、エンゲー橋を渡ると大きな湖に出た。水鳥が遊ぶ水面の背景には、先ほどの三点セットの陸標(ランドマーク)が慄然《りつぜん》と眺められた。レンズを広角に取り替えてシャッターを押し続けた。

翌日、昨日歩いた道とは違う道を選びながら、カルマル駅を目指した。駅の横にある料理包丁を横に置いたようなシィールヴォンノー公園に出てみた。正面にあるカルマル城の美しい姿が小湾に射影されている。バラや葦を前面に配置して、カルマル城の全景を撮影した。

素晴しい記念写真が撮れた。訪れてよかったと小躍りした。ところが、帰国後、この場所からの同じ構図の写真を発見したときは落胆した。場所と構図の独創性を信じていたのだから。だが、考え抜いた美に対する直感は、誰もが似たような思考範囲となるのかもしれない。これ以上の構図を作り出すのは、天才のなせる技なのだと自分を納得させた。また、空撮や海上からの撮影は別として、この場所から眺めたカルマル城の美は、普遍的な風景画となるのかもしれない。

線路の橋を渡ると市民公園があった。市職員が真夏の太陽の中で花壇に散水をしていた。彼の額から は大粒の汗が流れている。やはり、北欧の夏は涼しいといってみても、スウェーデン南部は暑いのだ。公園の中で、グスタヴ・ヴァーサの胸像が木陰でひっそりと涼んでいた。かつて繁栄したカルマル城の歴史を静かに話してくれた。

カルマル城とバラ

カルマルの歴史的端緒については、詳細は知られていない。だが、およそ十二世紀頃、キリスト教伝道と共に、この周辺の徴税執行官の居所が作られ、集落が発展したようだ。

多くの水際の石片の集まりをカルム（カルマルはその複数形）ということから、この周辺をカルマルと呼んでいた。おそらく昔から天然の良港であったのだろう。この良港は、カルマル海峡に位置し、東西にはスモーランド地方とバルト海、南北にはストックホルムとエーレスンド・マルメ・コペンハーゲンの結節点として、バルト海繁栄と共にその重要性を増していった。このことから、「カルマルを支配するものは、海峡の交通を支配する」といわれ、スウェーデンとデンマークが領有争いを繰り広げたメビウス帯でもあった。また、「スウェーデンの鍵」ともいわれ、対デンマーク国境の強固な要塞ともなっていた。

町のシンボルでもあるカルマル城は、およそ八〇〇年前、一二七四年から一二九〇年頃にかけて、スウェーデン王マグヌス・ラーデュロースによって建設された。カルマル海峡に位置するこの要塞は、当時スウェーデンで最もモダンで、最強といわれた。壁に囲まれた商人の町と港は、この要塞を中心に同心円状に広がり、国際貿易市場として賑わった。多くのハンザ商人やドイツ住民が住み、スウェーデン第三の都市でもあった。

その後、この地が大きな歴史的意義を持つようになったのは、一三九七年にカルマル連合の舞台となったことである。

一三九七年、デンマークのマルグレーテ一世は、バルト海の政治経済の支配者であるハンザ同盟に対抗し、ここカルマルで北欧三ケ国を共通の君主で結び付けたのであった。

この頃の北欧三国の王位継承は、複雑に絡み合っていた。また、スウェーデンの貴族や高位聖職者たちは、重税と抑圧を続ける王のアルブレクト・アヴ・メクレンブルクに大きな不満を抱いていた。国際的には、リトアニアとポーランドの合同、ヨーロッパ中の黒死病（ペスト）流行による人口減少、さらに、西欧諸国が王権の強化を目指すという、ヨーロッパ史上で新たな動向が加わってきた。

このような状況で、マルグレーテはヴァルデマー四世の死後、息子オーラフをデンマーク・ノルウェー王に就けたが、不幸にしてオーラフは夭逝《ようせつ》した。そこで、妹の孫である幼いポンメルンのエーリックに王位を継承させた。

メクレンブルク公家出身のアルブレクト王はデンマーク・ノルウェー王位継承を求めて動きだした。

マルグレーテは、ドイツ出身者を重用するアルブレクトに不満なスウェーデン貴族と呼応し、ファルシェーピングの戦いでアルブレクトに勝利した。アルブレクトと彼の息子は、捕虜となり、スウェーデン王から追放されて、流浪の海賊となった。

ここにスウェーデン王の王位継承に空白が生じ、バルト海の治安が乱れ、ロシアやローマ法王の触手も伸びた。重層的脅威の下に北欧の情勢は混沌とした。かくして、ハンザ同盟も北欧三ヶ国の各層代表もマルグレーテの指導力に頼り、この混乱を終止させざるをえなくなった。実質的支配者となったマルグレーテは、デンマーク参事会から「デンマーク王国全体の完全な資格をもつ主婦にて、主人かつ後見人」（百瀬宏ほか編著『北欧史』）に選出された。以後、彼女は一四一二年に伝染病死するまで、二つの国（一三九六年から三ヶ国）の実質的な支配者となった。バルト海に訪れたつかの間のスカンディナヴィアの春であった。

一三九五年、三ヶ国の参事会がスコーネのリンドホルムに集まり、アルブレクト問題等を最終的に解決し、さらに今後の三カ国の協力を約したのであった。これがカルマル連合の糸口となった。

ポンメルンのエーリック七世がデンマーク・スウェーデン王に推戴《すいたい》されたと同じ一三九六年、カルマルのデンマーク船舶がハンザ同盟の艦隊に拿捕されて、乗組員が殺害されるという事件が発生した。一三九七年七月十三日、マルグレーテは、この事件を契機に北欧三ヶ国の貴族と高位聖職者をカルマルに集め、エーリックを三ヶ国の君主とし、三ヶ国が対外的（対ハンザ同盟）に協力することを署名させた。この国家連合がカルマル連合といわれている。

カルマル連合の王となったエーリックは、一四〇七年から一四〇九年まで、このカルマル城で生活することとなった。このようにして、カルマル城は、北欧政治権力の所在地ともなった。その後、中世を通してデンマークがスウェーデンに対する支配権を主張するたびに、両国は広範囲な政治闘争と武力衝突をこのメビウスの帯で繰り広げたのであった。当然、国境の町カルマル地域は、デンマークの直接攻撃に曝《さら》され続けたのであった。

しかし、マルグレーテ死後のエーリックの直接治世となると、再び北欧三ヶ国に暗雲が垂れ込めた。スウェーデン・デンマーク各層への課税強化、教会や貴族の土地の没収、ハンザ同盟との繁栄を享受しているダーラナの商工鉱業者や農民に対する特典の排除、エーレスンド海峡税の導入、デンマーク人の重用などの数々の要因で、スウェーデン各層に不満が増大していった。特に、ダーラナの農民、鉱業経営者たちによるエンゲルブレクトの反乱とクリスチャン二世によるストックホルムの反デンマーク派の虐殺（ストックホルムの血浴）は、カルマル連合に終止符を打たせた。

騒乱はスウェーデン中に広がり、カルマル城は包囲され、市民、尼僧たちは所持品を持ち、逃亡した。彼らの僧院は掠奪され、絶えざる戦闘で破壊された。最後の止めの一撃を加えたのは、反デンマーク派の人質として軟禁（一五一八年）されていたグスタヴ・ヴァーサであった。

彼は、反デンマーク派の流刑地ユラン半島を脱走し、海路からこのカルマルへ潜伏した。苦難苦節の一年後、一五二〇年、グスタヴ・ヴァーサは反乱軍を率いて、ダーナラで蜂起した。独立派の反乱の勢いは、スウェーデン各地に燎原の火のごとく広がり、各地でデンマーク軍を撃破した。一五二三年、彼は、各層からなる民会でスウェーデン王に推戴され、同年、カルマルをデンマーク軍から奪還することができた。直ちに、ヴァーサは、カルマル城の大規模な改修と増築をおこない、現在ある原型をなした。城は女王との避暑地ともなり、第三女王カテリーナ・セテンボックとのハネムーン地ともなった。

この年を持って、カルマル連合は終焉（デンマーク・ノルウェー連合は、一八一四年まで続いた）したといわれる。スウェーデン史の大きなターニングポイントとなったのである。

ヴァーサの胸像（カルマル南ステンシェーにはヴァーサが上陸した記念碑がある）から、管理棟の前を通り、跳ね橋を渡った。橋を背景とした生垣のバラは、中世から美しく咲き続けているかのように錯覚した。

グスタヴ・ヴァーサの胸像

板橋の下は、青緑の濠が城を囲み、海に続いている。通路はアーチ形のイオニア・コリント式正門から中庭へと続いていた。門にある彫りの深い王室紋章は、いかにも歴史の荘重さを感じさせた。

門をくぐると、中庭には、十六世紀に建てられた井戸があった。この城がいかに重要な地位にあったかを象徴するかのような彫像と飾りのある井戸タワーであった。

城門を過ぎた通路には、仮の受付があり、入城料七五クローネを求められた。内部でのカメラ撮影の禁止と指定の時刻にスウェーデン語・英語による案内があることを説明してくれた。自由のきかない案内ツアーは避け、思いのままに見学することにした。

　ギフトショップを出発点に、城内を見学した。


　グスタヴ・ヴァーサ以降、ヴァーサ王朝初期の王と女王はこの城にしばしば滞在し、内部の改修や装飾に力を注がせた。女王や王の居所には、色とりどりの豪華な格子天井が張られていた。木の主柱は古代ギリシャを模したドリス様式からコリント、そしてルネサンス様式と、時代の変遷と共に変わった。とても不運な変転が続いた城とは想像できないほどの絢爛豪華な飾りであった。

　特に、ヨーハン三世によって改修された二階のグレイホールは、壁の上半に旧約聖書のサムソンのエピソードがフレスコ画で描かれていた。壁画の床には、デンマーク貴族のツインベッドが置かれていた。説明によると、このベッドはデンマークからの戦利品であった。ベッドの足には、最初の所有者の紋章と名前が刻まれていた。グスタヴ二世アドルフの兜と帽子置きも付いていたが、現在は紛失しているという。四隅のフックは、容易に取り外し、持ち運びできる仕組みになっている。このベッドを戦場まで持ち込んだのだろうか。グスタヴ二世が愛用したとでもいうのだろうか。いずれにしても糾《あざな》う縄のごとくデンマーク・スウェーデン両国史がしっかりと絡みあったベッドであった。

　歴代のカルマル城に関係した王や女王の肖像のあるゴールデンホールには、かつて、天井に二二〇〇枚の金箔が張られていた。それが部屋の名の由来といわれる。天井の中央部には、精巧なフルーツバスケットを象《かたど》った突起（擬宝珠）がある。この飾りノブは、ヨーハン三世が特に情熱を注いだ浮き出し飾りである。ストックホルムの王宮にも同様なデザインが見られたが、現在、このノブだけが唯一残っている。

城の二階南にあるチャペルは、一五九二年、ヨーハン三世の命によって改修されたものである。天井は半円形、幾何学模様のアーチである。両側にある青いライムウォッシュには北側にスウェーデン語で、南側にラテン語で聖書からの引用句が書かれている。

このチャペルで最も古い家具は、一六一五年頃にグスタヴ二世アドルフがマリア・エレオノーラとの結婚前に作らせた自らの椅子である。金箔の尖塔と彼のモノグラムが付いていた。その後、エレオノーラの椅子が加えられ、信徒席が狭くなり、彼の椅子の幅が狭められた。最初の一列の信徒席は、昔のままで、黒味がかったムーア式装飾である。入り口から眺めた信徒席は、軽く燻《ふすぶ》ったスウェデッシュブルーに塗られて、金色の蜀台が付いている。バルト帝国の王座も、信徒への配慮か、愛の象徴か、あるいは神に対する王権の制限か、席幅が狭められたということは興味深い話である。

途中、カルマル城とカルマル市の変遷、そしてカルマル連合の解説が展示されていた。この展示説明と他の資料から、その後のカルマル城とカルマル連合の意義を簡単に見てみたい。

グスタヴ・ヴァーサ後、カルマル城は、海外からの新兵器の流入に応じて城塞の近代化が重ねられた。かくして、カルマル城は、外側の堡塁《ほうるい》や、従来の二つに加えて四つの円形タワーを持つ北欧、最強の防御城塞となり、現在の概観が完成した。この城はカルマル海峡からの攻撃に対する防御は強固であった。逆に敵軍は城の西側や内陸からの攻撃を選んだ。そのために、カルマルの町は常に戦火に見舞われた。

一五九六年に即位したデンマーク王クリスチャン四世が親政を開始すると、デンマークの栄光・マルグレーテのカルマル連合の再建を夢見るようになった。

スウェーデンのカール九世が北のラップランドの支配を宣言し、さらにバルト海地域での政治的進出と西への窓口イエーテボリィの建設を目指すと、一六一一年、クリスチャン四世は、参事会の反対を押し切って、スウェーデンに宣戦を布告した。これが後に、カルマル戦争（カルマル戦役）と呼ばれた。

まず、強固な東の要塞カルマル城と西の重要拠点エルヴスボリィ城を攻撃、一時デンマーク艦隊はストックホルムのヴァックスホルメン攻撃まで試みた。しかし、カール九世が急死。続く新王グスタヴ二世アドルフとの戦いは、国境線を跨《また》いで一進一退となった。二回目の冬の到来に際して、食料不足、町々の荒廃、傭兵の賃金不足、オランダのスウェーデン支持などが重なり、クリスチャン四世は、イギリスのジェイムズ一世（姉の夫）の和睦提案を呑まざるを得なくなった。一六一三年一月、国境クネールで講和条約が締結された。

スウェーデンは、北ラップランドの要求を断念した。さらに、互いの自由貿易の保障、領土問題とは関係なく三つの王冠のシンボルを使用すること、そしてカルマル城を含めたいくつかの占領地域を百万リックスダラーの賠償金を支払うことで担保した。両国の戦闘は終わった。

数年後、スウェーデンは、このカルマル城を含めた担保地域をオランダからの借り入れと国中に対する特別課税によって奪還することができた。

しかし、その後、デンマークとの一六五八年のロスキレ条約、一六六〇年のコペンハーゲン条約で現在の国境に近い形が出来上がると、国境は南下した。カルマル城はその役割を終えることになった。「スウェーデンの鍵」とまで言われたカルマル城は、国境防衛の軍事的な意義が薄れると、王室の訪問もなくなった。この間、一六四七年、カルマルのガムラスタンは大火に遭い、現在のカルマルの繁華街クヴァルンホルメンに市民は強制移住させられた。すでに木造で作った建物は煉瓦で覆わなければならなかった。新しい町も、城の重要性の衰退と共に次第に地位が低下し、かつての繁栄は失われていった。

カルマル城の機能も大きく変わった。十七世紀後半以後、多くの豪華な部屋も牢獄として転用され、また、塩や穀物倉庫として利用されるようになった。十八世紀には王室の蒸留所が建てられ、多くの装飾が撤去された。これらの様子は、城のあちらこちらで見ることができた。

十九世紀初めには、司教スタグネリウスによって、城の完全撤去が主張され、中学校建設のために城の石が利用された。捕虜収容所とされたこともあった。このような城の有為転変は、このメビウスの帯の運命ともいえる。

十九世紀後半になると、考古学研究者たちから城の保存修復運動が起こり、暦史的な見直しがされるようになった。

「カルマル連合」――一九九七年、再びこのキーワードがカルマル城およびカルマル市に浮上した。カルマルでは、「カルマル連合六〇〇年記念行事」が催されて、北欧三ヶ国の王室が集うことになった。フィンランド、アイスランド大統領を含めた北欧五ヶ国の元首夫妻が、グスタヴ・ヴァーサの巨大な絵の下で記念写真を撮っている。写真には、記念の署名シーンもあった。バラの咲き乱れるこのカルマル城で、六〇〇年を経た今、署名をする意義は、何であったのだろうか。単なる親善セレモニーなのだろうか。EUを目指した北欧の結束を示したいのだろうか。それとも、十九世紀に北欧を風靡したスカンディナヴィア主義へのノスタルジアだろうか。

二〇〇〇年には、「ヴァーサ王朝とバルト海地域」なるシンポジュウムも開かれ、一五六〇年から一六六〇年までのカルマルを巡る政治・宗教・文化が討論されている。当時、強国へ階段を昇りつつあるスウェーデンにとって、ポーランド、ラトヴィア、デンマークは大きな問題であったことは確かである。

このカルマル連合の当時の署名については、その法的効力が多くの議論をよんでいる。カルマル連合の内容は、三ケ国の六七人の高位聖職者、貴族たちによって約四週間も検討された。いわゆる七月十三日付けの戴冠法は、出席者によって羊皮紙に署名と捺印がされた。

彼らは、エーリックを「正当な統治者であり、王冠を頂く君主」と讃えて、彼に臣服の義務を誓った。また、マルグレーテに感謝し、自らの領域と相互の関係では同じようにマルグレーテとエーリックとの契約に従うことを誓った。

第二の文書、いわゆる連合文は、連合そのものに関する規定である。エーリックの存命中、王位の正当性と北欧諸国の統合を制定し、戦争や暴動に際しては、三ケ国が互いを支援すること、ひとつの国の犯罪は他の国においても有罪と宣告されることが規定されていた。だが、各々の国は、その国の法に基づき支配されるとも規定し、各国の事情にも配慮した緩やかな連合ともなっている。

「もし神の意思があれば、三ヶ国は幾人かの王ではなく、唯一の王を永遠に持ち、王国は二度と割れることはないだろう」とも書き添えられていた。

この第二の文書は、羊皮紙に書かれたものではなく、紙に書かれたものなので、草稿とも見られる。合法的な三ヶ国の文書は発行されなかったとも推察されている。また、この文書は十七人が名前だけで、印章の捺印があるのはたった十人であった。ノルウェーからの出席者はマバラで、同じく国璽《こくじ》のないことからこの合意文書の合法性が疑われてきた。

フィンランドの貴族や聖職者の参加がないことは、ゴットランドの海賊ヴァイタリィ兄弟に旅の途で襲われたなどとの説まである。また、当時の合意文書は、社会通念としてあまり法的拘束性と国際法遵守の感覚もなかったともいわれる。いずれにせよ、この文書については、歴史家間で説が分かれている。だが、その後のカルマル連合は、緩やかな連帯を保ち、マルグレーテの存命中は、三ヶ国の連合は安定的に続いた。しかし、その死後、三ヶ国の運命は大きく分かれていった。この文書のオリジナルは、現在でもデンマーク公文書館に残っている。

マルグレーテ１世像

城内を見学中、撮影禁止のため、メモを続けた。

手首が疲れきった。外の様子はまだまだ明るいが、既に閉館の見回りが来た。外に出ると、日差しはまだ強く、湿気のない風が涼を感じさせた。城を出てから、対岸の古い教会とガムラスタン（古町）を散策することにした。

カルマル城は、威風堂々としたヴァーサ朝の歴史を誇示していた。斜めに構えた砲口は、スウェーデンを侵略するいかなる敵も牢として粉砕するかのように海に向けられている。遠く海上に見える防御要塞跡地グリムシェー島の上空には、海鳥が滑空している。海は凪《な》いでいた。小波が古い岸壁に静かに擦り寄り、かすかな音を立て砕けた。

ガムラスタンは、カルマル城の手前にある一区画で、十七世紀から十八世紀の町並みがところどころに残っている。古い教会の周囲には墓地があり、楡《にれ》の茂みから、木漏れ日が陰を作る。中世の石畳が残っており、スニーカーに石の丸みを感じさせた。赤銅色の屋根が並ぶ路上に中世の光と影の綾が投影している。長く伸びた陰影は、苦難の歴史を立体化させている。垣根の花が、かすかに揺れた。風が通り過ぎたようだ。一軒の屋根にある風見鶏が動いた。

明日も晴れだろうか。ユースホステルへの帰り道、湖マルムフューデンに夕日が映えていた。銀鱗が煌《きら》めくように反射。雁の群れが編隊を組んで飛び去って行く。

風の回廊――エーランド

三日目。対岸のエーランドに行くことにした。

カルマル駅からバスで約一時間、エーランド橋を渡り、古城跡のあるボリーホルムを訪れた。春先に訪れたときのカルマル海峡は、一面、氷原であった。夏は、ヨットやモーターボートが行き交い、朝から海面が眩《まぶ》しい光景である。

途中、古い風車小屋と風力発電施設が点在していた。「太陽と風の島……エーランド」のキャッチフレーズのとおりである。飛び去る風車をデジタルカメラで狙う。数年前のカメラなので、捉えるのに苦労する。再生してみると、風車の姿がずれている。でも、この風景はここでは当たり前なのだと知ると、最初の感動が次第に薄れ、シャッターボタンを押すチャンスも遠のいた。流れる風景を視線でただただ追う。三〇分も乗っただろうか。にわかに車窓が暗くなり、雨が降りだした。

春の雪、夏の雨。ついてないなと思ったが、ボリーホルムに入る頃から、止みだした。例のスウェーデンの夏の悪戯なのだ。

終点ひとつ前で降りて、自然歩道を上った。木々の回廊と柔らかな土道。森林浴をしながら、自然保護林を辿った。先ほどのにわか雨で、周囲の草が濡れ、輝いている。緑の隙間から日が差し始めた。

しばらく上ると、眼下にボリーホルムの町並みが広がって見えた。遠くに、青い海の波動、白い埠頭が俯瞰できた。昨日のカルマルの風景とは、まったく違う自然の美しさである。

森林浴を堪能しながら歩いた。しばらくすると、目前が突如明るくなり、夏草茂る広場に出た。

ガイドブックに記されているハンティング・ストーンのあるところだった。記念碑の文字は、刻印が風雪でかなり薄れていた。

ボリーホルムの町並み

エーランドは、ヴァーサ朝以来、スウェーデン王室の狩猟場であった。一八〇一年まで、島の多くの狩猟場は王室に特権があった。狩猟ルールも他国が共通のルールで統一されても、なお、ここエーランドでは伝統が守られた。

カール十五世は、一八六四、一八六六、一八六八年と三回にわたって狩猟遊山旅行を組み、この地を訪れている。この旅行を記念して、ハンティングクラブと地元の有志がこのケルン石の上に、大きなライムストーンの記念碑を建てたのであった。

昼食を食べた小さなレストランの主人がこの王室の狩猟について、現在でも王室家族が訪れている。ボリーホルムの町で幾度かシルヴィア王妃が散策しているのに出会ったと話してくれた。ボリーホルム南にあるソーリデンには、王室の避暑地があるからであろう。また、自然保護林入り口で、狩り姿の数人の乗馬に出会った。狩猟は、スウェーデン・スポーツとして広く親しまれているようだ。

広場の片隅に日本流で言う茶屋があった。スウェーデンの国旗とエーランドの旗がはためいていた。エーランドの旗は、青地に大きな角を持った鹿がデザインされている。この島は、動物にとっても数少ない自然保護区なのだ。

ボリーホルム城

ボリーホルム城は、二度ほど来たが、修復中で見ることができなかった。今夏、まだ修復は続いているようだが、入城することができた。

城内は現代美術展が開催されていた。入城中に茶色の壁に落書きを見た。これもまた現代美術の亜流かとシニカルに考えてみたものの、次第に腹立たしくなった。自己顕示欲の強い偽芸術家は入城しないでほしいな。ただ、旅の中で中世の宗教芸術は少々腐食気味になっていた。大自然に囲まれて、超然と建つ城の廃墟とローマ遺跡を想像させる壁面は、新鮮な感動を得ることとなった。

中に入ると迷路状になっており、途中、何度か同じ回廊を通る羽目となった。中庭には小さな子供たちのために、遊戯施設が用意されており、親子で戯れていた。中世の服装をしたスタッフたちが、野菜や肉の調理をしていた。中世のメニューなのだろうか、眺めているうちに内容を聞く機会を失してしまった。

ボリーホルム城の起源は、恐らく一一〇〇年末頃といわれる。カルマル海峡を監視するために建てられた巨大な塔が始まりのようだ。それは、二〇メートルの高さで、壁の厚さが五メートル、内部に螺旋階段がある石灰岩で出来ていた。後に、防御のために周囲に円形の壁を築いた。同じ頃、カルマルやストックホルムにも同様な堡塁が築かれている。

ボリーホルムの直接の築城は、この塔、あるいはこの周囲にクヌート・エリクソン（スウェーデン王）が要塞を築き、バルト海沿岸の異教徒制圧を指示したことにある。彼は、「剣によってスウェーデンに勝利をもたらした王」といわれ、バルト海沿岸にある教会や堡塁を要塞化し、多くの城を建てた。


この中世のボリーホルム城にまつわるサロメ版悲恋詩がある。

城の女王グンヒルドは、看守人だったエーロフに恋をした。しかし、彼は女王の恋を受け入れなかった。彼女は、怒り、その看守人に残忍な復讐を企てた。

ある晩、彼女の夫（王）が城を離れているときに、エーロフを夕食に招き、ビールやワインで彼を泥酔させた。彼が眠っている間に、牢獄の鍵を盗み、すべての囚人たちを逃亡させて、鍵を海に捨ててしまった。王が帰還すると、彼女はエーロフが囚人たちをすべて逃したと報告した。王は怒り、エーロフを樽に詰め、釘を打ち、彼女の目前で二頭の荒馬に引きずらせた。樽は、ボリーホルム城から離れた北にあるシーピングヴィーク近くで真っ二つに割れた。ウーロフの頭蓋は粉々に砕けた。すると、その場から水が湧き出した。その後、多くの旅人たちは、彼を哀れみ、また彼の名誉を尊び、その泉に石を積み重ねた。今でもそこには積み重ねられた石が残っている。馬は、町の北端にあるシェペルルッドで止まった。そこにエラヴィ・チャペルといわれる小さな教会が建てられ、現在でもその教会は続いている。

この悲恋詩は、夏の夜に開かれるコンサートでも歌われている。今風にいえば、セクシャルハラスメントの極限といえる話である。

ボリーホルム城は、歴代のスウェーデン王朝によって、増築、改築が重ねられた。特に、ヨーハン三世は、古い要塞を豪華なルネサンス様式の城に変えた。四隅に円形の塔が建てられ、大きな窓が作られ、離宮としても防御施設としてもスウェーデン王のシンボルとなった。

だが、スウェーデン・デンマーク間のカルマル戦争のときに、デンマークがこの城を占領した。病気中であったカール九世が死んだときは、息子グスタヴ・ヴァーサ二世は、まだ、十六歳であった。直ちに彼は、約二千人の兵士をエーランドに上陸させて、城を奪還した。しかし、一ヶ月後に再び、デンマーク軍に奪われた。結局、城は、一六一三年のクネールの講和条約でスウェーデンに帰属することになった。この戦争による城の破壊と損傷は大きかった。まるでボリーホルム城は、スウェーデン・デンマークのオセロゲーム盤であった。

その後、カール十世の代に城の黄金時代を迎えた。彼は、王になる前にカール公としてこの城に住み、密かにクリスティーナと結婚の約束をしていた。だが、クリスティーナは女王になったものの、カールに王位を譲り、イタリアに去った。カールは王になると、クリスティーナがドイツから招いたニコデムス・テッセンを呼び、ボリーホルム城を再建させた。

ニコデムス・テッセンは、若いときにイタリアを巡り歩き、新バロック様式の建築を勉強した。彼は、ボリーホルム城の再建に自らの考えを取り入れた。王室建築家としてストックホルムの都市計画にも関わった。世界遺産ドロットニングホルム宮殿、スコークロステル修道院（城）、カルマル大聖堂は、彼の設計による傑作である。

カールは王になると、ポーランド、ロシア、デンマーク、ノルウェーを転戦しなければならなかった。一通の残された手紙によると、このような多くの難局の中でもなお、退位後のエーランド生活を夢見ていた。けれど、スウェーデンを巡るバルト海沿岸の軍事バランスは、彼の夢を許さなかった。彼は、一六六〇年、イエーテボリィに国会を召集し、デンマークとの戦況を報告している最中に、突然病死した。四歳の息子カール十一世を残し、ボリーホルム城の静かな余生の夢は儚《はかな》く消え去った。享年三七歳であった。

一六七五年にスコーネ戦争が開始されると、ボリーホルム城は、デンマークとオランダ軍の標的となった。両軍は、カルマル海峡からボリーホルム城へ砲火を浴びせた。城の西側は、大きな損傷を受けた。しかしデンマークの敗退で国境は南下した。この頃を境にカルマル城の軍事的重要性が衰退した。ボリーホルム城もその役割を終えた。その後、修復も再建もされることなく、腐朽の道を辿ることとなった。

一八〇二年、城の借主が染物作業に使っていた北側から出火し、城全体が崩壊した。かつて北欧に誇る堂々とした城も廃墟となってしまった。一八七〇年代、政府は修理・保存の予算を出したが、木製の門、窓や砲口を壁で囲み、不審者の侵入を防ぐ程度のものであった。

今日、スウェーデン歴史遺産委員会の管理の下に、建物の維持を図っている。夏、多くの観光客が周囲の自然保護区を散策しながら、多くの行事を楽しみ、往時の歴史に思いを馳せている。が、冬には、蝙蝠《こうもり》が越冬し、白い乙女たちが徘徊する場所になってしまう。これもまた、長く続くカルマル海峡の平和の証なのかもしれない。

南エーランドの風景

翌日は、世界遺産に登録されている南エーランドを訪れることにした。
朝から快晴である。
再び、約六キロのエーランド橋を渡り、今度は、船渡し場として賑わった対岸フェーリエスタデンから南下した。
牧草が干草のビニール玉となって、広い耕地に点在している。家畜のための冬の備蓄だろうか。牛が柵の中で草を食み、また横になる。海が遠景に時々見える。西海岸の森陰から、カルマル・スモーランドらしい山影が見える。麦畑が果てしなく続く。森が波間に浮かぶ島のようだ。風車と風力発電施設が、ここでもあちらこちらに見られる。修理中の古い風車小屋が見られる。これらは、懐古趣味だろうか、観光向けの景観保護だろうか、環境保護のシンボルなのだろうか。

風車は、かつては、エーランド島民にとってステータスシンボルであった。十九世紀、エーランド全体でおよそ二千基の風車があった。今日残っているものは、約三五〇基。そのうちで、南エーランドの世界遺産地域にあるのは、およそ六二基である。貴重になりつつある。

風車の国オランダに「今吹いている風のみが風車を回すことができる」という諺があるのを思い出した。この諺は、現在の自分の活動こそが将来の自分を動かすのだと解釈できる。この長い風の旅、そしてエーランドの風景は、今まで慌ただしかった人生の大きな転機になるような気がした。ゆっくり、ゆっくり風車を回そうと決めた。


農地は、平たいライムストーンが積み重ねられ、よく区画されていた。この石積みの区画と道路に沿った線形配列の農村集落は、南エーランドに残された世界遺産の風景である。

線形集落は、六世紀にスウェード族によって征服されたといわれるイエーアト族の農地形態といわれる。中世までは東スウェーデンや北ヨーロッパに多く見られたが、今日では、この南エーランドに残るのみである。農地の石積み区画は、十二世紀以降、数世紀続いた。十九世紀になりエーランドの王室狩猟地の特権が廃止されると、耕地が増大した。外畑と内畑、家畜小屋と農民の住まいが区切られ、他人の農地との区画が積み石や石壁によってより明確に区分された。一方、エーランドの人口増加も続いた。国会は、さらなる耕地の細分化を防ぐために、耕地の相続権に規制を加えた。そこで、農地は二区画以上に分割できなくなった。すると、三人目以降の子供たちは、土地を相続できず、乞食同然の悲惨な生活を強いられるようになった。また、メイドや小作人にもなれなかった非相続者は、移民として海外に出て行かざるをえなかった。一八八〇年から一九三〇年の間、エーランド人口の三分の一はアメリカへ移民したといわれる。

今日、スウェーデンは、農業の大規模化と農村の人口減少という大問題に直面している。にも拘《かか》わらず、南エーランドの耕地面積は、昔と変わることがない。農村風景もユニークなままである。ある意味では、この世界遺産景観は、歴史による人為的空間ともいえる。

通り過ぎる集落名には、ｂｙとｔｒｏｐが語尾の方に多く含まれている。辞書で調べると、ｂｙは村、そしてｔｒｏｐは小作地とあったが、教会を中心にしたひとつの集落がｂｙのようである。また、ｔｒｏｐも南エーランドに多く見られることから、土地所有の歴史的変遷を示しているのかもしれない。途中にあるエケートープもこの地名のひとつである。

エケートープは、三世紀から四世紀、四世紀から七世紀、十二世紀から十三世紀と鉄器時代から中世までの間に三つの特徴を持つ遺跡となっている。一九六〇年代から七〇年代にかけて、多くの遺跡が発掘された。二万五千点以上の遺物がエケートープ博物館に展示されている。これらは再建された古代の環状堡塁と同様に多くの観光客を惹き付けている。ここで人々は、当時の衣装をつけたスタッフに囲まれて、鉄器時代や中世の模擬生活を楽しみ、古代の工芸を経験することができる。

この果てしなく続く麦畑の風景、ライムストーンの転がる草原。時間が完全に止まったような静止画の世界。この風景が、二〇〇〇年に農業景観としてユネスコの世界遺産に登録された。多くの世界遺産が山や渓谷の自然遺産、そして古い建造物等の文化遺産という中で「景観」という世界遺産には珍しい形が保護されている。

「南エーランドの景観は、地質学や地形学の制約に適応した長い文化的歴史を通じて現代の形に至っている。南エーランドは、ひとつの島に多様な景観を最適に利用しているという人類居住の顕著な例である」と、その登録理由は述べている。

人々は、数百年もここエーランドの大地を耕し、ユニークな人工と自然の景観を作り出してきた。その結果、生きた農業共同体として有史と先史という異なる時代の多角的足跡を持つことになったのだ。

ユースホステルに帰ると、テレビはＷＴＯ交渉の様子を放映していた。農業問題が焦点のようだ。エーランドのこの農業景観は、世界貿易問題の嵐の中で存続できるのだろうかと心配になった。ここ南エーランドは、世界の農業問題の縮図である。そこには、自然遺産や文化遺産とは異なる、より現代的な問題が内在しているのだ。機械化と経済性、さらなる合理化を求める世界の農業事情。農村生活の現代化の中で、過去の歴史に根ざした広範囲な景観を保存しようとしているのだ。保てるだろうか。自然環境と歴史文化に対するスウェーデン国民の熱意を感じたのであった。

長い帯のように続くとうもろこし畑と世界遺産を示すプレートが見られた。この世界遺産一帯は、動植物の宝庫・ストーラアルヴァーレといわれ、土壌は痩せた石灰地である。羊と牛の牧草地、夏には干上がる沼沢、小さな森。南ヨーロッパや山岳地帯、シベリアや氷河跡のツンドラなどにしか見られないような多種多様な植物群がここでは見られる。

バスは、オッテンビィ集落からエーランド島の最南端に着いた。

バスから降りると、青い風が吹き渡って、涼しい。鳥が高く、低く飛び交っている。夏の日差しは強く、ひまわりの色が際立っていた。バス停の前には、鳥類生態研究センターがあり、空き地には多くの自家用車が停まっていた。どうも、私のようなバス旅行者は、場所的にも時間的にも例外なようだ。だが、僻地交通手段として車を利用するつもりは全くない。ひとりや二人の乗客でも、バスを運行させているスウェーデン国民に感謝したい。

野鳥観察

　南端の広い自然保護区の一角には自然博物館と小さなレストランがあった。

　目の前には、高さ四二メートルというヨーロッパ一の灯台が建っている。白い貴婦人が、黒い帯を締めて直立不動の姿で立っているのだ。その下で、多くのバードウオッチャーたちが、双眼鏡や望遠鏡を覗き込んでいた。楽しそうである。その中で若い日本人らしい女性を見かけた。相手の男性と流暢なスウェーデン語で話をしていた。おそらく留学生かスウェーデン国籍の日本人かもしれない。声を掛けようかと迷ったが、話しをする機会はなかった。相手も気づいたようであるが、再び双眼鏡の虜《とりこ》となった。

自然保護区は干潟が遠くまで広がり、野草が生い茂り、針金の柵でしっかりと囲われていた。波が寄す岸辺に出てみた。海面から頭を突き出した飛び石のように鳥たちが群がっていた。雁や鴨の群れが、海水に潜り餌を探していた。二羽の白鳥が、首を伸ばしてこちらにポーズを取ったのでカメラを向けた。チャンスである。だが、シャッターを切ろうとした瞬間に、再び首を海面に潜らせる。意外に難しい。今度は二羽がいきなり逆方向に離れだし、画面構成ができなくなる。海面の反射だけが、視線に残る。波が海草を打ち寄せる。潮の香りが心地好い。ここは、鳥たちの楽園なのだ。

「ニルスの不思議な旅」では、他の渡り鳥と同じく、雁とニルスたちも、ここ、オッテンビィで羽を休める。見渡す限りの岸にたくさんの鳥たちがいた。ここでニルスの友・白ガチョウのモルテンがどこかにいなくなった。ニルスは海岸、牧場、農家とあちらこちらを探した。そしてついに石の間にモルテンを見つけた。モルテンは片方の翼を傷つけて飛べない一羽のハイイロガンの雌の介護をしていたのであった。そこで、ニルスは、この雌雁の関節外れを直してやった。翌日、元気になった雌雁の真珠のような羽毛を見た。安堵したニルスはモルテンの背中に乗り、再び雁の群れと北への旅に立つことができたのだった。

渡り鳥たちは、中央アフリカ、アフリカ西海岸、地中海沿岸からエーランド島を中継にスカンディナヴィア北部まで往復していることを知って驚いた。鳥の種類の豊富さも、他の動植物と同様であった。飛来の広さと距離に、今話題の鳥インフルエンザが気になった。

海岸から戻り、灯台に上る。

入り口には、「一七八五・グスタヴ三世」の文字があった。階段の通路に灯台の歴史や海図が展示されていた。この灯台が建設された頃、スウェーデン・ロシア関係は悪化していた。バルト海域の防衛と沿岸諸国との関係強化は、緊急の課題でもあった。そのような時代背景の中で、この南端は重要さを増したのであった。さらに過去には、この海域でスコーネ戦争の海戦があり、スウェーデン海軍はデンマーク・オランダ海軍に大敗を喫している。灯台は、廃墟となった中世のセント・ヨハネス教会から資材を運び建設された。灯台建設の三年後、スウェーデン・ロシア戦争が開始されて、この南端沖で両軍の決着なき海戦が行われた。

灯　台

頂上に上るときは、息切れした。階段が長すぎる。見晴らしは素晴らしく、灯台の光の届く範囲が四八キロといわれるだけに視野は広大であった。現在は、発展するバルト海域とEU諸国との結節点となっている。
帰り、メルビィロンガまで乗客は私ひとり。途中、低い朽ちた煉瓦状の遺跡があったので写真を撮るために停車してもらう。三分だよと念をおされて、一瞬のシャッター切りとなった。運転手はメルビィロンで交代するとき、同僚にヤパニスカだけだよと引き継いだ。このあたりから、乗客が増えきた。

翌日の午前中、しっかりと栄光の歴史を残すカルマル市街壁門から、埠頭に出てみた。町の東岸壁には、カルマルレーン博物館があった。沈没戦艦クロナンから引き上げられた大砲や財宝が展示されていた。また、カルマルの有史以前から中世のカルマルまでの市街の歴史とモデルを展示していた。

戦艦クロナン号の引き上げは、ストックホルムのヴァーサ号引き上げのサルベージ技術の延長線上にあった。ヴァーサ号は、世界にも類のない船体まるごとの引き上げであった。クロナウン号は船体の大部分は朽ちていた。だが、クロナウン号が残した膨大な歴史遺産は、当時の歴史を知る上で重要であることは変わりない。

ヴァーサ号は、進水後に突風に倒された。他方クロナウン号は、一六七六年にエーランド島沖で対デンマーク・オランダ連合との海戦中に、回転の舵を切ったところで横風に煽《あお》られ、火薬庫が爆発し、沈没した。約八〇〇人の命が失われ、助かったのは四二人に過ぎなかった。ヴァーサ号、クロナウン号いずれの海難も風が災いした。スウェーデンの歴史に残る軍事的災難とは、「風と波」というキーワードなのかもしれない。

午後の海岸急行列車で、カールスクローナに向かった。

車中、女子高校生たちが私の隣に席を占めていた。次の駅で老婦人が乗り込み、彼女たちに席を譲ることを求めた。すると、彼女たちは、すぐに席を明けて立った。老婦人の言い方は、はっきりと彼女の権利を主張しているように聞こえた。それに応じた彼女たちは少々ばつが悪そうに従順であった。しかし、老婦人からの礼の言葉はなかった。これが、スウェーデン流の車中対応か、あるいは彼女の性格なのか、日本でもある例なのか、興味深く眺めていた。

バルト帝国の海塞

カールスクローナ

軍港——カールスクローナ

カールスクローナの駅から、重いキャリーを引きながら、周囲の風景を楽しんだ。近くの公園には、世界遺産のマークと錨を縁取った花壇があった。駅から錆付いたレールが小高い丘を貫いている。埠頭に続いているようで、現在は利用されていないのだろうか。荒草が黒いトンネル一面に茂っていた。丘には大広場があり、軍港カールスクローナの中心街が台形の稜線に沿って広がっている。

五角形の大広場を囲むように、フレゼリク教会、聖トリニティ教会、レーン（県）庁舎とコンサートホールがあった。目指すツーリストインフォメーションは、上りきった坂の角にあり、その斜め正面には町の創設者カール十一世の銅像があった。この軍港カールスクローナが建設された背景には、スウェーデン・カール十一世を取り巻くバルト海の国際情勢があった。

スウェーデンは一六五八年のロスキレ条約による国境の南下に応じて、海軍基地も南スウェーデンに移すべきであるという議論が浮上した。この理由は、冬、スウェーデン艦隊は氷に阻まれて、身動きできず、戦いは春を待たなければならなかった。第二は、新興強国として現れたスウェーデンは、環バルト海の北ドイツ、フィンランド、エストニア、ラトヴィアを支配し、ロシア、デンマークの侵出を阻止しなければならなかった。第三には、ブレーキング・スコーネというデンマークから得た諸レーンのスウェーデン化は、大きな緊急課題となっていた。

一六七九年の秋遅く、カール十一世は、特別顧問のジョアン・ギレンスティーナをこの問題を解決するためにブレーキングに派遣した。彼は、周囲を旅して、トロッセの島々とその周辺が最も海軍基地に向いていることを王に報告した。この海域の澪筋《みおすじ》は、狭く、深く、守るにも容易で、さらに大きな船ドックを建設するにも周囲に十分な余地があった。カール十一世は、彼の所見をもとに、ここに恒久の軍港を作ることを決定した。直ぐに王室の最も優れた造船工、建築家、要塞技術者や建設業者が集められ、作業が始まった。街路、広場や将来の町並みの区画が精力的に設計された。翌年、カール十一世は、カールスクローナにあらゆる特許権を与え、周辺のロンネビィ、クリスチャノペールなどの地方特権を廃止した。周囲の商工業者や市民たちは、多くの特権を与えられ、岩だらけの新しい町に強制移住させられた。

カール11世大広場

ところが、このトロッセの一部を所有するひとりの農民ウィッツス・アンダーソンが大きな障害となった。彼は、決して彼の土地を売ろうとしなかった。そこで、当局は、多額な脱税行為を理由に彼を起訴し、カールスクローナ近くの要塞に約一年間ほど監禁した。一年後に彼は釈放されて、土地を一〇〇〇ダラーで売却させられた。そこで彼は、生涯、この港が焼け落ち、疫病が蔓延《まんえん》し、最後には海の底に沈むようにと呪い続けたといわれる。

カールスクローナは、彼の呪いを受けたのか、大火災に遭い、疫病にも悩まされた。しかし、彼の呪縛も解かれ、十八世紀には、国際色豊かなスウェーデン第三の都市として栄えることができた。彼の頑《かたく》なまでの姿勢は、当時のブレーキング人によるストックホルム権力に対する執念深い抵抗であったのかもしれない。

この話を読み、なお続く成田空港闘争の人々の思いが理解できた。国家的政策立案とその公権力の行使、それに対する個人の所有権と合意なき感情との調整、たとえその後の繁栄を築いたとしても、強いられた人々の感情を単純に否定できるものではない。

ツーリストインフォメーションに寄った。かなり中は込んでおり、番号札を持って待った。自分の番になったので、今夜の宿泊場所と世界遺産・海軍基地の見学について尋ねた。中年の恰幅のよい女性が相談に乗ってくれた。少々、片言の日本語が話せた。カールスクローナでも日本人旅行者が多いのか、あるいは彼女が日本に興味があるのか、日本語を聞いたときは少々驚いた。

過去に二度ほど世界遺産カールスクローナ海軍基地を見たいと思い訪ねたが、見られなかった。そこで何とかならないだろうかと話した。基地は現在も使用されているので普段は見られない。しかし、夏の間だけ一部を見ることができるという。明日、基地のガイドツアーがあるという。ただし、あいにく英語の話せるガイドがいないので、スウェーデン語だけの説明になるという。少々予備知識もあるし、完全に理解できなくとも、スウェーデン語の抑揚を楽しむだけでもよいと考えて申し込んだ。

女性は予約のためにパスポートの提示を求めた。詳細な申し込みを記入しながら、「私にとって最も大切なパスポートです」といいながら渡した。ところが、彼女は笑いながら、「お金の方が大切よ」という。なるほどスウェーデン人は、人道のためにパスポートなしの移民を受け入れることもあると聞く。さらに第二次大戦中、スウェーデンはユダヤ人救出のためにパスポート偽造をした例もある。おそらく、金でパスポートも作った例もあるのかもしれない。……納得、納得と頷いて見せた。

スウェーデンも入国管理が厳しくなったというものの、各地で多くの難民やその子供たちに出逢うと、国籍のアイデンティティーなど「どこ吹く風の国」といいたいときもある。たしかに身分確認には、財布代わりのクレジットカードが幅を利かす国でもある。パスポート提示もスウェーデン流の儀式かなと、彼女の冗談を肯定したかった。

宿泊先は、オーストラリア人が経営する新設のユースホステルだという。場所は大広場から近く、商店街の一角にあった。一般にスウェーデンのユースホステルは、中心街から離れている。そのため、バスを利用することが多く、不安が付きまとう。しかし、今回は、すぐに見つけることができた。急いで、ユースに荷を預け、大広場に戻った。

時刻的には、もはや夕方だが、カールスクローナは、まだ暮れることはない。

大広場の周囲の商店街は、街路に出したテーブルの人々で賑わっていた。この広場は、早朝になると、朝靄の立ち込める古代ギリシャ・ローマの広場に変貌する。その背景で、青空市場が開かれて、野菜、果物そして花卉が売られている。

海から吹き上げてくる風が、中世のウォータータワーにある緑の裾を揺らす。カンナの花が、銅像の下で盛夏の終わりをささやく。風の旅情を感じた光景であった。

カールスクローナの都市計画は、一五四七年にイギリス東南に建設されたチャットハム（現ミッドウェー）や一六六六年に建設されたフランスのビスケー湾岸中央にあるロシェフォールなどの海軍基地、そしてヴェニスの兵器廠などの影響が大きいといわれる。けれど、カールスクローナは、単に軍事機能のみで都市計画がされたのではなかった。この大広場に立ち、また四方に広がる町並みを歩いてみれば、設計者たちの古典・バロック美への憧憬とその実現の努力を知ることができる。この構想概念は、その後の十七世紀末から十八世紀初めにかけての強国スウェーデンの新しい都市計画のマスタープランとなり、シンボルともなったのである（例えば、世界遺産ヘルシンキのスオメンリナ・スヴェアボリィ）。

その後、国際化の流れの中で、要塞都市・海軍基地カールスクローナは、十七世紀、十八世紀にわたり、バルト帝国の軍事技術と産業のハブとして、造船、建築、都市計画、軍事の施設と技術分野などで著しい発展を遂げてきた。ヨーロッパ大陸諸国は、この昇竜のような発展を大いに注目し、称賛を浴びせた。これらの技術集積は、現在でもなお造船やＩＴ産業の中核として重要な地位を占めている。いくつかの企業はスウェーデンだけではなく、世界的事業展開をしている。

「海軍都市カールスクローナは、ヨーロッパの中では例外的なほど良く保存された海軍基地である。その設計は、類似の事業に影響を受けたが、逆にそれらと比較可能な施設モデルとして活動してきた。国の海軍力がヨーロッパ強国の国際政治で決定的な要素であった数世紀間、海軍基地は重要な役割を果たしてきたのであった。この間に残された海軍基地街の中では、カールスクローナは最も完備され、よく保存されている。」

一九九八年、カールスクローナは、ユネスコの五六〇番目の世界遺産リストに登録されたのであった。

翌日、十一時半までにツーリストインフォメーションへ来るように言われたので、約束の時間までに出かけた。間もなく、サンダルを履き、薄いウインドブレカーを纏った中年のスウェーデン女性が現れた。つまり、背が高く、青い目、彫りの深い典型的なスウェーデン人の容姿であった。集合場所である基地の正面ゲートまで彼女の車で連れて行ってくれた。

車の中で、カールスクローナには二度ほど来たが、ぜひ今回は基地内をみたかったと話した。すると、メンバーは、スウェーデン人とデンマーク人だけ。デンマーク人はスウェーデン語を理解できるので、スウェーデン語で説明するが、要旨は英語で伝えてくれるという。集まった観光ツアーメンバーは、私を含めて十二人。彼女が入港手続きをしたので、前回、スピーカーによる警告を受けたゲートは無事にくぐり抜けることができた。監視カメラで、ゲート周辺を見ているようである。もちろん、内部での写真撮影は禁止ですと彼女から厳重な注意を受けた。門の鉄格子には、「カメラ、コピー、記述、測量は禁止」と表示されていた。

途中、二〇数隻のヨットがあったので、この基地内の一部は私有地かと聞くと、これらのヨットは、この基地内の労働者のもので、賃金は一般の労働者に比較すると高いという。話している間に、バックを抱えた二人連れが車で来て、ヨットに乗り込んだ。

ヨットハーバーを過ぎると軍用船が通るために、木の通路のブリッチが開いた。周辺海域の巡視を終えたようである。仲間の一人がカメラを向けると、強い口調で彼女から制止された。

北のルレオを旅したときに、軍民共用の空港内をうっかり散策し、監視の兵士と揉《も》めたことがあった。また、上空の窓からその空港を撮影しようとして客室乗務員に注意されたこともあった。彼も私も軍事基地でのルールに無知なのか、あるいは平和ボケなのか。安全保障とは、情報公開とは相反する制度のようだ。厳しい制約のある世界遺産公開は、人々の不満の募る場所でもある。


最初に案内された建物は、ロープ作業所であった。ながーい、長い建物の石垣に赤、ピンク、黄色のバラが咲き乱れていた。一直線に長い水平線が見渡せる海。メンバーの砂利を踏む足音だけが、心地好く響く。あまりの美しさに、メンバーのひとりがカメラを出して、撮影を始めると他の人々も続く。咲き乱れる花を覆うように茂る木を入れて、私も赤い屋根のロープ作業所を撮った。ガイドは、ただ微笑むだけだった。

一六二九年から九三年にかけて建てられたこの作業所は、海軍基地内で最も古い。三〇〇メートルというスウェーデンで最も長い建物である。最初の計画では、すべて石作りであったが、予算がなく、石はロープ作業所の先頭部分のみとなった。木製パネル状の外壁のある長い建物は、重い材木で建てられていた。

一九六〇年まで、海軍の戦艦に使うすべての停泊用のロープや索具類がここで作られた。その後、一般市民に売り渡されて、現在は、倉庫として使われている。

次に、黒い大きな倉庫のような建物に入った。いずれも、彼女は専用の鍵で開け閉めしており、鍵束から一本を選ぶのに時間が掛かった。重い戸を開けると、外の明かりがゆっくりと床に伸び、私たちの影を作った。内部は木造の梁が高く組まれていた。小さな裸電球の列が暗い通路を照らし、高い窓枠から明かりが差し込んでいた。巨大な古い倉庫で、遠くの闇に見えるかすかな明かりが造船完成後の海への出口となっているようだ。

この格納庫は、最初はグレートシップシェード名で知られ、一七五六年から六三年にかけて建設された。十分な広さなので、七〇門の戦艦も建造できた。一七七八年に六〇門砲の戦艦ヴァーサがここで進水したのに因みヴァーサシェードと呼ばれるようになった。最初、支え柱と造船台の船を覆っていた屋根の間に壁がなかった。おそらくスカンディナヴィアでは、この種のものでは最も古いと思われる。多くの戦艦がここで建造されたが、現在は小型船を格納するのに使われているだけである。

格納庫から外に出ると､夏の太陽が眩しい。反対側には､巨大な花崗岩を刳《く》りぬいた最初の乾式ドック跡が見られた。南ヨーロッパでは、一般には、ドックに水を満たし、また空にするためには潮流と潮の干満を利用してきた。一方、バルト海沿岸は、潮の干満の差が低い。修理や保守をするためには、

ポールヘム乾式ドック跡

作業員たちはどうしても残る海水の中で船底に潜り作業をしなければならなかった。そのために、乾式ドックの建設が必要となった。

発明家・技術者のクリストファー・ポールヘムが、最初にこのプロジェクトに取り組んだ。一七一六年、岩の爆破作業が始まり、船底形のドックが出来上がった。最初の頃は、入り口の扉が閉められた後、約二七〇人の作業員たちが、一日三交代で皮袋を使い、潮水を排水した。ドックを空にするには、三日間かかった。誰が考えても人力の消耗であった。最終的には、八年後の一七二四年に蒸気機関によるポンプが利用されて、人手のかからないドックの排水が実現した。竣工式には、海軍最大の戦艦クングカールが修理にドック入りした。この技術は、その規模と技術の革新さにおいて諸外国の専門家たちからも大きな関心をよび、高い評価を得た。もちろん、現代のポンプマシンは、コンピュータによる自動制御である。

このポールヘム乾式ドックの北西には、ビョルクホルメンといわれる区域がある。現在、最新鋭の造船所を眺めることができる。その風景の中に、古い赤い錆色のガムラマストクレーンが歴史の長さを語るように、超然と屹立《きつりつ》していた。約四〇メートルを越えるマストを吊り上げるため、四つのキャップスタン（車地）を使い、九六人以上で作業をしていた。煉瓦と漆喰《しっくい》を土台としたクレーンは、九階建のビルディングに匹敵する。現在は使われていない。ただ、カールスクローナ港の風景を象徴する建造物になっている。

十八世紀中頃、もし風雨を避けられるドックがあれば、戦艦の保守も容易で、耐用年数も延長できると考えられるようになった。そこで、一〇基の屋根付きドックが計画された。建設には巨大な人員と財政的負担が必要となった。結局、一八六四年までに完成したのは、五基だけとなった。

これらのドックは、手のひらを広げ、五本の指を伸ばした扇形のため、ファイブフィンガードックといわれている。このドックの完成は、諸外国からも注目を浴び、フランスでは、同様なドック建設が議論された。このドック区域は、現在、カールスクローナ造船所やコクーム造船所として使われている。

ビョルクホルメンは、最初の都市計画では、商港と倉庫を配置する予定であったが、造船所で働く労働者の居住地となった。そして、十八世紀には、町の最初の病院となった軍用病院が建てられて、さらに艦隊乗組員や多くの軍人たちの生活区域となった。現在は閑静な住宅街や高級住宅地域となっている。なお残る島の変遷を見ることができる。

翌日、このあたりを散策した。基地と造船所エリアは、高い石の塀で囲まれ、ガムラマストクレーンを撮影するためには、ひと苦労した。この港を囲む壁は、最初の都市計画では、海軍造船所と町の周りをすべて帯状に巡らす予定であった。防御壁で結んだ稜堡は、陸と海からの攻撃に効果的な盾になるはずであった。けれど、時間的にも財政的にもこの計画は、実現できなかった。囲繞《いにょう》壁は、

ガムラマストクレーン

軍港と造船所だけとなり、町との往来に多くの門が作られた。これらの稜堡のうち、トロッセの東側にあるオーロラ・ベエースション（堡塁）だけが現在なお残っている。囲繞壁の工事は、十八世紀まで続けられたが、十九世紀には、多くの壁が取り壊され、現在残っているのは、この地域の一部だけとなった。

　これらの壁の撤去は、スウェーデンの中立政策の定着と、壁だけではもはや近代戦争の防衛は不可能であることを示しているようだ。それでもなお残るこの壁は、高く、長すぎる。世界遺産を眺めるためには、全く邪魔だった。まあ、壁に遮られて覗く風景もまた世界遺産の一部であることは確かである。

　造船所エリアの入り口には、関係者以外の出入り禁止が大きく掲示されていた。資材運搬の車が厳《おごそ》かに入っていった。

　ガイドは、スウェーデン語の説明の後には、私に近づき、英語で概要を説明してくれた。しかし、時々適切な単語が浮かばず、頭に手を当て考え込むことがあった。帰国後、彼女のラフな服装とそのときの顔が思い出されて、懐かしく思うことがある。

　彼女は、皆さんはあまり関心がないかもしれないがと前置きし、最後に案内したのが、この軍港で際立って造形豊かなモデルハウス（艦船モデルルームと本部棟）であった。

一七五二年、アドルフ・フレドリック王は、「カールスクローナの海軍本部は、設計や計画を含めて艦船、ガレー船、艦船兵器に関するすべてのモデルをひとつの部屋に保存すべきである」と法令で定めた。これがモデルハウスの始まりであった。モデルハウスの収納品は、一七六一年から王室司令官が出した証拠書類付で保存されるようになった。さらに、収納庫として現在も残るモデルハウスの設計を完成させたのが、アフ・チャップマンであった。彼は、ストックホルムから持ち込んだ多くのモデルに、カールスクローナで建造した自分の艦船モデルを加えて、ここに収納した。さらに、彼以降に収集し、購入したものも多く保存されている。スウェーデン海軍の戦艦に関する履歴も、地下のプランズホールにあった。一五〇年後、一時、収納品は軍需品事務所に移管されたが、一九九七年、カールスクローナの世界遺産登録を前に、すべての収集品が新しい海事博物館に移された。

目の前のモデルハウスは、現在、スウェーデン海軍指令部南管区本部に使用されている。このモデルハウスは、長さ八〇メートル、幅一〇メートルもある二階建ての建物である。東の一部分は、後に予定外として三階の形で増築された。正面玄関は、古代ギリシャ神殿のドリス様式の円柱が見られる。青と黄色のスウェデッシュカラーのペナントに囲まれたグスタヴ三世のモノグラムをペディメントに見ることができる。新古典派思想に影響を受けたアフ・チャップマンの傑作である。郊外にある世界遺産のシェーフヴァ・ヘールゴード別荘も彼自身の建築設計で、正面玄関がゴシック様式になっている。

アフ・チャップマンは、カールスクローナに新時代をもたらした。

一七七一年にグスタヴ三世が王位に就いた頃、バルト海の国際情勢は大きな変化が生じていた。ロシアは、将来の首都サンクト・ペテルブルグとクロンシュタット海軍基地を造り、フィンランド湾での国境拡大を図ってきた。他方、スウェーデンは、東国境防衛のためにヘルシンキにスヴェアボリィ要塞を作り、さらに海軍の再編成を図った。主力艦隊は、カールスクローナに置き、群島あるいは陸軍艦隊は、ストックホルムとスヴェアボリィに配備された。問題は、冬季の戦艦の保守管理、修繕、そして短期間の戦艦建造であった。これらの問題を解決し、対ロシア戦に備えるためには、全く新しい艦隊と造船施設を作る必要が生じた。グスタヴ三世は、アフ・チャップマンをカールスクローナに派遣した。

彼は、一七二一年にイエーテボリィの海軍工廠近くで生まれた。彼の父はイギリス海軍の将校であったが、一七一六年にスウェーデンに移り、スウェーデン海軍の兵役を終えた。母の父は、ロンドンの造船業者であった。チャップマンはストックホルムで理論的研究を終えて、ロンドンで学ぶことにした。数学者でもあり、湾曲船体の表面と容量計算でも有名なトーマス・シンプソンの弟子となった。イギリスでの七年間の研究生活の後、オランダ、フランスの遊学を経て、一七五七年にスウェーデンに帰国した。彼は、第一級の幾何学者であり、造船技術者でもあった。

ストックホルムのような岩礁が多い内海に適した軽快・速戦力のある艦船を設計し、また一七六四年に上級海軍技術者となった。一七八一年には、カールスクローナ造船所の技術理事となり、一〇隻の大型三本マスト船や一〇隻のフリゲート艦を設計建造し、スウェーデン造船界の輝かしい時代を画したのであった。従来は、たった一隻の艦船を造るのに数年を要したところが、これらの建造にはたった三年しか掛からなかった。一七八三年には造船技術中将、一七九一年には海軍副提督となった。一七九三年、造船所での直接指導を退役したが、死ぬまで造船工学の著書と設計を書き続けた。そして一八〇八年にカールスクローナで没した。

彼の最も有名な著書は、彼の講義録でもある『メルカトリア造船工学』である。これは、彼の造船技術の才能と芸術とまでいえる多数の幾何学的設計図を著したものである。同時代の画期的なものといわれている。さらに、彼は造船技術を学問にまで昇華させて、栄光のスウェーデン海軍が誇るバルト海の風と波の学者として名を残したのであった。

最後に、正面のペディメントにグロテスクなしかめ面のある船体彫刻作業所を見た。この彫刻マスクは、一七八〇年代に海軍直属の船首彫刻家ヨーハン・テルンストレーム自身によるものである。作業所は現在の位置よりもいくぶん西にあった。室内は今でもなお、彫刻作業が続いているような雰囲気であった。

その後、私たちは、元のゲートに戻った。

大広場に行く坂の途中に、海軍養成学校があった。玄関の庭には、錨と大砲が置かれていた。砲口は、しっかりと蓋《ふた》がされていた。雨水の浸入を防いでいるのだろうか。蓋には×印があり、永久に開く時がないようにとの解釈もできた。

翌朝、この付近を散策した。

アドミラルティ教会近くのゲートから、海軍養成学校の様子を鉄格子越しに覗いてみた。

国旗や海軍旗、校旗を五，六人の訓練生が掲揚するところであった。姿勢を正し、敬礼をするのかと思ったが、特別に儀式ばった様子はなかった。二人が、旗を見上げながら掲揚していき、他の訓練生は次の掲揚旗の準備をしていた。すべて掲揚を終えると、そのまま帰っていった。国旗掲揚後の敬礼（や国歌斉唱）の儀式は全く見受けられなかった。

また、街路から朝の行進訓練を覗いて見た。隊伍の後ろでは、なにやら話しながらの行進であった。それでもスウェーデン国民は、国民皆兵を支持し、国防意識は高いといわれる。国旗掲揚の厳格さを強制し、また若者の皆兵を性根矯正と論じる一部の日本の主張者らは、この彼らの行動とスウェーデン人の意識をどうみるだろうか。私の見た光景は例外だったのだろうか。国それぞれである。

帰りの道、若い水兵姿に出会った。軍港カールスクローナを改めて意識した瞬間であった。

ミュルドの知——海事博物館

ユースホステルで、父母がコソボ難民であるという青年に出会った。

彼の両親は、旧ユーゴスラビア動乱時に、難民としてスウェーデンに入った。父はレストランで働き、母はピザ店で働く。彼はスウェーデンで生まれたという。現在十八歳で、将来はサッカー選手になりたいという。プロのサッカー選手になるのは難しいぞと話すと、練習に練習だよと笑顔で話す。夏休みは学校へ出ることはない。サッカーの練習は、町のクラブでしているなどと明るく質問に答えてくれた。

前回、基地を見ようとゲートであった小事を思い出した。門の前で中を覗き込むと、二人の兵士が近づき、立ち入り禁止の警告をしてきた。すぐに納得したが、ひとりの兵士は肌の色が黒かったのでおやと思った。少々失礼かなと思ったが、出身地を尋ねてみた。彼は臆せずして答えてくれた。アフリカのエルトリアから小さい頃に内乱を逃れ、スウェーデンに来て、スウェーデンの教育を受け、兵士になったという。

マルメの職業高校セルシウス・ユムナジウムを訪問したときに、校舎を案内した青年教師は、ボスニア・ヘルツェゴビナからの難民であった。スウェーデンの奨学制度で大学を卒業し、教師になったという。

同じような難民出身の青年たちに、この旅でいくど出会ったことか。過度な難民受け入れに反対の議論も出ているが、この国では人道的な難民受け入れは定着しているようだ。

朝、八時過ぎにユースホステルを出て、スタンホルメン島にある海事博物館を見学することにした。島の橋を渡ると、広い道はクングスホール・ベエースション（稜堡）に続き、両側に多くの歴史遺産が見られた。

この島は、最初の計画から各種の作業所や貯蔵庫が配備されていた。多くの軍事施設の建設は、十八世紀から一九五〇年代まで続いた。一九七〇年代まで、海軍基地は多くの人々をこの島で雇用してきた。しかし、現在は、すべての島々が地域統合化され、雇用も広域化している。

海事博物館

かつて、海軍の水や食料を貯蔵していたクーパーズ倉庫は、現在は、スウェーデン沿岸警備の作戦本部となっている。飲料水の供給は、カールスクローナ市民や基地にとって大きな問題であった。初期の頃は、近隣本土の諸河川から専用の船で運んでいた。一八六三年、トロッセで最も高い大広場にウォータータワーが完成した。リッケビィ川から揚水され、主要な島々に配水できるようになったのだ。フレンチ・ノルマンスタイルのこのタワーは、市民や基地の人々に、生活改善の寄与と十九世紀建築のロマンをなお伝えている。

狭いスタンホルメン海峡に沿って芝生が続いている。灯台のある桟橋から、対岸のクングスブロン、オーロラ・ベエースション、エーログスハムン（海軍港）、そして広い海を眺めることができた。近くのクングスホール・ベエースション（稜堡）には、多くのキャノン砲がエーログスハムンに向かって並んでいる。この砲からは、国の重要な行事の際には、礼砲が轟くという。

遠くの海原を眺めていると、水平線の彼方から、戦艦が現れて、エーログスハムンに入港する。替わりに、港に停泊していた艦船が水平線に向かい、次第に姿を消してゆく。波の銀鱗が煌《きら》めく。左手のほうには、カールスクローナ群島にある要塞のひとつグットナット・シェリィが霞んで見える。黄色い浚渫《しゅんせつ》船がゆっくり右から左に横切っていく。しばらくすると航路の波が堡塁の水際に押し寄せて、岸壁を洗う。かすかに衝撃音が伝わる。堡塁の野草が風で靡《なび》く。

この海原の中に、世界遺産として登録されている他の群島要塞が散在している。いずれも、陸路や海路からの襲撃に対して軍港や造船所を防御するためのものである。一七八〇年代（一七八八―九〇年。スウェーデン・ロシア戦争）に、また一八〇一年にスウェーデン海軍が、バルト海で活動中に、ロシアの艦隊がこの群島に現れ、軍港の封鎖を試みた。一触即発の状態となり、カールスクローナのすべての要塞・堡塁は臨戦態勢となった。しかし、怒りの戦端を開くことはなかった。群島要塞は、相手が発砲しない限り、カールスクローナが難攻不落であることを示せばよかった。強力な抑止力である。それは、その後のスウェーデン武装中立像の魁《さきがけ》であったかもしれない。一九八〇年代のソヴィエト潜水艦のスウェーデン南岸やカールスクローナ群島への出没の際も、度重なる強固な警告と冷静なる対応で相互の軍事衝突を避けることができた。

海岸線に従って、海事博物館へ歩いた。途中、海軍飛行艇の格納倉庫やスウェーデン最初のコレラ・伝染病隔離病棟があった。

スウェーデン・ロシア戦争の帰還途中、戦艦で熱病とチフスが発生した。多くの兵士や水兵が海葬された。入港後、カールスクローナ市民にも広がり、およそ一万名以上の市民の命が奪われた。病院は、そのときに、急遽、建てられたものであった。海戦の戦死よりも、船での疫病死の方が多い時代でもあった。

広い海岸に出た。海水浴場となっており、多くの人々が泳ぎ甲羅干しを楽しんでいた。海事博物館の両脇には、黒い潜水艦や大型帆船が公開されていた。海事博物館に入ってみると、天井の高い広いエントランスホールの片隅にレストランがあった。ロッカーに荷物を入れ、コーヒーを飲み気分を整えた。これから、スウェーデンの風と波の歴史を見るのだと自分に言い聞かせると緊張感が漲《みなぎ》った。

いずれのコーナーも、バルト海の風と波とその時代背景が詳しく説明されていた。

最初のスウェーデン海軍は、ハンザ同盟の盟主リューベックの資金援助でグスタヴ・ヴァーサによって創設された。もちろんリューベックは、商人都市である。あくまでも、援助は信用貸しであった。それでもヴァーサは、デンマークからの独立と将来の国の安全を確保するため、強力な戦艦と近代化された陸軍を持たなければならないと考えた。逆にリューベックは、バルト海を支配し、バルト海沿岸貿易を独占的に確保しようとした。そのためにも、デンマークだけのバルト海覇権を認めることはできなかった。ヴァーサは、この援助で艦船十数隻を建造し、多くの傭兵を雇い、デンマークの頸木《くびき》からスウェーデンを解放することができた。

この海事博物館の前身であるモデルハウス設立についての解説もされていた。

アフ・チャップマン登用の時代背景として対ロシア戦は、前述したが、モデルハウス設立もこのような時代の要請であった。

カール十二世の大北方戦争の敗北によって、スウェーデンはバルト帝国の地位を降りざるを得なくなった。バルト海沿岸の多くの領土を失い、国家財政は破綻状態となった。

しかしその後、国内では、政治的には進歩的な「自由の時代」を迎え、政党政治を争った。他方、ヨーロッパの国々は、武力による分離併合が続き、海軍力は国際政治で国の威信と国家象徴の役割を果たすようになってきた。国家財政は苦しいが、ヨーロッパの怒涛のような波を傍観することはできなくなった。スウェーデンも必然的に海軍の増強と新しい造船施設の建設が急務となった。特に、全装備艦船の係留修理が可能なドッグ建設を政府主導で進めざるを得ない状況となった。そのためにも、従来のように、ひとりの経験豊かな造船技術者や彼ら一族が知の塊でもあった造船技術を伝承する時代ではなくなった。彼らの多くの船舶モデルを一部の関係者や個人が所有するよりも、組織的・体系的に次世代に継ぐことが国の政策として望ましいと考えられるようになった。スウェーデン海軍は、現在の開発技術と豊富な知識を将来の世代に伝えることが不可欠となったのだ。

ここに、カールスクローナを刷新し、改善するための一環として、モデルハウス建設が始まったの

船首像

である。長い間、スウェーデンの基本原則であった「バルト海覇権（マーレ・バルティクム）」の言葉は、知と技術の宝庫として、ここモデルハウスに結実したのであった。カールスクローナは、新しい繁栄の時代を迎えたのであった。

各展示室では、スウェーデンの海のドラマを多彩なパネルと各種のモデル、蝋人形によって説明していた。展示室を回りながら、精巧な巨大な船のモデルに釘付けになることもしばしばだった。貧しく悲惨な水兵たちの船内生活には心が痛んだ。また、海事博物館の象徴というべき船首像のモデルや実物が、十二メートルほどの高いガラス張りの空間にあった。これらの大部分は、有名な彫刻家ヨーハン・テルンストレーム（前述）によって十八世紀末に作られた。まるで空中遊泳する古代ギリシャ彫刻群を見る思いであった。おそらく、ここは、この博物館内で最も明るく、眺めのよい場所だった。宙に展示された船首像群を見ていると、神々や英雄の世界へ連れ込まれるような錯覚さえ感じた。

多くの展示説明の中で、私の関心の深かった部分は、グスタヴ三世アドルフによる対ロシアとの海戦と一九八〇年代の潜水艦問題であった。いずれも対ロシア外交である。後者は、この博物館でも特別講演が組まれ、市民に国防意識を呼びかけているようであった。

対ロシア海戦は、一七八八年のフィンランド前線でのいずれかの発砲に始まり、ホーグランド（フィンランド）沖で戦端が開かれた。これもまた定番のごとく、ロシアの同盟国デンマークが宣戦してきた。しかしスウェーデンは、一七九〇年にスヴェンスクスンド海戦（フィンランド）で大勝利をおさめ、トルコ、プロシア、イギリスから軍事援助の提案も出てきた。

この間にフランス革命がおこり、ヨーロッパ各国の専制君主国は、騒然となった。ロシアのエカテリーナ二世は国内的には農奴制、対外的には対オスマン戦に苦慮していた。各国の和平の動きかけも活発化した。スウェーデン側もまた、貴族の不穏な動き、市民の財政負担の増加などによる不満などで、諸国の和平提案を呑まざるを得ない状況となった。一七九〇年、両国はヴェレラ（フィンランド）で、領土変更なしの和平条約に調印した。

ある意味では、この戦いは、スウェーデンがカール十二世以降に失ったバルト海の制海権を求め、さらにフィンランドの失地回復を図って善戦した最後の戦いであったかもしれない。それは、バルト海に進出する新興ロシア大国に対する防戦であり、その後のスウェーデン人のロシア警戒感と嫌悪感の土壌ともなったようである。

最後の展示室は、潜水艦に関する説明であった。このあたりになると、閉館時刻となり、終了の放送に追われるようにスキップしていった。

潜水艦コーナーには、R２というミニ潜水艦が展示されていた。

U137型ソ連潜水艦

このミニ潜水艦は、一九八四年に（旧）ユーゴスラヴィアから、領海侵犯の潜水艦の群島内での行動と艦内環境を理解するために購入した。前方には、潜航と通信のための設備があり、後方にはパイロット二人のスペースとエンジンバッテリーがあった。最後尾にはエレクトリックエンジンと操舵機、そして推進機が付いていた。

一九八〇年代、スウェーデンはソ連の潜水艦による領海侵犯に悩まされた。特に一九八一年には、このカールスクローナ付近でU一三七型ソ連潜水艦（俗称ウイスキー型）が座礁し、同艦が核兵器を搭載しているかどうかで両国間が険悪になった。さらに、ボスニア湾やストックホルム群島にもしばしば国籍不明の潜水艦が出没した。いずれも、スウェーデン政府は、ソ連側の明確な意図を持った軍事行動と理解し、非難した。

米ソ間の核・ミサイル交渉の継続という国際関係の中で、軍事的には欧米に対する有事の緊急計画作成と訓練、スウェーデン海軍基地からの情報収集、戦略的には多島海へのミサイル搭載潜水艦の潜伏、そして政治的にはバルト海域確保を目指してスウェーデンに心理的圧力を加えようとする意図的行動であったと当時のスウェーデン軍関係者は見ていた。スウェーデン政府は、対潜作戦を強化するために国防予算を増額し、ハリネズミ防衛政策をさらに進めた。R2は、このときに購入した潜水艦であった。

今回の私のメビウスの旅で、カールスクローナで座礁したウイスキー型ソ連潜水艦と同じものをカルマルの岸壁で見ることができた。座礁した潜水艦は、ソ連に返還されたと言われているので、おそらく、ソ連邦崩壊後に民間会社が購入し、公開展示しているのかもしれない。その後、カルマルを訪れたときには見当たらなかった。しばらくしてヘルシンボリィに係留公開されているのをインターネットサイトで発見した。現在でもこのような形で有料公開されていることは、当時の国民の緊張感とロシアに対する複雑な国民感情がなお顕在であることを示している。

最後のこのコーナーは、将来の潜水艦戦略をパネルで纏めていた。

「二〇〇三年現在、スウェーデンは、五隻の潜水艦を有している。冷戦時代は、国の独立のための侵略に対する防衛が主眼であった。しかし、新しい世界では、バルト海の安全政策は政治経済の変化の前に絶えず変わらなければならない。バルト海沿岸諸国とEUとが統合されたときは、ヨーロッパ同盟（新しいEU）の中で、その防衛を担うことになるだろう」と。そして、将来の展望のひとつとして、「北欧内でのヴァイキングクラスの規模とEU内での異なる国々の要求に応じえる多能な潜水艦の開発が望まれる」と説明している。

職員が最後の点検と見回りにきた。あわてて海事博物館を出ることとなった。

小さな海峡スタンホルメンスンドに沿ったクングスブロン広場に出た。このあたりは、眺めのよい公園になっている。臼砲と砲弾のある鎖で囲まれたハンス・ウォチットメイスターの胸像と設計図を携えたエリック・ダールベリィの立像があった。

ウォチットメイスターは、カール十一世の側近で、スコーネ戦争後に陸軍から海軍に移り、カールスクローナ建設と艦隊建造に尽力したのであった。カルマルとブレーキングの知事ともなっている。彼の居所は大火を免れ、現在ブレーキング博物館となっている。カールスクローナ海軍学校の校長でもあった。しっかりとはるか海上を眺め、在りし日のバルト海の栄華を偲んでいる。

エーリック・ダールベリィは、カールスクローナ都市計画のひとりで、軍人、設計者、役人の肩書がある多才な伯爵であった。彼のスウェーデン古典主義の建築技法は、この軍港の要塞ドロットニングスカースやイエーテボリィ要塞のスカンセンレイオンに代表されるように力強い独自の美しさを有している。

一七〇四年に完成した最も東に位置するオーロラベースシオン（稜堡）もこの公園の一角にある。狭間の塔が公園の角に突き出ている。攻撃に対してここから石や可燃物を落とし、堡塁を防御する計画であったという。だが、いまや軍事的な機能は跡形もなく、市民や旅人の散策ランドマークとなっているだけである。

広場の片隅から、海軍の艦船や海軍養成学校の訓練風景などが見られた。訓練生は船綱の結びを学んでいたようであった。彼らの訓練の様子をしばらく眺めていたが、休憩に入ったようだ。こちらもヨットやモーターボートの碇泊する岸壁に戻り小休憩をとった。

老夫婦が手をつなぎ、岸壁沿いを歩いている。かなり太陽の日差しも弱くなっていた。、バックパックの青年が、細い陽光を吸い込むような姿で岸壁に仰向けに休んでいた。一匹の猫が彼と私の間を飛ぶように横切っていった。波は静かで、南風だ。海面のところどころが、写真の光漏れのように斑《まだら》に白かった。風にのって訓練生の談笑が聞こえてくる。

のどかだなー。

旅の疲れも癒《いや》された。

ゆっくりと時が流れ、視線はぼんやりと定まらなかった。

一瞬青い海面に貧しさと病魔に苦しんだ人生の映像が映し出されては、尾を曳きながら消え去った。


我に返った。

コンクリートを力強く蹴り、立ち上がった。近くのアミラリティス（提督）教会を訪ねることにした。カールスクローナ軍港と町が建設されたあと、一六八一年に王立カールスクローナ教区が作られた。この教区のために、現在の木造のアミラリティス教会が建設された。教会は、一六八五年に奉納された。カール十一世の王妃ウルリカ・エレオノーラ・エルダーの名に因みウルリカ・ピア教会とも呼ばれている。

赤い木造の教会入り口には、「ニルスのふしぎな旅」でも紹介されていたマッツ・ルーセンブムの像が立っていた。

彼は、この教会が建てられた頃のトロッセ最初の住民であった。一六七〇年代から常用の助手として造船所で雇用され、十年後には立派な火薬技能者として昇進した。この間、結婚もし、小さいがバラックの家も建てることができた。十二人の子供の中で、六人は幼児期に亡くなったが、幸せな家庭であった。しかし、幸福な人生は、彼の突発的な熱病と妻のおこり（間欠熱）、子供たちの虚弱など

マッツ・ルーセンブム像

で次第に悪化していった。ついには身体の震えと衰弱で、仕事もできなくなってしまった。金目《かねめ》のものは、すべて売られ、ボートは薪として壊された。彼のバラック住まいは、厳寒と湿気で傷みがひどくなった。彼は、妻と六人の子供たちを養うために苦悩した。最後の手段として、物乞いの許可を申請しなければ、家族を養うことさえできなくなった。

ある日、町の岩や石を爆破し、通りを清掃することを条件に町の有力者から施しを得る許可が下りた。最初の頃は、街の通りにある岩の爆破もはかどり、施しも多く得ることができた。

しかし、一七一七年の暮れであった。寒さが厳しく、爆破作業も進まず、クリスマス前にもかかわらず、食料は底をついてしまった。彼と家族は、クリスマスや新年に食べるものさえ、全くなくなっていた。そこで、新年に向けた施しを得るために、家々を回ることにした。日暮れ前には、幸運にも彼のポーチは恵みものでいっぱいになった。人々は酒もケチることなく十分に恵んでくれた。最後に、ほろ酔い気分で、町の有力者キャップテン・フランツ・ラジャービールクと船首像の彫刻家フリッツ・コールベに寄ることにした。

ラジャービールクは、寛大で、酒も食べ物も金も快く恵んでくれた。そこで、彼は帽子を上げて、新しく覚えた感謝のお辞儀をしようとした。しかし、少し酔った千鳥足のために彼の帽子を落としてしまった。ラジャービールクは笑い、帽子を自分で拾い、ルーセンブムの頭に戻した。「ルーセンブムから感謝されたいので帽子をもう一度上げてみてごらんよ」と言った。ルーセンブムは喜び、帽子を高く上げて感謝した。ルーセンブムは上機嫌になった。

すぐ後に、コールベの家に寄った。彼は、帽子を被ったまま、ラジャービールクと同じことをしようとした。しかしコールベにとってこの行為は少しも面白くもなく、かえって困惑した。コールベは、「帽子を脱ぎなさい。物乞いをするときは分相応に振る舞いなさい」と怒鳴りつけた。そこでルーセンブムは、貧しいものに一片のパンを与えることで感謝を得たいならば、私が落とす帽子をあなたは拾うべきだと主張した。

コールベは癇癪《かんしゃく》をおこし、彼の眉間を殴りつけた。彼は、よろけ倒れた。

ルーセンブムは、立ち上がると、吹雪く外へ飛び出した。通りの角で、吹きすさぶ風を避けながら、ワインボトルをひと飲みし、身体を温めた。しばらくして、コールベが彼の名を叫びながら追う姿を見た。再び、ルーセンブムは、雪の吹き溜まりをかき分け、教会の入り口に辿り着いた。帽子を目線から少しあげて、教会の板塀に身を寄せ、息を凝らした。しばらくすると疲れと酔いで気を失っていった。

コールベは、殴ったことを後悔し、謝罪しようと明るくなるのを待った。翌朝、早々に贖罪《しょくざい》にコールベと妻が教会に来てみると、ルーセンブムの足跡を見つけることができた。彼の妻が教会の壁を見ると、固く凍え死んだルーセンブムが立っていたのであった。ポーチを下げ、帽子を額から少し下げ、左手を突き出して、あたかも新年の人々の寛大さに感謝をしているようでもあった。

次の復活祭に、教会はマッツ・ルーセンブムを象った義捐金像をコールベから遺贈された。頭のスロットからコインを挿入することを促すように、手を差し出した彫刻像であった。

右手には、寄付を呼びかける板書をもっていた。現在、集められた義捐金は、ルーセンブムファンドとして、教会理事会の管理下でカールスクローナ地域の福祉団体の活動を支えている。

このルーセンブムの話は、私にスウェーデンの福祉を考えるひとつのヒントを与えてくれた。恵まれない境遇に置かれた人々への援助の手は、自助の機会を与え、広く助け合う精神なのだと。富めるものから不遇の人々へ物を贈ることは、「施し」ではないのだ。ここにイギリスの救貧制度と大きく違うスウェーデン福祉理念の原点があるように思われた。

教会の入り口の隅には、古びたもうひとつのルーセンブムがあった。長い年月の中で新調され、オリジナル像が保存されているようだ。

教会の中に入ると、その荘重さと美しさ、調度品の歴史の重みに感動した。外に出て教会を眺めた。年輪を重ねた質素な木造教会の美しさは、小さな像のエピソードに相応しいものであった。

帰りは、ルーセンブムが辿ったと思われるアミラリティス広場の坂を大広場に向かって急いだ。途中の広場には、一六九九年に建てられた時計台があった。造船所に向かう労働者たちの時刻の基準ともなっていた。一九〇九年からは、アミラリティス教会のベルタワーとして、さらに現在ではカールスクローナのランドマークとして、多くの人々に親しまれている。

見上げると、古時計は、五時を指していた。カールクローナの風と波の歴史の中で、人々の生活の時を刻んできたのであった。

スコーネの歴史と文化

ルンド

北欧の聖地——ルンド大聖堂

ルンドを初めて訪れたのは、二十数年前であった。ウップサラ大学の夏期講習会の終了後、ルンド、マルメ、イエーテボリィと駆け足の旅であった。ストックホルムから夜行列車を利用してルンド駅に着いたのは、朝靄《もや》の中であった。蒸気機関車は、プラットホームに白い蒸気をはいて駅を目隠しした。当時、電気機関車も走っていたのだろうが、印象深い光景に感動した。見失った愛玩を見つけ、二度と失いたくないようにすぐに写真を撮り続けた。

切符を間違えて改札したため、交換しようとして駅員と口論したのもこの駅であった。彼は決して妥協しなかった。結局、新たに切符を購入し、線路を走り渡り、列車に滑り込んだのであった。スウェーデン人の規則に対する頑固さを知った瞬間であった。現在は、駅前とホームとの間に地下通路ができ、線路を渡らずともホームから往来できるようになっている。

一八五六年十二月一日の凍てる日、最初に列車が到着したときは、まだ駅舎は完成してなかった。マルメ中央駅を十一時に出発した列車は、ルンド市民の歓呼の声で迎えられたのであった。駅舎は、一八五七年から一八五九年にかけて建てられたが、その後数回改修された。建築設計者は、デンマーク人であることは確かだが、名前は知られていない。この最初の駅舎は、中心の建物と西側のホールから成っていた。

一八七二年にA・W・エーデルスヴァードによる新しい駅舎が完成すると、最初の建物は取り壊された。両翼をもつ白い簡素なデザインの駅舎は、大小の改修を経て、現在は、ルンドの歴史的建造物として登録されている。

町の繁栄を支えたルンド大聖堂とルンド大学の町並みは、鉄道の開通と駅前の整備によって大きく変わった。スコーネという豊かなヒンターランドを控えて、原料の移入・輸入と製品の移出・輸出に最適な場所となった。次第に、ルンドはスコーネ各地へのバスと鉄道の重要な結節点となっていった。

ルンド大聖堂

十九世紀後半になると、中世の代名詞である大学と大聖堂の呪縛《じゅばく》から解放され、さらなる近代化と経済発展が進んだのであった。数年前まで昔の面影が残っていた駅前広場も、現在は大きく拡張され、エーレスンド社会経済圏の北の要として新たな進化を遂げている。
小さな路地を通り、ルンド大聖堂を訪れることにした。途中に、古本屋があり、古書が所狭く山積みされていた。大学の町ルンドを感じさせた。

ルンド大聖堂は、広いルンド大学敷地の南端に位置し、観光バスが止まっていた。シェルコガータンを挟み、向かい側は、ルンド市庁舎である。大聖堂全体を撮影しようとするが、高すぎてなかなかモニター画面に収まらない。同じ経験は、ウップサラ大聖堂でも経験した。だが、あちらは広場が大きく、広角レンズを使い、後退すれば形になった。ところが、ルンド大聖堂の場合は、路地の建物とルンダ・ゴードの鬱蒼《うっそう》とした木々で、全体像はとても無理であった。空撮でもすれば、面白い大聖堂の全体像がえられるのかもしれない。

ルンドにあった初期の教会像は、あまりよく知られていない。ただビルカ遺跡でも見たように、ハンブルグ・ブレーメン大司教が、北ヨーロッパ全体の住民をキリスト教化するのに大きな役割を果たしたことだけは確かである。ルンドの教会もこの大司教管区に所属していた。近年、ルンド周辺に小さな木造教会跡地が数多く発掘されている。キリスト教布教の大波が、ここルンドにも広く及んでいたと推察される。

一九五〇年、六〇年代の発掘作業の中で、古い石造りの教会が現在の大聖堂の場所で発見された。この教会は、デンマーク王スヴェン・エストリズセンの時代に建てられたようである。建築様式はイギリス風で、イングランドとデンマークの交流が活発であったことを示している。今日、この教会遺跡は大聖堂博物館で見ることができる。教会は、受難聖者セント・ローレンスに奉納されている。

スヴェン・エストリズセン王は、デンマークにある大司教管区を分割した。ルンドに最初の教区を設けて、最初のルンド司教ヘンリックと次の司教エーギノとを競わせた。前者は、イングランドのオークニー島の司教を務めており、エーギノはハンブルグ・ブレーメンの教区出身であった。エーギノは、ブレーメンのアダムによる資料の中で紹介されているダールビィ（ルンド郊外）の教会司教を務めていた。このことは、北ヨーロッパのキリスト教発展にイングランドとドイツという二つの大きな影響力があったことを物語っている。

両司教を経て、ルンドは北ヨーロッパのカトリック教会の中心として発展していった。それに応じて、教会は手狭となり、新しい教会の建設が求められた。そこで、一〇八五年、クヌーズ聖王が現在地にあるルンド教会に各種の特典を含めた多くの土地を寄進した。これが将来、大司教管区に建設されたルンド大聖堂と教務院に経済的基盤を与えることになった。当時に寄進された王領は、九〇〇年以上経た現在でもなお教会所有となっている。

大聖堂の建設は、一一〇四年頃に始まったとされている。その規模は、あまり知られていない。建設は、デンマーク王エーリック常善王がエルサレム巡礼中のローマ法王を訪れて説得したことに始まるといわれている。デンマークはもはやハンブルグ・ブレーメンの大司教管区に属さないで、デンマーク自らの大司教管区をルンドに持つべきであると。同時にその大司教は、アイスランドやグリーンランド、東バルト海沿岸を含めたスカンディナヴィア全域の精神的な指導者となるべきだと主張した。

このような経緯で作られたルンド大司教座は、面積でもヨーロッパ最大となった。スカンディナヴィア全域と東バルト海沿岸のすべての大司教の中で、最上位、最初の、最重要な宗教的中心となった。当然、建設されるべき大聖堂は、大司教座を象徴する威厳と荘重さが求められた。

実質的な大聖堂の設計と建設は、ルンド大司教アーシェルとデンマークのニルス王のときに始まった。主設計と建築責任者は、おそらくイタリア出身と思われるドーナッスで、彼の死後、同じく才能あるレグナールによって作業が続けられた。大聖堂は、中央身廊（ネーヴ）と二つの翼廊（トランセプト）を持つロマネスク様式で建てられた。最初の完成棟は、古い教会の東に面する巨大な地下室と西側部分であった。このようにして、古い教会は、新しい大聖堂に覆われる形になってしまった。古い教会は、一一三一年に地下室が完成するまで使用された。大聖堂の完成は、荘厳な儀式、例えばデンマーク王室の戴冠式や王室の重要な儀式に使用されるようになった。

大聖堂の高い祭壇は、処女マリアと守護聖人となったセント・ローレンスを祝して、大司教エスキルによって奉納された。大聖堂の建設に使われた石灰岩は、ルンドから四〇キロ離れたヘエールから運ばれ、豊かな装飾を刻むことができた。

大聖堂本体は、当時の慣習で壁によって平信徒の教会の部分と高位の聖職者の教会部分とに分けられていた。これらの内陣障壁は、一八三〇年代に通路に替えられるまで続いていた。

最初の計画では、教会全体が丸天井形であったが、理由は不明だが、木製の平屋根となってしまった。このことは一二三四年の火災の際に、大きな被害をもたらすことになった。その後、修復が続いた。本格的な修復・改修がされて現在の形になったのは、十九世紀になってからであった。

一五三〇年代のデンマークの宗教改革は、ルンドの指導的地位とその大聖堂に栄光の終焉をもたらした。一五三六年、デンマーク王クリスチャン三世は、彼の即位反対派一掃のために、旧勢力の代表であるカトリック教に対抗して、ルター派を導入した。当初、ルンド大司教は、大監督と称して他の大司教と別格に扱われていた。だが結局、その地位は廃止され、普通のルター派教区監督とされてしまった。監督は質素な住まいに移されて、没収された教会所領の単なる執行官に成り下がってしまった。大聖堂も、もちろん単なる平信徒向けの集会場となった。

それまで、ルンドは北ヨーロッパ二七の教会と、八つの修道院の記録を保持していた。ところが、この宗教改革の一年間で、多少の例外は別として、多くの教会記録が破棄されることになった。宗教改革以前の北ヨーロッパ教会史の詳細が空白となってしまったのである。これに先立ち、一五三六年の八月の夜には、クリスチャン三世が選出した司教をルンドに連れてきて、ルンドのカトリック大司教を囚人にしてしまった。彼の反勢力である聖職者への対応は、徹底していた。王はデンマーク中のカトリック司教をすべて解任し、コペンハーゲンで開かれた身分制議会への聖職者出席も拒否した。かくして、中世デンマークカトリック教会の経済的・政治的権力は劇的に崩壊し、教会の長は国王となったである。多くの司教たちは、カトリック法王の司教からルター派国王の地方監督官へと転向せざるをえなかった。

一六五八年、ロスキレ条約によって、ルンドの管区内にあったスコーネとブレーキングが正式にスウェーデン領となった。これらの地域のスウェーデン化の手段として、一六六六年、ルンド大学が創設される案が浮上した。最初、設立は教会の影響力のない他の場所が論議された。しかし、中世からの伝統的教育機関もあり、地所と財源のある大聖堂内に置くことになった。

一六六八年、大聖堂で豪華な大学開校式典などが行われた。大聖堂の財産も大学に移管され、大聖堂の一部分は大学の講義用のホールとして使われた。大聖堂の新たな歴史的出発ともなった。現在でも両者の関係は深く残っており、ルンド大学の博士課程の学位授与式は大聖堂で行われている。

大聖堂の広範囲な修復・改修は、十九世紀になって、C・G・ブルニウスの指導の下で行われた。一八六八年から八〇年にかけてヘルゴ・ツェターヴァルがその仕事を引き継いだ。彼は、五五メートルの二つの新たな塔を建て、西側の建物を再建した。塔には、一九〇四年まで、夜回りが配置されていた。塔は、中世から外敵を見張る目的で使用されていたようである。二つの塔は、町中に響き渡るベルを持ち、最も古いものは一五一三年の鋳造である。ベルは、北塔の一階から機械的に鳴り響き、天文時計とも結びついている。ヘルゴ・ツェターヴァルによる大聖堂の修復・改修は、彼の偉大な建築業績の一部となっている。全体的には、ほぼ今日見られるようなオリジナルなロマネスク建築様式を保持しながら、長い風雨に耐える近代技術を融合させたものとなった。さらに、二十世紀に入り、主要な教会内部の内装をし、長い歴史的変貌を完成させたのであった。幸い、大聖堂の外壁は、初期のセメント皮膜でしっかりと守られて、独特な黒い斑模様が歴史の深さを演出している。多くの観光客は、この外観から大聖堂にある歴史の底流を眺め、深く感動するのであった。

正面玄関の青銅の扉は開いていた。

この扉は、西側の建物が再建されたときに作られた。聖書からの二〇枚の逸話と四つの要素（地―象、水―魚、空気―鷲、そして火―竜）のシンボルが彫刻されている。扉の上のアーチ下（ティンパヌム）には、キリストを中央に、両側にクヌーズ聖王と守護聖人セント・ローレンスが描かれている。

荘重な教会に入り、帽子を取り、はるか奥の祭壇に深々と頭を下げた。キリスト教信者でもない私も、自然とこの動作が出てきたのであった。歴史遺産の荘重さからだろうか。もちろん、教会に入るときのエチケットでもあるのだ。ちょうど、入堂したときは、天文時計の仕掛けが動く時刻であった。英語とスウェーデン語による説明が観光客にされようとしていた。

天文時計

時計は、モーゲンス・マッドセンの詳細な文献によると、一五八七年までは機能していた。その後、関心がもたれずに古くなり、一六二三年に新しいものに替えられた。一八三七年には、修理の間、古時計は外されて、現在、その時の文字盤だけが大聖堂に残っている。一九〇〇年代にデンマークの時計師ジュリウス・ベルトラム・ラーセンによって再発見された。一九二三年に大聖堂地下室竣工八〇〇年記念祭の折に、今日見られるような天文時計が再始動した。原初のぜんまい仕掛けの二つの歯車は、なお残っている。しかし、下のカレンダー盤と同様に振り子機構は新しい。時計盤そのものは一三八〇年代の原初のものである。

ちょうど腕時計をみると正午であった。

天文時計は、三つの部分から成っている。上部の文字盤の上では、見張り姿の騎士が時を告げる剣を持ち、互いに時刻の鍔《つば》せりを始めた。真ん中の部分には、幼きキリストを抱いた聖母マリアが座している。向かって左側のドアが開くと伝令官がトランペットを上げて、十四世紀の讃美歌「愛すべき歓喜（in dulci jubilo）」を吹く。右のドアからヨーロッパ、アジアそしてアフリカを表す東方の三博士が従者を伴い、列をなして、聖母マリアとキリストに敬意を払い、過ぎ去る。彼らが左側のドアに消えると、観光客のどよめきと解説者の声が天井で共鳴し、周囲を包むように拡散していった。

上側にある時計盤は、太陽と月の通り道の指針、そして中央に十二宮を示す指針をもっている。これらの指針は、太陽、月、そして星座の位置関係をルンドの子午線を基準に七つの同心円上で示している。七つの環は、神の地に至る七つの天空の階段を故由《ゆえよし》としたものである。

下側にある文字盤は、時、成熟そして衰退のシンボルであるクロノスが彼のステッキで現時点を指している。中央には、大聖堂の守護聖人セント・ローレンスが描かれ、周囲には、同心円状に一九二三年から二一二三年までの種々のカレンダーが書き込まれている。一番外側の環は、十二宮のシンボルが描かれ、文字盤の月名とは逆順となっている。四隅には、四人の福音伝道者のシンボルがある。マタイは翼の男、ヨハネは鷲、ルカは雄牛、そしてマルコはライオンで表されている。

この天文時計は、実際の時間と少しだけ異なっている。現在、私たちが基準としている時間は、ロンドンにあるグリニッチ天文台を基準にした子午線である。スウェーデンを通る中央ヨーロッパ時間は、経度十五度を基準としているため、ロンドンとの時差が一時間である。しかし、ルンドの正確な正午は、スウェーデン標準時間から七分十五秒過ぎとなる。ルンドでは、七分十五秒過ぎに、太陽が最も高い位置に達するのである。もちろん、この天文時計は分針がないし、大聖堂の鐘の音は、中央ヨーロッパ時刻に合わせてあるので、日常生活に影響はない。ただ、ルンドの天文事象は、大聖堂の天文時計によって歴史的な時の移りを表示してきたのだと付け加えたい。

天文時計から、信徒席の並ぶ身廊の中央に進むと、説教壇がある。この演壇は、一五九二年にドイツ・オーデル河岸にあるフランクフルト出身のヨハン・ガンソッグよって完成された。北欧ルネサンス様式の最も印象的な作品のひとつといわれる。説教壇は、話がすべての会衆に響くように、天蓋や反響蓋があり、信徒席の中央右側に位置している。この壇は、砂岩、石灰岩、白黒の大理石、そして縞大理石でできている。縞大理石のレリーフは、善き羊飼い、磔刑《はりつけ》、最後の晩餐、復活そして精霊の出現などを深みある彫刻で見事に表現している。

特に、宗教改革後、説教・説話は礼拝の中心と見なされた。本説教の前に、内陣仕切り近くの聖書台から聖書による訓話が読まれていた。現在の説教壇の近くに、もうひとつの聖書台があったようであるが、現在はない。各地教会の説教台も、高価な資材に見事な彫刻がされている。説教が教会儀式の中心になっていることを考えると納得がいく。歴代の大司教による貴重な、現代にも通じる説教・説話がこの壇から続けられてきたのだろう。

北側翼廊には、一二〇一年から二四年間ルンド大司教であったアンドレアス・スーネザンの石棺がある。彼は、最後の四年間は、健康上の理由で大司教の仕事を止め、人目を避けた湖畔の生活を送った。彼は数多くの大司教の中で、最も学識のある敬虔な大司教であった。また、ヨーロッパ各地の大学で学究生活を送った国際人でもあった。だが、それでもなお、彼が多く語られる理由は、デンマーク国旗の由来にある。

伝説によると、一二一九年にヴァルデマー二世勝利王が六万の兵を率いてエストニアへ十字軍遠征を行った。だが、リュンダニッセの戦いのとき、圧倒的な敵の攻撃で苦境に陥った。そのとき、突然、空からデンマークの国旗・ダンネブロ（デンマークの布）が舞い降り、彼がその旗を受け取った。天の声は、この旗が立てられている限り、敵は雲散霧消するであろうと彼に告げたのであった。兵士たちは勇気付けられ、形勢は逆転し、大勝利を収めたという。このときの旗は、大聖堂内に掲げられていたのであったが、デンマークがスウェーデンとの戦いで危機に陥ったときに密かに持ち去られたといわれている。

六月六日のデンマークのナショナルデイには、ダンネブロがアンドレアス・スーネザンの棺《ひつぎ》の前に掲げられる。

これらの伝説は、次のようにもいわれている。

「デンマークでは小学校で教わる有名な逸話だが、おそらくキリスト教伝道の一環として、後世に脚色されたものであろう。実際は、神聖ローマ帝国時代にキリスト教を大義名分に外征、つまり領土拡大をもくろむ国王の労苦をねぎらうために、法王自らが褒章として下賜した戦旗であったのではないかといわれている。なぜなら、赤字に白十字という似たような意匠をもつものに、旧フランスやスイスの国旗、マルタ騎士団やウィーン市などの旗章が多数見られることからも、この説は十分な説得力をもち、かなりの蓋然《がいぜん》性があると判断してよいからだ。事実、最近の研究によれば、法王の十字旗が戦いの最中に到着したことを、後世の伝記作家が神の加護のごとく天から舞い降りたと脚色したのだろうという説が有力視されているという。」（辻原康夫著『図説　国旗の世界史』）

いずれにせよ、デンマーク国旗・ダンネブロは、現存する国旗の中では最古の歴史を誇るといわれ、多くのエピソードが語り継がれている。

大聖堂の翼廊や後陣には、歴史的にも、芸術的にも貴重な遺産やエピソードが多くある。一つ一つ説明する余白がないので、翼廊の中央にあるブロンズ像について述べておこう。

この像は、十四世紀初め、あるいはそれ以前（一二四〇年頃の説もある）からあった、大聖堂の守護聖人セント・ローレンスである。聖人ローレンスは、現代スウェーデン語では、ラースまたはラルスといわれ、スカンディナヴィアでは大変人気がある。各地の教会名や教区名、地名、病院や福祉施設などに付けられ、また、多くの絵画や彫刻に描かれている。

彼は、祭具として、焼き網を下げ、右手に教本または椰子の枝（勝利や喜びのシンボル）を持ち、助祭姿で立っている。現在では、最初の椰子の枝は紛失している。この像は、いかに彼が微笑みながら死を迎え、神の門を凝視しているかを物語っている。

彼はスペイン出身であった。当時、彼はローマ教会の助祭で、財産管理人でもあった。ローマ皇帝ヴァレリアヌスは、彼に教会財産の拠出と改宗を強要したが、彼は拒絶した。そして、それらの金銀財貨をローマの貧しい人々に分け与えた。皇帝は怒り、彼を投獄し、煮える油と焼き網の刑を言い渡した。彼は、死刑執行長官の前に連れ出されたときに、多くの不幸な虐げられた人々を指し、「ここで、あなたは、（拠出されずに）消えたすべての財貨を見ることができるのです」と言った。残酷な刑罰は、煮えたぎる油と焼き網の上でゆっくりと行われた。彼は、笑みを浮かべながら、「聖なる光に導かれたものに、夜は暗くなることはない。主よ、私は、汝の門に向かうに値するか」と発した。彼が神に身を委ねたのは、西暦二五八年といわれる。

翼廊と身廊の間にある階段を下りると大聖堂で最も古い地下堂がある。この地下堂は一一二三年の夏には、既に使用されていた。大聖堂の最初の建築家ドーナッツの傑作といわれるだけに、四一本の丸天井梁は、ユニークで美しい。中は夏でもひんやりとし、薄暗く、荘重である。初期のキリスト教迫害のおり、信者が集った場所も、こんな薄暗い地下室や屋根裏だったのだろうかと想像した。もちろん、こんなに荘重な堅固な作りではないはずだが。原始キリスト教を描いた映画のシーンが頭を過《よ》ぎった。

地下堂は、内陣、二つのサイドチャペル、二つの聖具室からなる。多くの大司教の墓板が床に嵌《は》めてあり、彫刻のモチーフが面白い。コンパクトデジカメで、興味あるものを写そうとしたが、光量が足りず、出来上がりが良くなかった。この地下堂は、異教の崇拝の場所でもあったようだ。その後、ルンドに住むドイツ人たちの教区教会であったことも資料から分かっている。

地下堂の両入り口には、巨人フィンとその妻・子供の彫刻柱がある。

右側には、腕に坊主頭の子供を抱えて、腰を落として、しっかりと柱にしがみついた姿。離れた北側翼廊の洗礼盤近くには、見事なレリーフの下で、結った長髪に、力ベルトを腰にしっかりと巻き、立ち姿で柱に抱きついている彫像。これらの彫刻像は、後世の人々の想像力を膨らませている。

左右の彫像の解釈をいくつか挙げてみる。

左側の彫像は、大聖堂を倒壊しようとするアイルランド英雄伝説群の巨人フィン、または、旧約聖書に登場する力持ちサムソン、他の異教の神や悪魔、大聖堂建築家のドーナッツの姿、苦痛を受けるイエス・キリスト、それとも大聖堂を建てた無名の職人の象徴などと解釈されている。右側の彫像は、巨人フィンの妻と子供、ドーナッツの妻と子供、アブラハムの腕にいるラザロ、聖母マリアとイエス、北欧神話のゲルダとその息子セルヴェ、果ては、デリラの腕の中で眠るサムソンなどである。いずれの彫刻も力ベルトを締めているところから、巨大な天の力を有する男性との説もある。

巨人フィンの像

いくつかの要素から言えることは、この柱が、最初、他の場所に置かれていたと推察できる。おそらく、イスラエルのソロモン神殿入り口にあったボアズとヤチンの柱に擬《なぞら》えた玄関像であったようだ。神の永遠の力を象徴しているのだろう。大聖堂の荘厳な建築条件として神の力を。
少し離れた洗礼台とこの柱を関連づけて、「キリストが死から蘇った三日目に、彼の新しい教会を建てた」ことを象徴していると神学的解釈がされている。

この二つの柱の謎解きは際限ない。一六五四年にイェンズ・ラウリツエン・ウルフによる伝説を紹介しておこう。

守護聖人ローレンスは、大聖堂完成に際して、いくつかの問題を抱えていた。そこで彼は、巨大な力と知恵を有する巨人に助けを求めると、巨人は条件を出した。もしも建築作業が終わるまえに巨人の名前を推察できなければ、代償としてローレンスの二つの目か、月と太陽を貰いたい。推察できれば、難問解決に助力しようと提案した。彼はその条件を受け入れ、思案した。時間ぎりぎりで、ローレンスはフィンの名前を挙げることができた。巨人フィンは、ローレンスの知恵と忍耐に負けたことに恐怖と怒りを感じた。突然、地下堂に突進した。完成近い大聖堂を崩壊させようと柱をがっしりと抱え込んだ。瞬間、巨人フィンは石化し、一緒にいた彼の妻と子供もまた、石柱となった。大聖堂の難問は氷解し、完成した。

巨人フィンは、アイルランド伝承では、詩や音楽にも優れた武勇の持ち主であった。親指を口に入れるとあらゆることがわかり、魔法の頭巾を回せば、あらゆる動物に自在に変身できた。多くの超人的な武勲をあげて、三世紀の後半、二三〇歳で死んだとされている。

この伝承とイェンズ・ラウリツエン・ウルフの伝説とは、少々、整合性はないものの、英雄神話の面白みは十分ある。話しの脈絡は異なっていても、巨人フィン説やサムソン説が多く紹介されている理由は、人々の興味に振幅と厚みがあるからかもしれない。

外に出ると、ルンダ・ゴードの木漏れ日が私の影を芝生に写した。そこに、今見てきた多くの宗教芸術による想像力の残影を感じたのであった。

大聖堂の裏にある歴史博物館の職員に、シェルコガータンの北端にカトリック教の小さな集会場があることを話した。すると、もはや大聖堂はウップサラ大聖堂の福音ルーテル派に所属している。ローマ法王のカトリックとは関係がないと教えてくれた。

北欧宗教史の大きな変遷を知ったのであった。

骨肉の死闘――スコーネ戦争

歴史博物館の職員にスコーネ戦争の記念碑について尋ねた。歩いて三〇分位のところにあるという。この記念碑は、デンマークとスウェーデン間の骨肉相食む歴史と和解の象徴でもある。このメビウスの旅のひとつの大きな波頭なのだ。気持ちが高まり、足が速くなった。

大聖堂から北へ延びているシェルコガータンがルンド大学本部敷地で切れて、十八、十九世紀の町並みを残すブレッドガータンに変わった。まもなくこの通りの名も終わり、枝分かれした。このあたりは、十五世紀頃にあった市街壁の北口にあたり、通行税関があった。今もその土塁の残部がルンド市公園に保存されている。現在この地には、天に向かって鋭い先端を持つネオ・ゴシック様式のアルヘルゴナ教会が建てられている。

十九世紀にルンドの人口は急激に増大し、大聖堂だけでは教区教会の役割が果たせなくなった。そこで、一八七六年に新しい教会建設が決まり、一八九一年に奉献された。

建築設計は、ルンド大聖堂とも深く関わったヘルゴ・ツェターヴァルに依頼することになった。古い中世の教会は、小さく暗すぎた。この頃、スコーネ各地でアルヘルゴナ教会と同じくネオ・ゴシック様式の教会建設が流行していた。評判はかなり悪かった。アルヘルゴナ教会も多くの議論を呼び、解体案まで出された。ヘルゴ・ツェターヴァルは、この建物に比較的新たな技術や実験的な技巧を取り入れた。そのためその後、一時的な改修さえも必要となった。しかし、教会内の音響効果が優れ、ルンドの市民にも徐々に馴染んでいった。一九六二年、大聖堂の教区は分割されて、アルヘルゴナ教会独自の教区教会となった。

専門的な建築様式の議論は別として、緑の波間にすーっと立つ姿は、清楚な淑女を連想させる。決してこの教会は駄作ではない。その慎み深いレディーに恋心さえ生まれそうだった。

教会前の交差点から閑静な住宅地のあるシェヴェリンゲヴェーゲンを北に沿って進んだ。ルンドの北環状道路手前で、静かな公園に出会った。入り口から奥の方に巨大な一枚岩の記念碑が見えた。森閑とした芝生地には、小さな池があった。なぜか池には、亀に乗ったこどもやカエルの噴水彫像があった。柔らかい芝生にバックパックを置き、カメラを構えた。

臼砲と弾丸、短砲が三層に配置されており、正面の刻印が際立っていた。

一六七六

碑の側面には、簡単な経緯が刻まれていた。

一六七六
十二月四日
同じ民族の人々が戦い、死した

この碑は和解した子孫によって建てられた記念碑は、一六七六年のスコーネ戦争のルンド会戦を追悼して、一八八三年に建てられた。決して勝利の記念碑ではない。デンマーク・スウェーデン両国の「歴史和解の碑」であった。

「たがいに『宿敵（アーヴェフィエネ）』と呼びあうデンマークとスウェーデンは、一〇二六年から一八〇九年までの約八〇〇年間に、単純に合計するだけでも一三四年間も戦争状態にあった。十四世紀には九回、十五・十六・十七世紀には各五回ずつ両国間に戦争が起きている。」（百瀬宏ほか編著『北欧史』）

ルンド会戦記念碑

ルンド大学でも指導的な役割を果たしたマルチン・ヴァイブールがこの碑の建設にあたり大きく尽力した。彼は、デンマーク・南ユラン島に先祖を持ち、強烈な汎スカンディナヴィア主義者でもあった。デザインは、ヘルゴ・ツェターヴァルに依頼し、当初はセメント材であった。これは、あくまで一時的なものであった。今日建っている記念碑は、スカニア火災保険会社が費用を出した重さ三〇〇トンの花崗岩で、最初の記念碑の直コピーである。

ただ、この碑に刻まれている月日が実際の戦闘月日と十一日間の違いがあった。

理由は、ルンドの戦いが起きたときには、暦は現在のグレゴリオ暦と異なってユリウス暦であった。暦法の変更理由は、復活祭の日が、三二五年のニケーアの宗教会議で、三月二十一日の春分の日と決められていたが、一五八二年の実際の春分の日が三月十一日と大きくずれていた。そこで、時のローマ法王グレゴリウス十三世は、ニケーアの宗教会議の決議を守るために、一五八二年の十月五日から十四日までの十日間を暦日から除き、新たな置閏《ちじゅん》法を制定した。これが、現在、私たちが使用しているグレゴリオ暦である。最初、西ヨーロッパのカトリック教の国々が、即座にこの暦法を採用した。しかし、スウェーデンは、一六九九年から採用することになったが、実際には、一七五三年からとなってしまった。戦いがあった月日は、ユリウス暦が採用されていた。消えたスコーネ戦争ともいえよう。

いずれにしても、ルンド会戦は、北欧史でも最も凄惨な戦いであった。朝の八時から午後の三時半まで戦い、デンマーク・スウェーデンの一万二千人以上（資料によっては、デンマーク兵士五千人、スウェーデン兵士三千人以上の数字もある）の兵士が、ここルンドで戦死している。

会戦の前まで、スウェーデン王カール十一世は、奪取されたヘルシンボリィの奪回に苦慮していた。しかし、ヘルシンボリィの司令官は、いかなるスウェーデン側の威嚇や賺《すか》しにも屈せず、最後通告さえも拒否した。

スコーネの冬の寒さは厳しい。昼は冷たい雨まじりの雪が降り、夜は凍てる風が吹きまくった。スウェーデン陣営は、食料も不足しがちであった。その当時の目撃者によるとカール十一世の兵士たちは、野営は泥の海、軍服は雨と糞で濡れ、もはや彼らの道連れは死神だけであったと語っていた。カール十一世にとって、状況の好転が少しも見えなかった。一旦、スモーランドへの退却か、封鎖されているマルメ救援のために、南下を考え始めた。

他方、デンマーク側は、一部の別隊は奪取したローオを死守させて、本隊はルンド攻略に集中しようと考えた。両軍はゆっくりと平行して南下、スコーネを貫通する川レッダの両岸に野営した。スウェーデン軍は、リラ・ハリエ、デンマーク軍はスヴェンストループで長期戦に備えて堅固に本陣を構えようとした。

しかし、カール十一世は、会戦の前夜、突然に攻撃の賭けに出た。

暗闇に朝焼けの赤みが見え始めた頃、彼は、全スウェーデン軍に凍結した幅広い川を渡り、攻撃することを命じた。積荷は氷の圧力を軽くするために下ろさせた。デンマーク軍はルンド攻撃の準備に追われ、敵の襲来にはまったく気づかなかった。現在でもこの奇襲の音が、なぜデンマーク軍に発見されなかったかは謎となっている。

しかし、戦闘が激しくなるにつれ、スウェーデン軍の勢いも止まった。デンマーク軍は高地を獲得し、軍を立て直した。

特に、ルンドの北にあるヴァルシェーラ集落では、両軍の戦闘が激しかった。このときの戦跡のひとつとして、ルンド会戦博物館が一九〇七年に建設された。古い教会の貴重品、中世の後陣の絵画、そして会戦に関する品々を展示していた。色とりどりのファンタスティックな内容でもあった。残念なことに、現在、保存状態がよくなく、観光客がない状態である。ただ、古い教会のベルは、ルンドの民族野外博物館クルトゥーレンに移設されて、訪れる人々は、そこで夕暮れのルンド会戦時の音を偲ぶことができる。

このときのカール十一世の行動は、武人の王として後々の人々の語り草となっている。

彼は、少ない騎兵を連れ、戦場から戦場を駆け巡った。あまり戻らぬ状態が生じたので、王の戦死による退却さえも審議された。そのとき、フランス軍事顧問は、敗戦を信じて、即座にマルメに遁走してしまった。

しかし、カール十一世が冷静沈着な視察から帰還し、幕僚たちが彼の的確な戦況把握を受けると、皆勇気づけられた。また、王は、ルンドに最も近い高地で、逃げ散るスウェーデン兵士を物ともせずに、次第に少なくなる軍勢で敢然と援軍を待ち続けて、ここを死守し続けた。このあたりはルンドの市街壁に最も近く、スウェーデン軍最後の攻防地ともなっていた。この記念碑が建っているあたりなのだろうか。激しい戦闘とカール十一世の気力による持久戦の中、スウェーデン援軍が到着したのであった。スウェーデン軍の前後からの攻撃は、両軍の勝敗の大きな分かれ目ともなった。

クリスチャン五世は、二方面から挟撃する敵に完全に封じ込められた。

彼は、完全に疲れ果てた。気温は午後から極端に下がり始め、地面は凍ってきた。彼の軍勢の動きが止まってしまった。そこで彼は戦いを断念し、ランツクローナに退却することを決意した。

デンマーク軍は、やがて戦場から脱出し、残るスウェーデン軍も死傷者の群れと化した。追撃する勢いも、その気力さえもなかった。黄昏時と共に死傷者の数は減少した。幸いにも死を免れた少数の兵士たちは、刺すような寒さを凌ぐ場所を求めた。戦場に残る多くの負傷者たちは、冬の夜空の下で、死の慈悲を待つだけであった。スコーネの穀倉畑には、無数の死体が散乱した。雪解けの頃になると、死体は腐食を始め、地に還るのを待つだけであった。

教会も、民家や農場も負傷したスウェーデンの兵士たちとデンマーク兵士たちで溢れていた。彼らは、もはや敵味方ではなかった。互いに話すこともない瀕死の人間の群であった。

彼らは、「ルンドの戦いは、殺人であり、会戦ではなかった」と語ったという。

ランツクローナに着いたクリスチャン五世は、彼の宿営した場所であったスヴェンストループに貴重品を忘れたことを思い出した。すぐに側近のひとりに、引き返しそれを取り戻してくることを命じた。しかし、そこは、もはや、戦闘後に、カール十一世が宿営場所として選んだ館でもあった。その側近は、その後、本隊に戻ったとも、また捉えられたともいわれている。真相は藪の中。この館もまた、デンマーク・スウェーデンの運命的な場所となった。

この美しいスヴェンストループの館は、なお美しい姿で現存する。生き残ったスウェーデンの兵士たちは、ここで、しばしの休息を得、十分に食べ、酔いつぶれた。

ある意味では、奇妙な会戦の結末であった。

ここでスウェーデン軍は、八日間の滞在の後、再び、ヘルシンボリィ奪還に戻ったのであった。

このルンド会戦のあったスコーネ戦争の名称は、主としてスコーネを主たる戦場にスウェーデン・デンマークが死闘を繰り広げたことに由来する。この戦争で両国は国境を再確定したものの、ヨーロッパの強国による干渉と脅威、そして列強の争いへ巻き込まれるという苦い経験をしたのであった。

一六五八年のロスキレ条約（第一次カール・グスタヴ戦争）によって、デンマークはエーレスンド海峡東にあるスコーネ、ハランド、ブレーキングなどを失った。特にスコーネは、穀倉地帯で、経済的にも重要な地域であった。また、西ヨーロッパとの交易には、エーレスンド海峡を含めたシーラインに沿って多くの重要な港を有していた。しかし、ロスキレ条約によるスウェーデン支配後も、この地域には多くのデンマーク人が住んでいた。デンマークの貴族もまた、この失った地域に多くの地所を有していた。

スヴェンストループ

一六六〇年のコペンハーゲン条約（第二次カール・グスタヴ戦争）でも、スカンディナヴィア半島南部はデンマークに戻ることはなかった。この後、デンマークのフレゼリック三世は、混乱する国内情勢の中で世襲の絶対王政を確立し、軍事力の強化と官僚組織の再編に取り組んだ。外交目標は、ホルスタイン・ゴットープ公爵家の排除とエーレスンド海峡以東の回復であった。この外交目標は、次のクリスチャン五世にも引き継がれ、これにヨーロッパの国際情勢が複雑に絡んでいった。

当時、大陸中央部では、新興イギリスとオランダがバルト海ばかりではなく、世界の貿易、植民地政策を巡り度重なる戦争を続けていた。フランスの太陽王ルイ十四世もまた、ヨーロッパの覇権を求め、オランダに侵略、オランダ・スペイン・ドイツ諸侯によるアウグスブルグ同盟と対立していた。

スウェーデンは、一六四八年以来、北ドイツに多くの領土を有し、ドイツ国境に位置するデンマーク領ホルスタイン・ゴットープ公爵家を支援してきた。また、フランスとは、軍事的にはライン同盟を組み、財政的に大きく依存していた。他方、デンマークは、フランスまたはオランダとの同盟選択を迫られた。そこで対フランス同盟にあるスウェーデンに対抗して、古き同盟国オランダを選んだのであった。

一六七五年、度重なるフランスの要請で、スウェーデンはオランダの同盟であるドイツ諸侯の有力者ブランデンブルグに進軍したものの、フェールベリンの戦いで大敗した。この時点で既にデンマーク・スウェーデン間の戦争は、フランス、オランダ、神聖ローマ帝国、ドイツ諸侯を含めて北ドイツで繰り広げられていた。

一六七五年八月十二日にデンマーク軍は、ハンブルグ東にあるエルベ川沿いのブランデンブルグ領ラウエンブルグのスウェーデン軍を攻撃し、宣戦布告を行った。スコーネ戦争の始まりである（スコーネ戦争の始まりを九月二日とする資料もある)。

続いて、デンマーク軍は、スウェーデン領ヴィスマルとポンメルンに対して大規模な攻撃を始めた。これの戦略は、過去の失敗に学び、スコーネを奪還するために背後を堅固にしようとするものであった。もちろんオランダとの同盟義務もあった。だが、あくまでも、北ドイツ戦線は、一時的な戦略で、目指すはウェストファリア条約で失った領土をスウェーデンから奪回することであった。一六七六年、オランダ・デンマーク艦隊がスウェーデンをエーランドで撃破した後、その余勢でクリスチャン五世はスコーネに上陸したのであった。

コペンハーゲンのローゼンボー離宮を訪ねたときに、クリスチャン五世がこのスコーネ戦争で勝利していた会戦を描かせたタペストリーを見ることができた。

ローゼンボー離宮は、一六〇六年から〇七年にかけて築城された。当初は今日見られるような大きさではなかった。タペストリーが展示されている現在の「騎士の間」は、一六二四年に増築された。

このタペストリーは、クリスチャン五世絶対王政の象徴、そしてスコーネ戦争への執着を描いたゴブラン織りである。この種の織物は、古くはエジプトから始まり、中世ヨーロッパでも作られていた。しかし、フランスのルイ十四世がルーヴル宮殿やヴェルサイユ宮殿の内装としてフランスのゴブラン家の工房で織った綴織《つづらお》りのタペストリーに歴史事項や寓話を描かせた。この織物は瞬《また》く間にヨーロッパ中に広まった。ここから、十五、十六世紀のこの種のタペストリーをゴブラン織りと総称するようになった。もちろん、フランス流タペストリーは、北ヨーロッパの宮廷にまで広まった。

デンマーク人は、「フランスは、スウェーデンに有利な調停をすることでスコーネ戦争を終結させただけではなく、当時のヨーロッパ宮廷のファッションやエチケットさえも決定した」と嘆きながら、このゴブラン織りタペストリーを皮肉っている。

十二枚あるタペストリーの半分以上は、クリスチャン五世自身が絵柄の主役である。それらは、ダムガーテンとヴィスマルの占領、エーランド海戦、ヘルシンボリィ南のローオ上陸戦、ヘルシンボリィの陥落、ランツクローナの攻略と城砦の陥落、クリスチャンシュタットの攻略、ニールス・ユール提督率いるデンマーク艦隊のメーン沖とコーェ湾の海戦、マーストランド港と要塞カールステン（ブーヒュースレーン）、スウェーデン領ポンメルンのリューゲン上陸を描いたものであった。

私は、会場の監視係りにいくつかの海戦シーンをカメラに収めたいと許可を求めた。彼は、ストロボを発光しない条件で撮影を認めてくれた。一般に、歴史的な展示物は、各種の汚れ、空気汚染などと同じく人工光にも弱いため、カメラ撮影を禁じている。しかし、どうしても海戦にある赤地に黄色のスカンディナヴィア十字が気になったのであった。地はデンマーク色、十字架はスウェーデンの黄色。まさしく、メビウスの帯であった。最初は、クリスチャン五世のアイロニーかと思ったが、後にスコーネのレーン（県）旗であることが分かった。たしかにスコーネ各地を旅すると、この旗が軒先に掲げてあり、公共機関もスウェーデン国旗と並べて掲揚していた。

スコーネ戦争では、スナッファナーと呼ばれたスコーネ土俗のゲリラがスウェーデン軍を悩ました。スウェーデンは、このゲリラに対し冷酷無惨に対処すると同時に、大赦・恩赦の懐柔策も行った。ルンド大学設立に象徴されるように、スウェーデン語の強制や各種のスウェーデン同化政策も行われた。しかし彼らの抵抗も、このスコーネ戦争を境に時間と共に終息していった。一七〇〇年のデンマーク、ポーランド、ザクセン、そしてロシア対スウェーデンの大北方戦争の頃には、スコーネ民衆による対スウェーデン抵抗は見られなくなった。スウェデッシュ・スコーネの証である。だが、彼らの中央政府ストックホルムに対する感情は、現在でもなお複雑なようである。

スコーネ人が「ストックホルム」と発音するときは、何か他国の首都を指しているような響きがする。ここに、スコーネ独立の戯言がしばしば語られる素地があるようだ。

もうひとつ関心をもったタペストリーは、ランツクローナ城砦陥落の光景であった。デンマークによる市街地の占領は容易であった。だが、スウェーデン司令官の降服までには、約三週間の包囲を必要とした困難な戦いであった。

ランツクローナ陥落タペストリー

このときのクリスチャン五世による誇り高き戦果を描いたのであった。ただ、右下に描かれた兵士が女性らしき人物に乱暴している部分が少々気になった。なぜ、勝利の光景にこのような恥辱的なシーンを描かせたのかと不思議に思った。作者の遊び心としても、クリスチャン五世にとっては不名誉なはずである。そこで、会場の監視係にこの描写について質問した。彼は、描き手にも織手にも歴史の語り部としての自由があったのではないかと説明してくれた。

赤い服を着て乱暴されている人物は、実は、ライ患者の男であった。町に入ることを禁じた法を犯そうとするのを兵士が阻止する場面であった。中世に猛威を振るったライ病(ハンセン病)は、デンマークでは絶滅状態であったが、なおスウェーデンではしばしば発見された。

ライ患者は市外の限られた場所でコロニーを作り隔離されていた。しかし、特別な日には、外出が認められていた。偶然に戦闘の日と重なったのだろうか。それとも、戦闘が彼らの住まいにまでに及んだのだろうか。奇妙な光景の絵柄であった。

栄光の人物にはあまり関心はない。これらのタペストリーで描かれている庶民や下級兵士の行動に、歴史の生臭さを感じ、共感するのであった。

次に、デンマーク側で活躍するスコーネの戦艦について質問した。監視係は丁寧に次のように語ってくれた。

歴史にはその国から見た自国の史観があり、ここの十二枚はあくまでもデンマーク王クリスチャン五世の立場で描かせたものである。あなたは、ストックホルムでは、また別の角度から描かれたスコーネ戦争を見る機会があるでしょう。どちらが史実的に正しいかではなく、そのような見方もあるのだと理解してほしいと。

私にとって、「歴史とは何か」を考えさせた言葉であった。

ストックホルムには、スウェーデン王カール十一世がパリで織らせた四枚のタペストリーがある。デンマークに対する勝利を記念している。ルンド会戦、ランツクローナの奪還、マルメの死守である。いずれも、デンマークの海軍力優位の中で、スウェーデン陸戦の反撃を描いたものであった。だが、いずれにしても、ルンド会戦による一時的なデンマークの退却は別として、スコーネとノルウェー国境を中心にした両者の戦闘は、各地で膠着状態になった。

最終的には、オランダ戦争の終結、ブランデンブルグの戦線離脱、フランスのドイツ北西部のオルデンブルグ攻撃の示唆などの状況で、フランスのルイ十四世はデンマークに戦争の早期終結を求めた。クリスチャン五世にとっては、同盟軍なしの対フランス・スウェーデンとの単独戦争は、不可能な状況になっていた。そこで、デンマークは戦争前の状態に戻すという屈辱的なフランスの提案を飲まざるをえなかった。両国は、一六七九年八月にパリ郊外のフォンテーヌブローで会談を、そして翌月、九月二六日にルンドで講和条約の調印を行った。

フランス・オランダという強国間に始まったこの戦争も、最終的には、やはりヨーロッパ強国の意思で決定されたのであった。進退両難のデンマークは複雑な心理に陥っただろう。「クリスチャン五世は戦いに勝ったが、戦争を失った」とも語り継がれている。

両国は、この和解を機に防衛同盟を結び、スウェーデン王カール十一世は、クリスチャン五世の妹ウルリケ・エレオノーラと結婚することになった。新たなノルデックバランスの成立である。しかし、これも両国にとっては、相克の歴史の句読点に過ぎなかった。

ゴットランドのユースホステルでデンマーク人と雑談したときに、「スウェーデンに奪われたゴットランドやスコーネを、あなたたちデンマーク人は奪い返したいですか」と尋ねたことがあった。彼は、笑いながら、「戦争はいやだね。まっぴらです。でも、サッカー戦では、負けられないよ」と語ったことが思い出された。隣国同士のリーグ戦は、伝統の対戦相手でもある。長い武力での争いは過去のこと。今や両国はスポーツで覇を競っている。しかし、このサッカーリーグ戦も汎スカンディナヴィア主義が時々出るようで、他の国々から互助試合と疑われことがある。

二〇〇四年のサッカー欧州選手権で隣国対戦が予想されたスペイン対ポルトガルの試合が報道されていた。「スペイン一次敗退……隣国決戦で涙のむ」。この記事のコラムで「欧州選手権で、フェアプレーを巡って逆転現象が起きている。『ずる賢い』『汚い』と悪評の高いイタリアが、同じC組のスウェーデンとデンマークに『フェアプレーを願いたい』と訴えている。C組は北欧勢が勝ち点4で首位に並ぶ。勝ち点2のイタリアはブルガリアとの最終戦に勝って5に伸ばしてもスウェーデン—デンマークが2—2以上で引き分けると、一次リーグ敗退が決定。北欧勢がともにベスト8に進む」（「朝日新聞」二〇〇五年六月二二日）

北欧の両国チームは、「引き分けを仕組むなどばかげている」と否定しているが、イタリア監督トラパットやサッカー協会会長のカラーロは、「両国は偉大なスポーツ文化を持っている」「彼らはまじめなチームだから」と、互助試合にならないように遠まわしの警告を発しているという。

考えようによっては、もはやデンマークとスウェーデンは、過去の歴史を清算して、欧州（EU）の中で新たな汎スカンディナヴィア主義を模索していると各国から見なされているのかもしれない。

いがみ合う貴族の争いを描いた「ロミオとジュリエット」では、若い二人の犠牲の下に両家は和解に至った。デンマーク・スウェーデンは、北欧のモンタギュー家とキャピレット家なのかもしれない。和解は、両国にとっては、長い年月と過大な犠牲を必要としたのであった。


朝とはいえ、今朝はまた物悲しい静けさだ。

太陽も、悲しみ故か、面を見せぬ。さあ、往って、
なおゆっくりこの悲しい物語を語り合うことにしよう。
それぞれ赦すべきは赦し、罰すべきは罰するつもり、
世にも不幸な物語が数々あるが、このジュリエット姫と、
ロミオの物語、それにまさるものがまたとあるであろうか？

（シェイクスピア著、中野好夫訳『ロミオとジュリエット』）

帰りに、通勤客と同じ時刻の電車に乗った。中で、日本人と思われる女性に出会った。声をかけるとルンド大学で南アジアの開発経済学を学んでいるという。義母に預けている子供をマルメに迎えに行くところ。短い会話の中で、彼女はなかなかスウェーデン語が覚えられないという。たしかに私たちは、北欧とは反対のユーラシア大陸の東端に住んでいる。言葉の障壁を乗り越えることは、なかなか困難なのかもしれない。

だが、スウェーデン・デンマークは兄弟語である。言葉こそ両国が乗り越えられた原動力であったのかもしれない。彼女と話しながら、今日見たスコーネ戦争鎮魂の碑と両国が越えた過去の歴史を思い出した。車窓には、黄昏に輝く黄金の麦畑が続いていた。

和解の化身――ルンド大学

ルンドは、マルメから近いために、マルメのユースホステルに居を定め、数日通った。ルンド大聖堂の隣には、ルンダ・ゴードといわれる樹冠がルンド大学に続いていた。広く閑静である。時々囀る小鳥の声が心地よく響く。道はルンダ・ゴードから方位標識に沿ってガチョウの足のように歴史的建造物や文化施設に伸びていた。

植物園、スケッチミュージアム（大学美術館）、ルンド大学、歴史博物館、アカデミック連合（学生会館）、クルトゥーレン（野外博物館）、ルンダ・ゴードハウス、そしてツーリスト・インフォメーションのある市庁舎である。

このルンダ・ゴードという森林広場は、ルンドに吹く風の中心地であった。北欧歴史の中で、多くの精神的、そして世俗的重要な役割を果たしてきた。つまり、北ヨーロッパの精神的な支配者であった大司教座があり、デンマーク・スウェーデン両国王の滞在場所、古くはデンマーク王の王位推戴民会の場所でもあった。関連する多くの建物は、強固な壁で闖入《ちんにゅう》者を防いでいた。森林の東側には、中世からの神聖な墓地もあった。

しかし、一五三六年の宗教改革は、このルンダ・ゴードに大きな変革をもたらした。大聖堂とその関連領地がデンマーク王に没収され、その後、この林間地は王の代理人によって管理されるようになった。さらに、スコーネ戦争で多くの被害を受けて、一六八八年にルンド大学が設立された頃は、荒廃極まる状態であった。大学はこの地を中心に多くの関連施設の建設と整備を計画したが、時間がかかった。

ルンダ・ゴード説明板

ようやく、一七四六年になり、カール・ホーレマンが景観計画を任されて、中世以来の雑然とした廃墟同然の建物が撤去された。金箔のトリプル・クラウンのある鉄門を含めて、長い市街壁が取り壊された。替わって、新たな壁がルンダ・ゴード中心に設けられた。町で飼われていた家畜の侵入を防ぐためであった。一八〇本以上の木々も新しい公園に植えられた。このときに植えた古代ニレ、ライムの木々、そしてマロニエが木立ちを覆うようになった。現在はナショナル・モニュメントとして登録されている。

一七九七年、ルンダ・ゴードは、旅人、奉公人や下層民たちの立ち入りを禁じた。この区域内は、学問のための自治が主張されていた。大学構内は、ステート・イン・ステートであった。教員、学生、その家族や使用人までを含めた彼ら自身の法廷を持ち、もちろん税を払うこともなかった。このような形の大学の自治は、一八五二年まで続いた。

当然、ルンド住民と大学人たちは対立し、学生と労働者が暴力沙汰にまで発展することもしばしばあった。しかも、精神的な壁ばかりではなかった。ルンダ・ゴートを囲む物理的な壁は、さらに大きな別の問題を生んだ。囲い壁のためこの地が多湿となり、木立ちの生育に悪い影響が出てきた。

そこで、一八一七年から四二年にかけて、壁は順次撤去された。このとき、大司教ファックスが自分の住まいからルンダ・ゴードの眺めをよくするために壁を撤去させるのだという噂が広まった。学生たちが憤慨し、反対の学生運動が広がった。学生たちは大司教宅前に集まり、投石を始めた。石のひとつが大司教宅の窓ガラスを破り、大司教の頭に当たった。翌日、そのときの学生たちは、大司教のところへ行き、謝罪させられた。投石した学生は、退学を勧告されたが、大司教の嘆願で罪を解かれた。そのときのエピソードがおもしろい。

大司教は、事件前から頭痛が激しく、悩んでいた。ところが石が頭に当たったときから著しく快方に向かったという。学生に対する弁護だったのかもしれない。その後、彼を訪れたエセイアス・テグネル副学長（彼は、詩人で、司教で、もちろん教授でもあった。彼の銅像が、クルトゥーレン入り口の反対側広場にある。スウェーデン最初の平民銅像といわれている）は、「一年に一度、投石にあえば、あなたはジュピターによって不死身になれるでしょう」と言ったという。ウフッと吹きだす話である。

ルンダ・ゴードは、長い間、学生たちにとっても市民にとっても大きな憩いの場となった。そして、春を告げるヴァルボリィ祭りでは、一八四九年以来、伝統のカーニバルが開催され、広場ではフォークダンスを踊り、市民や学生が集う。近年、ラジカルな学生たちが白い学生帽を焼き、伝統と保守といわれるウップサラ大学とは一味違った行動で話題となった。今では、このルンダ・ゴードの行事は、市民と学生たちルンドっ子たちの共有財産となっている。

一九二〇年代に、腐食の激しい木には、セメントが詰められ、固定された。木の窪みに隠したスウェデッシュポンチも、戻ってきた永遠の学生たちは見つけることはできないだろう。学生たちの若きシンボルは、しっかりとルンダ・ゴードの木々に封じられているのだ。在りし日の学生生活の思い出と共に。

ガチョウの枝道の奥端には、ルンダ・ゴードハウスあるいはクングスフセットともいわれる建物がある。一五七八年から八四年にかけて建てられた。蔦《つた》が建物を覆い、歴史の長さと威厳を感じさせる。国王がルンドを訪れたときには、ここに滞在した。また、その代理人の邸宅ともなっていた。大学が独自の建物を有しない数年間、大学図書館、解剖教室、天文部、そして講義や行事のためのカロリン・アカデミーホールとして、ここが使用されてきた。現在でもなお大学の大講義室などに使われている。

この建物の陰には、広々としたルンド大学広場が広がっている。

ルンド大学の大広場は、かつてはルンド大司教の果樹園であった。さらに十八世紀中頃、ここには、池とオレンジ栽培の温室付きの植物園が置かれていた。今でもこの当時のオレンジの木々が数本、残っている。大学本部の建物があるあたりには、ムンチスカ・ゴーデンと呼ばれる荘園領主の邸宅があった。この建物は、ルンド最初の病院として使われていた。

一八七四年、ヘルゴ・ツェターヴァルは新しい大学の建物を設計することを任された。彼は、新

ルンド大学本部

しい建物と広場を持ち、さらにルンダ・ゴードハウスを含めた壮大な調和ある景観を造りだそうとした。大学本部は一八八二年に完成した。設計は、十八世紀後半から十九世紀にかけて、ヨーロッパ建築に影響を与えた新古典主義様式であった。啓蒙主義思想の興隆と古代ギリシャやローマの遺跡の発掘が続く中で、古代建築研究と分析的・合理的な学問が融合した。ルンド大学の歴史にふさわしい建築様式である。

正面は、多くの装飾がなされ、四頭のスフィンクスが建物の上から見下ろしている。古代エジプトのスフィンクスとは異なり、翼のある獅子像である。初期のスフィンクスはセメント製で、時の経過の中で損傷したために、材料を変えて複製された。

大学は、この四頭のスフィンクスに象徴されるように神学、法学、医学そして哲学の四学部から始まった。このスフィンクスは、「朝に四足、昼に二つ足、夕に三つ足をもつもので、足の多いほど弱い動物はなにか」と多くの大学人、そして旅人に問いかけてきたのだろう。

オイディプスのように答えたものはいなかったようだ。その答えは、ルンド大学の深遠な命題であり続けるのだろう。

建物正面には、「王立カロリン大学」、そして「和解」を意味するラテン語が刻み込まれている。デンマーク領であったスコーネを巡り争った両国。和解こそ、大学の初期の使命であったのだ。さらに、ルンドに大学を作ることを考えたカール十世と、その後に建物が竣工したときに国王であったオスカー二世の頭文字が刻まれている。

ルンド大学の原初は、一一〇三年以来のルンド司教座や大司教座の学校にあった。

特に大聖堂の研究調査機関として、そして司教たちの高等教育機関として始まった。しかし、宗教改革の際には、多くの司教たちが追放されて、一時、教育活動が機能停止したこともあった。

現在のルンド大学の端緒は、一六五八年のロスキレ条約によって獲得したスコーネ、ハランド、ブレーキング等のスウェーデン化の一環としてカール十世によって考えられた。その死後、最初の副学長ベルンハード・オーエルレチや教区の司教たちによってこの計画が推進され、時の摂政政治の中心貴族であるデ・ラ・カルディを動かした。

一六六六年、国の参事会はルンド大学の設立を決定した。一六六八年一月にカロリン・アカデミーホールでルンド大学の講義が始まった。これを大学創立日としている。

デ・ラ・カルディは、海外諸大学の水準を維持した最良の大学を目指していた。多くの有能な教授たちを海外から招聘《しょうへい》した。ドイツ人、デンマーク人を主とした国際色豊かな教授陣で構成された。しかし、財政問題は常に逼迫していた。問題を確保するために、多くの教会地所や農地主たちに資金提供と援助を求めた。初期の頃には、大学所有の農場から得た肉や穀物を教職員に現物支給したために、多くの教授たちが現金化のために町に売りに出かけなければならなかった。

スコーネ戦争の後、大学活動が一時活動停止されて、ランツクローナへの移転問題も浮上した。けれど、すべてスウェーデン人職員で運営するという条件で、一六八二年に再開された。大学は、更なるスコーネのスウェーデン化を目指して、国の要望に沿った多くの聖職者、教師、そして公務員が養成された。

一七〇〇年代の自由の時代は、古い規制を変え、組織改変によって大学の自主独立の風土が醸成された。ストックホルムに隣接したウップサラ大学とは異なる進取な学風が、この頃に確立したようだ。その後、多くの傑出した教授たちを輩出し、ウップサラ大学と並ぶスウェーデンの二大高等教育機関となった。

現在、ルンド大学は、八つの学部といくつかの研究センター、特殊な学校を持つスウェーデン最大の学生数を持つ高等教育機関となった。大学の施設は、多くはルンドに位置しているが、マルメにもいくつかの研究学術機関が置かれている。ヘルシンボリィには分校があり、他のスコーネの町には学習センターがある。

ルンド大学は、世界中の大学や研究機関と積極的に協力している。典型的な例としては、ルンド大学を中心としてスウェーデンの他の十三の大学、そしてデンマークの大学によって運営されているエーレスンド大学がある。また、大学は、ＥＵの教育研究プログラムにも参加しており、八ケ国からなる十六の大学とおよそ五十万人の学生と四万人の研究者からなる、組織「大学21」の北欧唯一の大学でもある。

ルンド大学の理念は、ユーモア、革新、そしてヒューマニズムという重要な価値視点を含めて、民主的思考、批判精神、地球環境に対する関心、民族や社会の多様性を目指した教育を追求している。

大学広場には、木蓮の木々が多くある。ルンド大学の象徴である。

五月一日には、学生や大学関係者が集まり、学生連盟議長がこの木蓮の薫る広場で祝賀の演説をする。この演説にたいして大学の学長が答えている。この伝統は、一八四〇年代に始まる。一九四〇年代後半以降には、この広場にある木蓮に関連する言葉を学生の演説の中に盛り込むことが伝統となった。何かこの話には、現代に失われた大学の伝統の芳醇さを感じさせるのであった。

広場の中央には、大きな池がある。池には、ヘルゴ・ツェターヴァルによって設計された大きな噴水がある。この池は、設計の初期段階にはあった。だが、大学設立基金が底を尽いたために、大学本部完成後七年を経て、ようやく個人の寄付によって完成したのであった。

筋肉逞しいギリシャ神話を模した人物は、角笛から青空と白亜の殿堂を背景に水を噴き上げていた。下の四隅の蛙からも、噴水台の獅子面からも豊富な水が噴射されていた。四匹の蛙は、設立当初の四学部の象徴で、その教授たちは「グローダ」（蛙）と愛称されてきた。広場全体が知と和解の殿堂にふさわしい風景であった。

広場には、いくつかの有名な教授たちの胸像がたっている。木蓮の木々の間には、博物学を教え、医者でもあり、歴史家でもあったシリアン・ストーベウス（一六九〇―一七四二年）、経済学、博物学、化学の教授であったアンダース・ヨハン・レテェウス（一七四二―一八二一年）などがある。ストーベウスは、カール・フォン・リンネが学生の頃、彼の教師であった。しかし、リンネは、一年でルンド大学を退学し、ウップサラに移った。その後、彼は世界的に有名な博物学者として、また初代スウェーデンアカデミー会長となっている。

一九三八年に王立生理学会がルンダ・ゴードにリンネの銅像を建てる計画を発案した。しかし、ルンド大学の学生たちは、この案に強固に反対した。ルンドっ子たちにとって、最も神聖なルンダ・ゴードにウップサラ人の彼の銅像を設置するのは問題外であった。現在、このリンネ像は、ルンド市立図書館前の小さな広場に置かれている。

広場東南の隅には、美しい顔立ちの青年が岩を破り、抜け出そうとする彫刻がある。継続して、弛《たゆ》みなく暗闇から進もうする青年の姿である。岩の闇は、無知を象徴しているといわれる。花崗岩のこの彫刻は、アレクセイ・エッベによる作品である。ルンド市が大学創立二五〇年を祝して大学に寄贈したものである。同じ彫刻家のブロンズレリーフが学生会館（AF-castle）の戸口にある。こちらは決然とした足取りで、目標に向かい歩く青年像である。真理を求める象徴と言われている。

一九二二年の大雪の日に、逆に岩を破り入ろうとするヴィーナスの雪像が作られたことがある。次第に雪が溶けるにつれてヴィーナスは岩に入るように消えてしまった。スウェディシュレディに対するアイロニーに富むルンドっ子の悪戯であった。

大学広場から北に延びているサンドガータンの突き当たりに、ガムラ・ビショップフセットがある。

この建物は、ルンド大聖堂の大司教が住んでいた所である。現在、大司教の住まいは、クラフト広場にある。このガムラ・ビショップフセットは大学所有のものとなり、大学の諸活動や外国要人の迎賓館ともなっている。この建物の陰に鬱蒼《うっそう》と茂る森林広場がある。中に、赤みのおびた褐色のルンド大学図書館が佇んでいる。

芝生に腰を下ろし、その調和のとれた建物に見とれた。図書館にありがちな重厚さよりも華麗さを感じた。美しい。濃緑に顔を出す鮮麗さを撮ろうと考えた。首に下げているフィルム一眼レフカメラを取り上げた。リバーサルフィルムをセットした。木々の間から見せる姿にあれこれと構図を考え、まるでヌード写真家のように対象を凝視し続けた。

シャッターを押した。出来上がりは、露光不足で暗かった。北欧の夕暮れは、明るいが、しかし、光量は少ない。よほど晴れた真昼でないと写真集でみるような美しい写真は撮れないようである。このあたりがきちんと露出を測り、シャッターを押すプロとの違いかも知れない。残念だった。

最初の大学図書館は一九〇七年に完成した。その後、蔵書の増大で本館の拡張といくつかの分館が建設された。この大学図書館は、いろいろな意味でルンド大学の心臓部ともいえる。何世代もの学生や研究者たちが、なだらかな坂道をここヘルゴナバッケンに通った。今日では、図書館活動は高度に電子化され、インターネットで世界の大学や研究機関と結ばれている。

この大学図書館の敷地には、中世時代、オールセント修道院があった。ベネディクト派の修道院で、堂々とした姿であった。スコーネ戦争の頃はまだ残っていた。しかし、そのときは、既に教会活動は

大学図書館のルーン碑

停止されていた。スコーネ戦争を描いたエーリック・ダールベリィによる作品の中に、遠くルンドの町に聳える教会の外貌を見ることができる。この絵は、スコーネ戦争を描いた代表作といわれている。

十七世紀にはその残骸も撤去された。現在、図書館の裏の芝生に、その壁の遺構が僅かに残っている。

大学図書館に入ってみた。図書館の一室には、一六九〇年に修道院のあった場所で発見されたルーン碑があった。デンマーク・スウェーデンで最も背の高いルーン碑といわれる。図書館の天井に届く高さである。「エスエ・ビョルンセンの息子が彼の二人の兄弟と同郷者のためにこの石を立てた」と刻まれている。

次にルンド図書館で見てみたい資料が思い浮かんだ。経済学者ヴィクセルである。

以前、デンマークのクロンボー城を訪れたときに、偶然に日本のある大学の経済学担当の教授に声を掛けることになった。しきりに日本のカメラで（当たり前だったが？）クロンボー城の風景を撮影していた中年の男性がいた。最初、韓国人か台湾人かと思い、英語で声を掛けると日本語が返ってきた。ルンド大学に短期留学し、後半はストックホルム大学に移るという。担当科目を聞くと経済理論ということで、ヴィクセルの話となった。ルンド大学での彼の評価は高く、大学内に彼の写真が飾られているといって、カメラのディスプレー画像を見せてくれた。

たしかに、メガネの威厳のある彼の像であった。そのときに、今年こそ、ぜひルンド大学を訪れたときにヴィクセルの生の資料を見てみたいと思った。長い間、ルンドを訪れるたびに彼の研究資料が気がかりになっていたのだ。

さっそく、案内担当者に彼の名前と経歴を話し、資料を見たいと告げた。女性の係りは、どうも私の発音が悪いのか、あるいは経済学ではやはり過去の人なのか通じなかった。次に他のカウンターの同僚にバトンタッチ。係りが違うということでまた他のカウンターへ。盥回《たらいまわ》しである。役割分担がはっきりしているのかなあ。四人目でやっと私の話が通じて、閲覧用のカードを急遽作ってくれた。

閲覧室には、多くのパソコンが設置されており、学生たちが無言のまま、キーを打っていた。その中に先日、マルメへの帰りの電車で会った女性がいた。私に気づき、手伝いましょうかといったが、そのまま研究を続けてくださいと断った。私もパソコンに向かいヴィクセルを検索したが、最近の彼についての研究論文ばかりであった。事情をスタッフに話すと、過去の原資料や論文をデータベースに載せるほどの予算はないという。書庫に彼の著作があると思うので探してみてくださいという。

かなり古い蔵書の中に一連の彼の著書を見つけることができた。ドイツ語で書かれた論文や著書が多かった。コピーはできるのだろうか。いずれにしろ、すでにコピー機のカード販売は閉まっていた。とりあえず彼の著書の場所だけは確認できたので、満足することにした。改めて出直そうと思い、外に出た。図書館前の木々の明かりは、かなり暗くなっていた。

クルトゥーレンの庭と教会ベル

ヴィクセルについての業績と経歴は、今回は省略したい。ただ、経済学では北欧学派の始祖といわれ、なお根強い彼の理論への関心が続いている。ただ、私の関心は、当時リベラルな彼の社会思想にあることだけを追記したい。

翌日、ルンダ・ゴートの東側にあるクルトゥーレンを訪れた。

クルトゥーレンは、スウェーデン語で文化・文明・教養を意味する歴史博物館である。

鉄格子の門には、スウェーデン・デンマーク両国の旗が靡いていた。ルンドが両国の歴史・文化を引き継いでいる証でもある。庭は、かつてはルンダ・ゴード壁の一部であった。大きなルーン碑がいくつも置かれていた。スコーネ各地から集められたものという。

クルトゥーレンは、北スコーネ出身のジョージ・カリーンによって一八八二年に設立された。彼は、大学にある方言研究会に所属していた。それは、工業化の進展で失われてゆく古い農民社会を書きとめ、保存することを目的とした団体であった。彼は、デンマークやストックホルムのスカンセンから影響を受けて、ルンドにも野外博物館を造ろうと運動した。

ここには、スコーネの農民社会の収集ばかりではなく、世界各地の豊富な収蔵品があり、ルンド市博物館、ルンド大学博物館も兼ねている。同種のものだけではなく異なるものを見て、比較すること。それが、自分の社会や文化を理解するために最も大切なことだと彼は確信していた。

受付を通り、青白い照明の入口から中に入った。スウェーデン考古学に大きな影響を与えたといわれる収蔵品が多く展示されていた。特に、ルーン碑に関係が深い古代宗教から中世のキリスト教文化までの歴史遺品、スコーネ戦争の爪痕《つめあと》の品々に深い関心を抱いた。

展示品からみると、石器時代や鉄器時代とキリスト教時代の死者に対する埋葬思想が大きく異なっていることを知る。古代以前の社会は、人間の死と誕生は大きな人生の行事でもあった。誕生は人々から祝福を得て、人生の歩み初めとなった。だが、彼らにとっては、死はすべての終わりであり、恐れでもあった。そこで、死は忌み捨て去るものとなった。

ところが、キリスト教時代になると、人間の生き続けたいという願望が、天国というパラダイムで満たされたのであった。死の後にも、次の人生が期待できた。中世の人々は、貧困と病と戦争という死神の呪縛から逃れ、キリストという福音をもたらす神の子に縋《すが》りたかったのであった。

だが、現代は、「神は死んだ」といわれる。が、そうだろうか。最近の紛《まが》い物の宗教事件を聞くたびに考える。人々は何かを望み、何かに縋りたい状況で生き続けているのではないだろうかと。「神が死んだ」ことが、現代の人々にとって幸か不幸か私には分からなくなった。それでも人間は、神を捨て、物質としての己を肯定しなければならないのだろうか。現代とは、厳しい選択を強いられた世界である。

そして、人類の歴史、己の歴史にとって「死」とはいったいなんだろうか。深く考えさせられた場所でもあった。ルンドは、長い間、スカンディナヴィアの文化の中心でもあった。中世から現代までの学問の歴史、印刷業の歴史、そしてファッション繊維などの歴史展示も目立っていた。

本館を中心とする展示館から地下トンネルを抜けると野外博物館となる。多くのスコーネの民家や教会、その他の民俗建築物が配置されている。建物を引き立たせるように池や花壇が整備されて、カリーンの目指した「環境自然園」の思想が具現されていた。彼は晩年、自然に恵まれたルンド南西郊外のローメルエーセンで静かに余生を送った。それは、環境博物家の先駆者としての晩年でもあった。

閉館時間が近いので外に出ようとした。帰路が見つからない。何度か訪れているが、なぜかまた迷った。どうにか出口へ抜け出すと、ちょうど閉館の合図が鳴った。歴史の迷路だったのかもしれない。

野外博物館クルトゥーレンを出たあとに、コーヒー店に寄った。大分、疲れが出ていた。窓側の止まり木に座り、外を眺めた。視点が定まらない。ルンドという「過去と現代」の狭間で、残る自分の人生を思いをやった。何が残り、なにが朽ちるのだろうか。クルトゥーレンにある埋葬の品々を思い出した。

窓の外を何人かが通っていった。歴史の通行人なのだ。抑揚のある店内の声が、そのように私に囁いているように聞こえた。

スウェディッシュ・パラドックス

マルメ

サボイ・ホテルの殺人

マルメ駅に着いたのは午後一時であった。駅の外は、ここ数年で綺麗に整備されて、広くなった。周囲は建設ラッシュが続いている。エーレスンド橋の完成で、コペンハーゲンとマルメを同心円とする社会経済圏が完成したからだ。

新しく出来上がったバスターミナルを右側に行くと、コペンハーゲン行きの船着き場があった。途中にあるシュエールブロン橋は建て替え工事が行われていた。マルメ城に延びているシタデルヴェーゲンの始点になっている。歩道は、木を使った温もりのある橋である。だが、デザインはミニ・エーレスンド橋である。橋の袂《たもと》には、二本の赤帯を締めた新しい灯台が建っていた。かつて、マルメ港のシンボルであった巨大な双胴のコッカムスクレーンは消え、防波堤にあった数基の灯台も見られなかった。幾台かのクレーンも新機種である。ある意味では、十八世紀後半にフランス・シュエールの熱意によって築かれたマルメ港の風景も、二十一世紀の近代的港に脱皮しつつある。だが、往時のマルメ港を偲ぶマルメ市民も多いという。進む新旧交代の港風景である。

新しく整備されたバスターミナルを左側に出るとメーラーブロン（橋）がある。運河を渡ると旧市街である。橋もまた綺麗に整備された。マルメ市章を挟むように、一九四一の年号と橋名のプレートが張り込まれている。橋桁には、濃いサーモンピンクの台座に銃身がねじ曲げられた小銃の像が置かれている。曲線はメビウス帯状である。デンマークとスウェーデンが争奪を繰り広げた町・マルメの不戦の誓いだろうか。それとも、マルメを訪れる世界の人々に銃の禁断を呼びかけているのだろうか。きっとマルメ市民の祈念なのだ。

ねじ曲がった銃

橋を渡るとビルと歩道の間に鮮やかな赤いサルビアが咲いていた。秋の兆しが感じられる。ビルの上には、ホテル・サボイのネオンが見られ、スウェーデン国旗が翻っていた。

初めてマルメを訪れたとき、運河や港を巡るボートツアーを楽しんだ。そのとき、ガイドはこのエリート・ホテル・サボイが映画「サボイ・ホテルの殺人」の舞台であったと紹介してくれた。それ以来、気がかりとなっていたホテル名であった。

その後、映画「サボイ・ホテルの殺人」をビデオで見ようとインターネットサイトで購入先を探したが、うまくいかなかった。本の方は、角川文庫にあるマルティン・ベック・シリーズで読むことができた。

私の旅は、通常はユースホステルを中心とした宿泊である。しかし、夜間に到着したときや、ユースホステルの予約が取れないときは、一般のホテルを利用せざるをえない。また、ユースホステルの連泊は三日が原則である。空いていれば、連続宿泊も可能であるが、概して夏場は混んでいる。だが、今回はこの高級ホテルに宿泊してみることにした。

幸い、夏の北欧の宿泊状況は、日本のシステムと逆である。夏は安く、割引も多い。エリート・ホテル・サボイもまた、夏割引の大きな垂れ幕を下げていた。

フロントで宿泊の申し込みをしながら、係に小説『サボイ・ホテルの殺人』について聞いてみた。だが、知らないとあっさりといわれた。同じくマルメの図書館でこの本のビデオに関して質問すると、「ポリス・ポリス・ポタチスモス」ではないかと検索してくれたが、そのときは結論を得なかった。後日、図書館係員の検索ビデオとこの本が同じなのを知った。スウェーデン映画は、日本の同書とは違うタイトルで製作されていたようだ。いずれにしろ、詳細は、ストックホルム警視庁殺人課主任警視マルティン・ベック本人が現れて、教えてくれそうな気もする。待っています。

エリート・ホテル・サボイ

チェックインの手続きを完了すると、キーと部屋番号のカードを渡された。荷物が重いので、エレベータを利用した。かなり年代を重ねた重厚な施設であった。部屋のドアが開く音は重い。床の絨毯は弾力に富み、絵柄が渋い。窓からマルメ港が眺められ、下は、通行人で賑わっていた。

上の階は、六階位まであるようだ。部屋は、十分な広さと荘重なインテリアで、私にはもったいない格調あるホテルである。もちろん、貴賓の部屋はこの部屋とは比較できないほどの豪華さと荘重さなのだろう。部屋に荷物を置くと、ベッドに仰向けになり、天井を凝視した。視点が、天井にあるモノグラムにゆっくりと溶解して行く。

疲れた。……疲れた。

しばらく目を閉じて、これからの予定を考えた。今回の旅行は、だいぶ宿泊代も嵩《かさ》んでいる。ここは二泊位にして、マルメのユースホステルに移動することにしよう。とにかく、今は、私が警視マルティン・ベックのつもりなのだ。よし、殺人現場を検証しよう。起き上がり、エントランスに下りた。

エントランスのエレベータ脇に、一枚の銅版プレートがあった。今までこのホテルに宿泊した著名人の名が刻印されていた。

私の知っている名だけでも錚々たる人物である。カール十六世グスタヴ王、シルヴィア王女、カール・ジョン・ベルナドット、カール・ミレス、ブリジッド・バルドー、ヘンリー・キッシンジャー、コンラド・アデナウアー、ダグ・ハマーショルド、イングリッド・バーグマン、ニコライ・ゲッダ、アバ、その他、閣僚や他国の女王や王女等々である。

私は、フロントに翌日の朝食の場所を聞いた。エントランスロビー右側のレストランだという。同書での事件は、このレストラン（ダイニングルーム）で起きたのであった。

「スカンディナヴィア半島の南に位置しているせいか、この町にはスウェーデンの他のどの都市とも異なる風情がある。マルメは真夜中の太陽よりもローマに近いのだ。水平線の彼方には、隣国デンマーク沿岸の灯がちかちかとまたたいている。冬にはみぞれが降り、寒風ふきすさぶ日が多くとも、その果てにめぐりくる夏はおおむね長く、暑く、ナイチンゲールの歌声と広大な公園に鬱蒼と茂った濃淡な匂いに満ちている。

一九六九年七月はじめのある夏の日は、まさしくそうした風情のなかで暮れようとしていた」（マイ・シューヴァル／ペール・ヴァールー共著、高見浩訳『サボイ・ホテルの殺人』）

七月の生暖かい水曜日、午後八時半ごろにスウェーデン財界の大物・パルムグレンが何者かに、このレストランでスピーチの最中に銃撃された。犯人は、正面入り口からロビーを通り、咎《とが》められることもなくレストランに入った。淡々と流れるように事件が述べられている。そして、犯人は、褐色に日焼けした肌と鉄灰色の髪の男を撃ち、「数歩進んでいちばん手前の開いた窓にとりつき、左足を窓台にかけて低い窓をのりこえるや外の花壇に降りたつと、そこからひらっと歩道に飛び降りて姿をくらました」（同書）

私は、レストランに入り、再度、明朝の朝食の様子をスタッフに聞いた。スタッフは、アメリカ式朝食になると教えてくれた。さらに質問を続けた。

「このダイニングルームで宴会や講演、スピーチなどが行われるのですか。狭くないですか」

「催しがあるときは、テーブルや料理台の配置を変えて、広くします」

スタッフは、忙しく夕方の準備をしていた。礼をいい、俄《にわ》かマルティン・ベックは、店内を見渡し、検分した。部屋の前面はマルメ駅と運河。横は石畳のハムンガータンがストートリィ広場に続いている。犯人は、窓から飛び降り、自転車に銃箱を載せて逃げ去ったのである。通りに面した窓は、たしかに低い。ただ、現在、犯人が飛び降りたと思われる窓の下に花壇はない。ハモンドオルガンとピアノがあるかどうかは気づかなかった。眩《まばゆ》い銀食器の並ぶ棚は、今でもカウンターの後ろにあった。レストランの雰囲気は、三五年前と変わらぬ十八世紀風の装飾で、荘重であった。

サボイホテルのレストラン

昔からサボイ・ホテルのあたりは、マルメ近郊や遠方からの人々の出会いの場所でもあった。八世紀頃のマルメは、まだ小さな寒村であった。しかし、エーレスンド海峡を挟み、鰊《にしん》漁業が栄え、多くの商人たちがここマルメを訪れるようになった。その後、砂と鰊の町マルメは、スコーネ各地からだけではなく、多くの異邦人が集まり、市場町として発展した。

サボイ・ホテルは、十四世紀頃、「ストランドゴーデン」という名で開業した。宿舎は、マルメの発展とともに、優れた宿泊所として外国商人や王侯貴族によく知れ渡るようになった。ここで、客たちは、潮の香りと南国の風、そして鰊料理を楽しんだ。

十五世紀には、デンマーク女王マルグレーテ一世とルンド司教参事会の所有となり、それを個人に貸す形で経営されていた。十六世紀には、ロスキレの商人がこのホテルを買い取り、「ロストッカーゴーデン」と名前を変えた。

一八三五年から一八六四年にかけて、ストックホルム・マルメ間の鉄道が開通すると、駅と繁華街を結ぶこのあたりの宿泊業は繁盛した。しかし、所有者が変わるたびに店名も変わった。

一八八六年にハンブルグのレストラン経営者J・F・ホーンが現在のハムンガータンとヴァールガータンの角地を新たに購入した。そこに新しい四階建てのホテルを建て、旧来の建物と繋ぎ合わせ、店名も「ホテル・ホーン」とした。彼の死後、現在の「サボイ・ホテル」と名を変えて、その後、一九一四年のバルチック見本市の際は、完全にリニューアルし、現在の形になった。

その後、所有者は変わったものの、宿泊と料理でスウェーデン屈指のホテルとなった。現在、ビッキィ・チョーク・ロボーティが所有するエリート・ホテルグループのひとつになっている。

サボイの名称は、おそらくイタリア語サヴォイア、英語のサヴォイというフランス南東部からイタリア北西部にまたがる地域に由来するものと思われる。アルプスのモンブランを望み、フランス・オーストリア両大国間に挟まれたこの地域は、イタリア統一を果たした名門サヴォイ家が支配していた。ロンドンにもグランドホテル・サヴォイという有名店がある。ヨーロッパに通じた由緒ある名称である。このホテルの名も、北欧人の南国イタリア・南フランスへの憧憬と読むことができる。

著名なホテルを舞台に描かれたこの作品は、ペール・ヴァールーと妻マイ・シューヴァルとの共著である。二人は、全十巻の刑事もの・マルティン・ベック・シリーズを通して、一九六四年以降のスウェーデン社会を冷徹に描いている。このシリーズの六巻目が、この作品である。

事件は、サボイ・ホテルでスウェーデン経済の大物・ヴィクトール・パルムグレンが何者かに暗殺されたことに始まる。事件解明の話は、マルメ警察の名物刑事モーソンに、ストックホルム警察の敏腕刑事マルティン・ベックが統括責任者として加わって展開される。彼らの舞台は、ストックホルム、マルメ、コペンハーゲン、ルンド、そしてエーレスンド海峡と、私の旅と軌を一にした。いずれの舞台も読みながら旅を彷彿とさせた。

他方、暗殺されたヴィクトール・パルムグレンの裏には、武器の密輸出などによる巨額な蓄財があった。特に、アフリカ諸国やポルトガルとの取引が語られる。外国のスパイやスウェーデン秘密警察セポの姿も散見し、事件解明の進展では、外交問題も懸念された。事件の裏面が世論に知れて、さらに政界に波及することを懸念し、事件解決に焦燥する上司マルム。政治とは関わりたくないと思うベック。両者の電話でのやり取りも面白い。刑事たちの一輪の花、ストックホルム警視庁風紀課刑事オーサー・トーレルの登場によるベックのマルメでの一夜の情事。スウェーデン風俗社会の描写という冷酷な影の部分に淡いロマンを織り交ぜている。

事件経過は、スウェーデンの影の部分を次々と抉《えぐ》り出した。だが、結末は政治的動機やパルムグレン・コンツェルンの内紛ではなかった。パルムグレンの末端で虐げられて生きてきたひとりの事務員の犯行というどんでん返しとなっていた。ベックの友人刑事コルベリは、事務員がパレムグレン系列の小規模な精密機械工場を解雇されてから事件に至るまでの経緯をメモに纏めていた。

「そう、〝弱り目に祟《たた》り目〟とでもいうべきタイトルがー」

事件の展開のスケールの大きさに比して、なんともやりきれない後味の悪い結末であった。

「ヴィクトール・パルムグレンは死んだ。永遠にこの世を去りながら、誰ひとり悼むものもいない。悲しんでいるのはひと握りの国際的詐欺師たちと遠い外国のいかがわしい政府代表たちくらいのものだ。しかし遠からず、彼らもマッツ・リンデル（著者注・パルムグレン・コンツェルン幹部でヴィクトール・パルムグレンの若き妻の愛人）を相手に取引を進めるようになる。事態は従来といささかも変わるまい」（同共著、同訳）

スウェーデン社会も決してバラ色な社会ではない。

どこの国の社会にも光と影がある。光だけを書き、香水を振りまくのもひとつの手法かもしれない。他方、影の部分を拡大して報道するのも、もうひとつのパターンかもしれない。いずれの立場もその社会の断面を切り取っているのには相違ないだろう。社会は、ジクゾーパズルのピースといくつかの集合体で構成されているのだから。どこに光点を当てるかによって光と影の色合いは異なってくる。ただ、社会の底辺に沈むピースに視線を向けることを忘れた価値観は、私のポジションにはなりえない。その意味で、この本の著者ペール・ヴァールーと妻マイ・シューヴァルによるマルティン・ベック・シリーズは、私の人生観と共振するものがあるのだ。

訳者高見浩は、このシリーズ最終巻『テロリスト』のあとがきで、この大河シリーズの特色は、巧みなストーリーテリングと、きめ細かな人間描写との融合だと述べている。そして、スウェーデン社会の十年史を背景に警察官という組織の限界の中で、「ときにはおのれの無力を覚って苦悶の呻き声を洩らす」ところに胸を打つものがあるという。

「暴力への傾斜とならんで、ヴァールー＝シューヴァル夫妻が一貫して見つめてきたのは、高度福祉社会の影の部分、つまり、人間らしさを伴わない単なる物質的充足によって決して癒されることのない孤独や不満、それらの爆発的な表現である狂気や殺意であった。そうした冷たい管理社会における最も痛ましい犠牲者は、生きる目標を失ってさまよう青年たちだろう」（『テロリスト』訳者あとがき）

マイ・シューヴァル／ペール・ヴァールーについては、マルティン・ベック・シリーズの最終巻『テロリスト』の後ろカバーからその略歴を紹介しておこう。

「マイ・シューヴァルは、夫と共に〝マルティン・ベック〟の生みの親。シリーズの結末近くには病床の夫を看病しながら一人で書き上げた。夫の死後は、筆を折っていたが、最近新しいパートナーと執筆活動を再開し、「グレタガルボに似た女」を発表している」

「ペール・ヴァールーは、スウェーデン生まれ。青年時代には犯罪担当の新聞記者として働き、以後各種の雑誌や新聞に寄稿するとともに、脚本、短編小説などを執筆。妻であるマイ・シューヴァルとの共作〝マルティン・ベック・シリーズ〟で一躍ベストセラー作家になる。一九七五年、シリーズ完成直後に病死。享年四十八歳」（『テロリスト』角川文庫）

デスティネーション・ゴットランド

この本を読みながら、メビウスの風と波の旅で出会ったひとつのエピソードを思い出した。パルムグレン・コンツェルンの背後で蠢《うごめ》いたスウェーデンの武器輸出である。

ゴットランドのヴィスビーからオスカルスハムンに向かうフェリーに乗船するときに、ヴィスビーのヘーグスコーラン（高等専門学校）の学生が乗船客にビラを配っていた。フェリーの船主であるゴットランド株式会社がアメリカ・イギリス主導で進められているイラク戦争で利益を得ているという抗議であった。その内容を要約する。

デスティネーション・ゴットランドは、ゴットランドと大陸との公海連絡用貨物船をイギリスに貸すことで、トルコ経由でイギリスの武器輸送に協力し、巨額な利益を獲ている。だが、彼らが今すべきことは、会社のために金を得ることではない。独裁者と経済制裁で傷だらけになっているイラク民衆のために、武器輸送への協力を止めて、戦争に反対すべきなのだ。

抗議のこの情報は、ストックホルム滞在中に、ある新聞の片隅で読んだ記憶が蘇《よみがえ》ってきた。この件は、武器輸送の嫌疑のようであるが、武器輸出は、しばしばスウェーデンの影の部分として話題になる。

『サボイ・ホテルの殺人』の中では、ヴィクトール・パルムグレンが紛争の多い、政情不安定なアフリカ諸国へ武器を密輸出し、巨額な利益を獲ているように描かれている。

しかし、スウェーデンの武器輸出に関すれば、「受領国が他国との武力紛争にかかわっている場合、国内武力騒乱が発生している場合、人権の広域で深刻な侵害が発生している場合」は、輸出ライセンスが認められていないというのが一般的な認識である。特に、一九九三年以降は、汎用ハイテク品目に関しても再輸出さえも国内生産品すべてに規制をかけるようになった。この点、先進国を通した第三国への武器輸出疑惑を避ける努力がされているようである。

スウェーデンは、長い間、武装中立を守り、兵器の独自開発と自国軍への供給を旨としてきた。そのために多くの技術的に優れた国際的な企業も有している。国民負担を軽くするために武器の輸出は当然と考えらていた。しかし、この小説に出てくるような政情不安定なアフリカ諸国への密輸出となると問題は複雑である。わが国も、一部企業の武器輸出三原則違反がしばしば指摘されている。これらを考えると、このようなスウェーデンのケースも全面否定はできないようだ。残念なことだが、私には裏の真相はわからない。

ただ、スウェーデンの武器輸出に関しては、NGOを含めて多くの民間監視機関が活動しており、ヴィスビーのヘーグスコーラン（高等専門学校）の学生による街頭活動もその現われとも思える。

資料は少々古いが、フォーラム事務局長伊藤三郎が、一九九五年にスウェーデンのインガ・トーション（夫人は、軍縮担当の外務次官だった一九八一年に、国連の軍縮専門家グループ議長として活躍）の訃報の中で彼女が武器輸出禁止を率先して訴えたことを述懐していた。

「武器輸出は常に相手国経済の負担になる。スウェーデンの武器が四十一ヶ国に輸出され、半分近くが途上国向けというのは困ったことです」

彼女は、政府が武器輸出の五パーセントを課徴金として、国内軍需産業の民需転換と途上国の援助資金にすることを政府に提案し、パルメ首相の国際的な軍縮案を強く支持していたと述べている。（概要「朝日新聞」一九九五年九月一日）

この記事は、スウェーデンの影の部分を如実に報道しているように思える。

事件解決の後、ベックの感想が述べられていた。

「マルティン・ベック主任警視は、はなはだおもしろくなかった。」（『サボイ・ホテルの殺人』）。

彼は、勘定をすませて、スーツケースを受け取り、サボイ・ホテルを去り、マルメ駅へメーラーブロン（橋）を渡った。私も二日後、荷物をまとめて、少々ニヒルな面持ちで橋に立った（様になってないが……）。そして、このスウェーデンの華やかな陽のあたる場所、だが常にその影が付きまとうホテルを去った。庶民と若者の宿マルメ・ユースホステルへ。

〈追記〉

二〇〇三年の武器輸出国三三ヶ国（％は、三三ヶ国全体に対する比率）の輸出額一位はロシア（六九億八千万ドル、三七・三六六％）、二位は米国（四三億八千五百万ドル、二三・四七四％）、スウェーデンは一三位（一億八千六百万ドル、〇・九九六％）。ただし、人口一人当たりの輸出額は、ロシア、ノルウェー、イスラエル、フランス、スウェーデンの順となる。（『国際軍事データ２００６』朝雲新聞社より）

三枚の回転扉——マルメ城

朝の八時、ヴァッカヴェーゲンのユースホステルを出た。朝から雨である。通勤客が傘を差し、バス停に屯《たむろ》していた。バスは定刻に来た。混んではいたが、座れてほっとした。まだ残っている空き地に、大型スーパー、ガソリンスタンド、倉庫群が車窓から眺められた。まもなく、赤みを帯びた淡黄色の町並みに入ると、ストックホルムとは違ったぬくもりを感じる景観となった。

バスは、バスターミナル「グスタヴ・アドルフ広場」に着いた。ここを中心として、市バスは市外へ延びている。郊外に行くときや路線のわからない地域に行くときは、とにかく一旦ここで降りることにしている。天気のよい日は、青物市場や花卉市場で賑わい、昼夜、各種の催しが開かれることが多い。グスタヴ・アドルフ広場は、グスタヴ四世・アドルフの名に因む広場である。

一八〇六年、スウェーデンはバルト海を挟み北ドイツ・スウェーデン領ポンメルンでナポレオン軍と戦っていた。グスタヴ四世は、少しでも戦闘地域に近い場所に滞在しようと、マルメを臨時の首都に決定した。王妃フレデリカ、三人の子供たちや宮廷の関係者などもマルメに滞在することになった。それに伴いイギリス、ロシア、プロイセンなどの外交関係者がストックホルムからマルメに移動し、町は国際色で賑わった。

マルメは霧で有名である。マルメ滞在のイギリスの大臣ピーレポントがマルメを覆う霧について嘆くと、「マルメの霞は、イギリス政治家の分別を曇らせている霧とは比較できない」と皮肉りながら、イギリスの対仏政策に厳しい回答をしたといわれる。グスタヴ四世ほどマルメに気心があったスウェーデン王はいなかったようである。彼の波乱万丈な人生を読むと、ここマルメで、霧模様に覗く僅かな青空に眉を開いたのかもしれない。

スコーネ戦争以来マルメの斜陽に苦しむ市民たちは、グスタヴ四世の滞在に歓喜し、広場を整え、彼の名を付けたのであった。だが、市民による銅像を立てる提案をグスタヴ四世は断っている。彼なりの気配りでもあった。

イラク戦争反対集会

春先に訪れたときに、アメリカのイラク攻撃へ反対する集会が催されていた。夕暮れの中、厚めの服装で、キャンドルを掲げて多くの市民がこの広場に集まっていた。マルメ市の人口の約三分の一は、外国人で、出身国は一一〇ケ国以上といわれている。肌や顔立ちの違う人々が、明らかにスウェーデン人と思われるスピーカーに激励の声を投げかけていた。中近東系出身と思われる子供の掲げるキャンドルの輝きが、いまもなお脳裏に焼き付いている。マルメは、世界の縮図である。

雨は、冷たく広場の石畳に強く降りつけている。傘を差して忙しく往来する人々の姿は、朝雨の風景でもある。異国の朝にひとりこの広場に立ってみると、少々感傷的になってしまう。

広場の西側からセーデルガータンに入ると、区画の一部がロープで遮られていた。普段、このあたりは、歩行者天国で賑わい、大道芸人が道行く人々を呼び寄せている。

舗道には風雨に濡れた警察官が立ち、ビルの入り口にも数人の警察官が出入りしていた。「アクシデントですか」と警官の一人に問いかけると、

「インセデントだ」とぶっきらぼうに答えた。

このあたりに自動車は入れない。自動車事故でなくて、なんだろう。警察の人数からすると事件は大きいようで、単なる偶発事故（アクシデント）でないことは納得できた。どこの国でも、汚れた裏側があり、そして事件がある。マルメもスウェーデンもその意味では、一部の人々が想像するようなユートピアでないことは確かである。

この通りの北端には、ストートリィという広場がある。その入り口には奇妙な形の楽隊像が道の真ん中を行進している。今日も雨に打たれながら、なお通行人を微笑《ほほえ》ませている。

ストートリィ広場の周囲には、広場を囲むように旧市庁舎、金色に輝くライオンが目印の獅子薬局、スコーネ知事官邸、ホテルや銀行、大手企業のビルなどが立ち並ぶ。日本の企業広告もいくつか見ら

れる。旧市庁舎の裏側からは、ハンザ同盟以来の歴史を有する聖ペトロ教会の尖塔が顔を覗かせている。

金箔で縁取られた旧市庁舎は、現在は、市議会、公式のレセプションや宴会場として利用されている。市民集会や企業・慈善団体なども会議などで自由に使用している。十五世紀以来の保存状態のよい地下には、レストランがあり、照明技術の効果で歴史的雰囲気とマルメの味を楽しむことができる。現市庁舎の機能は、約一・二キロ南にあるモダンな建物に移っている。

歴史的建築と現代建築の混成。この広場は、多くのエピソードを有し、メビウス帯の歴史が凝縮されている。悲喜に溢れる市民史が雨の斜線によって描かれきたのであった。

ストートリィ広場

ストートリィ広場は、十六世紀始め、マルメ市民が彼らの重要な地位を内外に示すために作られた。一七四九年にカール・フォン・リンネがスコーネを旅したときに、「マルメの広場は長さと幅がおよそ二〇〇ペース（古代ローマの距離単位で一ペースは約一・五メートル）あり、ライムの香りと栃や胡桃《くるみ》が茂るスウェーデンでも指折りの広場である」と記録している。現在でもなお当時と変わらぬ広さと景観を有している。

この広場の後方には、カール十世・グスタヴの騎馬姿の銅像がある。この馬は、彼が凍結したストーアベルトとリレベルト両海峡を渡って奇襲戦をやり遂げたときのハンニバルといわれてきた。だが、最近の念入りな研究によると、一八九六年にジョン・ベリュソン教授がヴァウバンという雄馬をモデルに創作したことが判った。

いずれにせよ、一六五八年の寒い四月九日、カール十世は、スコーネ征服を終えた後に、このハンニバルでマルメに到着したとマルメ市民は信じている。彼の目的は、マルメ市民にスウェーデンや他の国々との交易を認める権利を与えて、スウェーデンへの忠誠を誓わせることであった。そこで急遽、スコーネの貴族や農民、マルメ市民たちが市庁舎にあるクヌートの間に召集された。しかし、人々が集まったときには、君主の椅子にはカール十世の姿は見られなかった。すでに彼はストックホルムに向かっていたのであった。この件は、カール十世のスコーネへの不信感から出た行為とも、彼の権威の誇示またはスコーネ人への侮辱を示す行為とも解釈されている。スコーネの人々にスウェーデンへの屈服を強いたものと思われる。

夏の夜には、多くの若者たちがこの銅像の周囲に屯する。しかし、ここは、スコーネのスウェーデン化に抵抗した多くのクーデター陰謀者の処刑広場でもあった。スコーネ史の回転舞台である。ただ、彼ら若者たちにとっては遠い遠い昔の話なのである。彼らにとって、「歴史の風化」などという言葉そのものが既になく、単なるコミュニケーションの広場となっている。

一六五〇年代後半以降、スコーネのスウェーデン化に抵抗するデンマーク共鳴者たちは、クーデターやゲリラ活動を遂行し、失敗を重ねた。スウェーデンは、報復手段として、身も凍えるような血の処刑をこの広場で繰り広げたのであった。その悲劇的な代表例がヨーレン・クラッベであった。

彼は、デンマークの最も有力な貴族で、イスタ北部のクラーゲンホルム城に住むスコーネ最大の土地所有者であった。スコーネがスウェーデン領になる以前から親スウェーデン派であった。スコーネがスウェーデン領となるとスウェーデン王に忠誠を誓い、ストックホルムの貴族院の有力メンバーとして周囲から高く評価されていた。それにも拘らず、スウェーデン人や周囲のスコーネ人たちの嫉妬や陰謀による犠牲となった。ひとつは、彼の地所の使用人が、厳しく禁じられていたスコーネのゲリラ組織（スナッファン）運動をしているのを無視していたという嫌疑であった。また、スウェーデン人を侮蔑する言動をとっていると告発されていた。当時、スコーネは、魔女狩り並みの密告や告発が横行し、スコーネ人相互に不信感と猜疑心、嫉妬と憎悪が渦巻いていた。他方、スウェーデン人は、スコーネ貴族の忠誠心に疑いを抱いていた。

結局、ヨーレン・クラッベは反逆罪で有罪の判決が下り、マルメ城の地下牢に投獄された。彼は、多くの有力な友人たちに嫌疑が晴れるように援助を頼み、一縷《いちる》の無罪を期待していた。最後に、彼とその家族が当時のスウェーデン王カール十一世に無罪を直訴した。が、無駄だった。一六七七年は彼にとって、秋を通した牢獄生活となった。祈りと断食で無罪を訴えては時を過ごさざるをえなかった。

だが、一六七八年の一月十六日、処刑の日がやってきた。彼は、十六年前に結婚式を挙げた市庁舎を最後に眺め、途中、護送車を下りてストートリィ広場を横切ることを懇願した。彼の願いは受け入れられた。彼は貴族としての威厳を保ちながら、広場近くの義弟邸の前から残りの道をゆっくりと歩くことができた。マルメ市民は、哀悼の意とごまめの歯軋《はぎし》りで彼を見送った。彼は、広場に着くと遺品の腕時計をそっと妻に渡し、死刑執行人には三〇ダカットを与えた。彼は、最後まで無罪を主張し、スウェーデン王への忠誠を誓いながら、ストートリィ広場の露と消えていった。ヨーレン・クラッベ、四五歳であった。

マルメ旧市庁舎

この処刑は多くの関心を呼び、スコーネ中の人々がスウェーデン人に憎しみの思いを向けたのであった。検証された通説によれば、彼の罪状の証拠は今もなく、死刑執行は無効であったといわれている。

雨の旧市庁舎は、ストートリィ広場を前にして、なおデンマークとスウェーデンの長い愛憎の歴史を静かに語り伝えている。旧市庁舎正面の上には、三人の町の貢献者と市長ヨーレン・コックのレリーフ、そして、その上には農業、造船、工芸と商業の四つのシンボル像を両脇に従えた「法と正義」の女神テミスが広場を見下ろしている。民衆の祭りの広場、そして多くの要人や罪人を処刑した広場。女神はこの広場を前にどのような歴史的な「法と正義」の判断を下していたのであろうか。私は女神からそれを聞きたかった。

雨と風はますます強まった。私の小さな軽い傘は茸《きのこ》状に反り返り、飛ばされそうになった。傘が差せないので濡れたまま通り過ぎてゆく人もいる。私は、帽子をしっかりと押さえて、風に頭を突き出す姿勢で進む。風雨は強弱を付けて吹き荒れる。

市街地での移動は無理だ。そこでマルメヒュース（マルメ城）でマルメの歴史と芸術を楽しむことにした。ヴェスターガータンを西に進むと、外堀に木の橋スロットブロンがあった。ここから城の概観を眺めることができた。赤みのある城が内堀の葦の茂みに浮いていた。雨は、スコーネ戦争で激しく降り注いだとされる弾丸のように、濠の水面に当たり飛沫をあげている。周囲の木々は、まるで黒沢明監督「蜘蛛の巣城」のシーンに出てくるように蠢《うごめ》いている。あたりは、黒い雲で真っ暗になっている。幻想的なシーンだ。

城を眺めながら、マルメヒュースヴェーゲンから城の正面に出る。アーチ型の正門には、王冠のある赤いグリフィン頭部をデザインした三本の幟旗《のぼりばた》が激しくはためいている。このマルメ市章は、堡塁の建設者ポンメルンのエーリック七世がマルメ市を重視し、彼の盾の紋章を与えたことに起源するといわれる。

マルメが最初に文献上に現れたのが、一一七〇年のルンド大聖堂への大司教エスキルによる土地税の寄進記録ネクロロジカム・ルンデンスであった。この頃のマルメは、現在の人造湖ピルダムッス公園あたりの上マルメにあったようである。

マルメの語源は砂利の堆積マルムファウガル（Malmhaugar）とする説やドイツ商人が呼んだ肘

(Ellenbogen または Elbogen)とする説がある。たしかに、マルメの海岸は肘のように曲がっているし、砂利も多い。

その後、エーレスンドの鰊業が繁栄し、海岸線に沿った下マルメと呼ばれる漁村を発展させた。さらに、スウェーデン・ノルウェー王マグヌス・エーリックがスコーネとブレーキングをデンマークから購入した。スコーネが短期間スウェーデン領になった。このときに、マルメに最初の都市特許状が与えられた。この特許状は、マルメ市民に関税を免除し、職人や外国商人が市内で活動することを制限した。また、彼は、ハンザ同盟に対抗するためにバルト海の商業権確立を目指したのであった。

数年後に再び、マルメがデンマーク領になると、デンマーク王ヴァルデマー四世が同様な内容の特許状を与えた。次に、一三九七年ポンメルンのエーリックがカルマル同盟の王となるとマルメはさらに重要な町となった。

彼は、エーレスンド海峡を制し、バルト海を支配する野望を抱いたのであった。エーレスンドの両岸、現在のヘルシンゴー、ランツクローナ、ヘルシンボリィに堡塁を築き、コペンハーゲン港を改修し、海峡を通行する船から通行税を徴収し始めた。さらに、ハンザ諸都市に対抗して、マルメを保護するために多くの特権を与えて、商業活動を活発化させた。マルメヒュースの原型となる従来型とは全く異なる戦略的要塞も現在の位置に築いたのであった。マルメの海岸線に沿って新しい市街壁を作り、日常的にマルメの市場と交流できる通路も作った。市街壁は、高さ五メートル、長さ一五〇〇メートル以上もあった。市街壁の正門からは、エーレスンドを航行する貿易船や入港する船を監視・制御した。エーレスンド沿岸の要塞化は、自由貿易に依存するハンザ同盟やバルト海通行の諸国にとって大きな脅威となり、長い間、紛争の要因ともなった。

現在、このあたりの海上はヴェストラハムネン地区として、広大な倉庫群や造船所敷地として埋め立てられている。

このような流れの中で、マルメはバルト海の風と波の檜舞台に躍り出たのであった。

ポンメルンのエーリックによるバルト海の経済支配は、ハンザ同盟を中心とするデンマーク包囲網を作らせることとなった。特にホルシュタインの伯爵たちやスウェーデン・ダーナラ地方の農工業者の反発は激しかった。結局、デンマーク、ノルウェー、スウェーデンの王国参事会は、彼の廃位を要求し、バイエルンのクリストファ三世の即位を承認した。


クリストファ三世は、マルメ城の一角にデンマーク貨幣の造幣所を建てた。原料は、中央ヨーロッパ産や戦利品による金銀であった。ここで鋳造された貨幣は、大陸でスウェーデン人やドイツ人と戦うデンマーク兵士や傭兵たちに支払われた。当然、造幣所の長官は、デンマーク王に強い影響力を持つことになった。その中でマルメ史上最も有名で、影響力のあったのはヨーレン・コックであった。

彼は、ウエストファリア生まれで、一五一八年にマルメ造幣所長官に就いたときは、既に貨幣鋳造に関する豊富な知識を有していた。また、政治的な才能と高い野心を持ち、マルメ市を危機から救った市長でもあった。造幣所長官は、貨幣鋳造による税、外国貿易による為替手数料、物資の関税、そして、それらの資金を元手に穀物や生活物資の取引をすることによって多くの富を蓄えることができた。

彼は、暴君といわれたクリスチャン二世（スウェーデン側にいわせればである）と親密な関係を有していた。あの悪名高い残忍なストックホルムの血浴事件に際しては、スウェーデン貴族から金銀財宝を搾取するために、彼はストックホルムに急派されている。そこで、多額の金銀を獲て、ここマルメ城でそれらをデンマーク貨幣に鋳造し直したのであった。

クリスチャン二世が失脚すると、新王フレゼリク一世は、彼の就任に反対するマルメとコペンハーゲンを襲撃した。マルメ市民と市長コックは、八ヶ月間の抵抗をしたが、陥落し、新王を受け入れざるを得なかった。コックはフレゼリクとの関係改善のために、一五〇〇マルクを王に貸し、マルメ市民の地位と造幣所の操業を守った。

フレゼリク一世が死去すると、オランダに亡命していたクリスチャン二世を擁立する陣営とフレゼリク一世の長男であるクリスチャン（三世）の陣営とが対立した。ハンザ同盟、オランダ、スウェーデン（クリスチャン三世の陣営）、そして農民・市民・僧侶・貴族たちを巻き込んだデンマーク史上最も残忍な内乱（伯爵戦争）となったのである。コックは、クリスチャン二世の復権、対新興オランダ、そしてマルメの自由都市化を図り、市民と共にクリスチャン二世陣営に加わった。しかし、結末は、激しい攻撃の中で降伏し、新王を受け入れざるを得なかった。

それにもかかわらず、コックは、なおも権力闘争に生き残り、再び新王の下で市長の座を勝ち得たのであった。けれど、クリスチャン三世は、もはや彼を信用せず、貨幣鋳造権をマルメに戻すことはなかった。

死後、彼は、貧しい人々に多くの金を遺贈し、マルメ市民に尊敬され続けた。

ヨーレン・コックが造幣所長官、市長として活躍している期間、フレゼリク一世はスウェーデン王グスタヴ・ヴァーサとここマルメで重要な会談をしている（一五二四年）。

フレゼリク王は、当然マルメ城に宿泊した。ヴァーサ王は、ストートリィ広場西にある新築のヨーレン・クック邸に滞在した。会談は、クック邸近くのホーリースピリット僧院で行われた。仲介役のハンザ同盟諸都市公使たちも同席した。内容は、両国の国境、特にゴットランド問題が中心議題とされた。最後に、両国の紛争はバルト海沿岸諸都市による裁定によって問題解決が図られるべきであるというマルメ条約に合意した。けれどハンザ同盟を中心とするドイツ側は、国境問題よりも彼らの経済的な利害関係に関心があった。当然、スウェーデン王ヴァーサは譲歩と忍従を強いられた。

ヴァーサ王にとって、この結果は非常に不満であった。だが、デンマークの頸木《くびき》から解放を得たばかりのスウェーデンにとって、ハンザ同盟の資金力と政治力はどうしても必要な段階であった。

この不本意な会談に続いて盛大な晩餐会が催された。席上、スコーネの美しい娘たちがヴァーサ王を心行くまで接待したという。王は大変喜び、失意感も和らぎ、二週間のマルメ滞在を楽しんだといわれる。

もちろん、私もスコーネ娘の饗応に与《あず》かれば、国境紛争などはどうでもよい気がするが……。

デンマークの伯爵戦争の後、クリスチャン三世は、マルメ城の拡張をした。七年を要したこの増改築は、デンマーク国境防衛というよりも、むしろ王権力の誇示とその維持のためとも思われる。資材は、近隣の多くの教会や僧院などから搬入されて、彼の宗教改革の象徴ともなった。城は、後期ゴシック様式とルネサンス様式の混合といえる。深い濠と四つの砲塔を備え、高い壁が城を囲み、近代的な防御要塞となった。

マルメ城は、フレゼリク二世、クリスチャン四世のときに最盛期を迎えた。王や貴族たちは、寒波の厳しい折には、コペンハーゲンからエーレスンド海峡を橇《そり》で渡った。豪華な宴会を催し、各国の訪問客を接待し、そして国事行為がなされた。この期間、歴代のデンマーク王は、更なる城の防衛強化と拡張を図った。誰もこの城がスコーネ戦争のときにデンマーク軍にとって難攻不落となるとは考えなかったようである。

マルメヒュース城

カルマル戦争、三〇年戦争、トシュテンソン戦争、第一、第二次カール・グスタヴ戦争と、スウェーデン・デンマーク両国はバルト海覇権を巡って戦いを続けた。結局は、ロスキレ条約とコペンハーゲン条約によってスコーネは完全にスウェーデン領となった。

スウェーデンは、スコーネを支配すると、直ちに新しく獲得したマルメ城の防御強化を始めた。一六六二年、カール十一世は、周囲に四つの稜堡を築き、強力な砲塔で武装した。だが、既存のスコーネ防衛体制は非常に複雑で、対デンマーク戦に向けた全面見直しを必要とした。最新の防衛体制構築は、困難を極めていた。

一六七五年の秋、スウェーデンとデンマーク間に再び戦いが勃発した。スコーネ戦争である。マルメ・スコーネ等のスウェーデン指揮官ファビアン・フォン・フェルセンは、デンマーク軍のマルメ攻撃は必ずあると確信して、城の最新の防御体制工事を急いで完成させた。マルメを含めたスコーネの要地に駐屯するスウェーデン軍中核には、スコーネ出身者を信用せずに、スウェーデン軍屈指の精鋭フェニコール（グスタヴ・ヴァーサ以来の中部スウェーデン出身者たちによって編成された精鋭部隊）を配置した。

他方、デンマーク軍は、スコーネ各地で破竹の勢いで勝利を得て、一六七七年六月、マルメへと進軍した。周囲に堀や塹壕が掘られて、町は完全に包囲された。マルメ沖にはデンマーク海軍が停泊し、援護砲撃の体制を整えた。スウェーデン軍のスコーネ各地の要塞や城砦が陥落する中で、マルメは完全に孤立してしまった。デンマーク軍はさらに増え続けた。フェルセンは、スウェーデン軍の救援を待ち、デンマーク軍から繰り返される猛砲撃と襲撃に耐え続けた。マルメ市民が両軍のどちらに付くかもスウェーデン軍には不安の種であった。しかし、マルメ市民は、デンマーク軍へ積極的な支援をすることはなかった。

六月二六日、デンマーク軍は、総攻撃を始めた。濠を渡るデンマーク軍の鉄船橋が構築されたが、城内からの攻撃で沈んでしまった。デンマーク軍が鱗状の梯子で城壁をよじ登ろうとしたが、発見されて、猛烈な銃火と落石を浴びた。マルメ城の東門がデンマーク軍の決死隊によって爆破された。城には巨大な角弾や榴弾が雨のように浴びせられ、スウェーデン軍の戦死者も増え続けた。だが、マルメ城は持ちこたえた。デンマーク軍は、マルメに完全に膠着してしまった。

デンマーク軍は、ついに総攻撃に失敗した。スウェーデン海軍が切り札としてマルメ支援に来ることが予想された。また、スコーネ北部にあるヘレヴァックロスター（現クリスチャンシュタット・レーン）から精強スウェーデン軍が南下することも日々確実視されてきた。これ以上兵士の消耗は避けたかった。クリスチャン五世は、七月十二日、総攻撃を中止して、ランツクローナ南にあるサックストロープまで総退却することを命じた。これは、北ドイツで敗北を繰り返すカール十一世が神々しい恩寵《おんちょう》を受け入れた瞬間でもあった。だが、マルメ城を死守した知将フェルセンは、マルメ封鎖を解いた直後に、勝利の声を聞くことなく死んだのであった。スウェーデンは、これを境に、ストックホルムからノルウェー国境の要塞ストレームシュタットまでの全海岸をデンマーク軍による攻撃に曝《さら》されることになった。

だが、両国の死闘は次第に行き詰まり、膠着状態となった。大国間の介入が必要となった。

一六七九年九月、スコーネ戦争は終わった。マルメ城は生き残った。

スウェーデンの陸軍中将で要塞築城の専門家エーリック・ダールベリィがマルメ城の司令官となると、新たな設計の下で破壊された城の改修を始めた。

だが、スコーネ戦争で、スウェーデン・デンマーク両国の国境が完全に確定されると、マルメ城の戦略的な意義は薄れてしまった。城は、代々のスコーネ県知事の邸宅として利用され始めた。その機能的な役割は終えたのであった。多くの部屋から在庫品が運び出され、残された豪華な広間は単なる武器・弾薬の貯蔵庫となってしまった。また、キャノン砲の多くはストックホルムに移転されて、最後には、穀物倉庫になる部屋もでてきた。デンマークのバルト海覇権が衰退すると共に、マルメ城の栄華も終わったのであった。

その後、一八二二年にマルメ城は軍事施設から国の監獄庁に引き渡された。スウェーデン最大の近代的な矯正施設・刑務所となった。内部も改修されて、これらの役割が一九〇九年にキルスベリィに移転するまで、マルメ城は第二の人生を歩いたのであった。

刑務所移転後、国有地であった周辺を含めた城の使用権がマルメ市に渡された。博物館・美術館として利用する計画が立てられた。財政難な折にも関わらず、どうにか一九三七年に新しい博物館が完成した。新しいマルメ城（マルメヒュース）の誕生であった。

第一次大戦中には、ホームレスや難民の収容所となった。そして、第二次大戦終了直前の一九四五年四月二八日、マルメヒュースはナチス強制収容所から逃れてきた人々の宿営所として開放された。いわゆる有名なホワイトバセズの人々である。二〇〇〇人以上のユダヤ人たちは、地獄から解放されて、ここマルメに集まったのである。豪華な貴族の間は、朝夕の食堂として彼らの苦難の記憶を癒したのであった。

今日、城の多くの広間は、十六、七世紀の雰囲気を伝えるためにルネサンスやバロック時代の装飾や家具を配置し、公開されている。また、各部屋には貨幣、武器、民俗学研究の品々が展示されて、三階は現代美術館として利用されている。静かに流れる現代音楽と数々の美術品。デンマーク・スウェーデンが繰り広げた骨肉相食む歴史が、現代コラージュのフラシュ映像として脳裏を過ぎるのであった。

マルメヒュースを出るとあの激しかった風雨がすっかりあがっていた。雨の回廊だったマルメは、憎しみの歴史から抜け、澄み渡っていた。空気中の僅かな水滴が波長帯を散乱させて、空は黛青《たいせい》となっていた。かすかに虹が弧を描いていた。雨上がりのクングス公園を散策しながら帰ることにした。公園の堀には、濃い木々が水面に影を落とし、鴨の群れが流れていた。

原っぱに出ると、なだらかな丘に古い風車があった。風車を眺めていると、冷たい爽やかな風が目元を過ぎる。風が見えた。半袖の腕が涼しさで少し痛く感じられた。八月中旬も過ぎると、もはや南スウェーデンは初秋である。

雨上がりのみずみずしいクローバーの絨毯と細い雑草が、風の誘いでダンスを演じている。風車は、しっかりとロープで固定され、風の気配を感じさせない。スコーネを巡るスウェーデン・デンマークの争いは終焉した。二度と国境が動くことのない歴史を静かに語りかけていた。

父親と幼児、祖父と孫娘がまだ湿る芝の上で戯れている。風車の肩からマルメ発展の象徴である現代建築群が顔を割り込ませている。螺旋状にねじれたビルも新たなマルメのシンボルとなっている。新たな歴史が遠くに見えるこのビルに投影されていた。

プロメテウスの第二の火——バーセベック原発

明朝、イスタ経由でバルト海に浮かぶ大粒の真珠ボーンホルムを訪れることにした。地図で見るとマルメからボーンホルムの中心都市ロンネまで破線が引かれていた。詳細を聞くために、マルメ駅のツーリストインフォメーションに寄った。船便でロンネに行きたいと話すと、スタッフが簡単な日本語で話しかけてきた。現在は運行していないという。カールスクローナでのスタッフとのやり取りを思い出した。互いに、簡単な日本語会話となった。そこで、しばしば報道される南スウェーデンの原子力発電所について日本語で聞いてみた。短い回答は日本語であったが、詳細は英語となった。

それでも、各地のツーリストインフォメーションのスタッフによる「こんにちは」「おはようございます」「さようなら」の鸚鵡《おうむ》返しよりは、かなりましであった。しばらくぶりの日本語の響きに感激した。やはり私は日本人なのだ。

場所と交通機関を聞くと、バスの路線ナンバーと下車する停留所を地図の上にメモしてくれた。

最初、メビウスの旅を計画したときは、バーセベックなどという地名も原子力発電もまったく頭になかった。しかし、スウェーデンの政界は、長い間、原子力政策を巡り、常に揺れに揺れてきた。日本のマスコミでも、日本の原子力政策や問題、事故が報道されるたびに、スウェーデンの原子力発電問題を必ずといってよいくらい報道してきた。

この旅でコペンハーゲン市立博物館を訪れたときのことが思い出された。そのとき多くのコペンハーゲン市民と学生がデモを組む姿とバーセベックの原子力発電所の遠景写真がコペンハーゲンの歴史パネルに展示されていた。

反原発運動

「一九八〇年代、原子力発電や核爆弾に反対するデモストレーションが続いた。活動家たちはスウェーデンにあるバーセベックの原子力発電施設に大きな関心を寄せた。コペンハーゲンに近いこの施設は、コペンハーゲンの人々を不安に陥れた」

一九八三―一九八四年のことである。

風のように訪れ、そして去る。波のように打ち寄せては、退く旅なのだ。原子力発電問題こそは、スウェーデンやデンマークの民主主義の問題でもある。そして日本の問題、世界の問題なのだと風と波が渦巻き始めた。タックソーミッケ（大変ありがとう）、タックソーミッケの言葉と同時に、足はバス停に向かった。

バスに乗ったあとに気づいた。

「レッドシェーピングで下車して、それからまた、聞いてください」とのスタッフの言葉しか耳に残っていなかった。次第に、不安が大きく膨らんできた。白く舗装された路に寄り添う小集落。夏の木陰のトンネル。小麦畑と牧草地が続く風景。時々止まる停留所のたびに不安が増幅し、竜巻となった。巻き込まれまいと全身の注意を傾けた。もしも、竜巻の回転軸に吸い込まれたら帰れない。

だが、レッドシェーピングといっても停留所はいくつかあるようだ。スウェーデンのバス停間の距離は、かなり離れている。困惑した。いずれにしても、客の多く降りるところで降りて、それからまた道を聞き出そうと判断した。

とりあえず多くの客が降りるところで、流れに沿って下車してみた。客の塊はすぐに粉砕され、バスも去った。ひとりだけ停留所に残された。どこからか蜂が飛んできて、その羽音が、耳を抉った。静かな農村風景である。

広いロータリーとガソリンスタンド。クローバーの草原が広がっていた。何台かのバスが駐車している。遠くに、幹線道路があるようで大型トラックが往来する姿が見えた。スカンジックホテルの表示もあった。ハンバーガー店もある。このあたりでも人は住んでいるのだ。

だが、不安の渦に嵌《はま》ってしまい、身体が動かない。早まる心臓の鼓動が強く感じられた。空だけが、やたらに澄んで高い。風が強く、帽子が飛ばされそうになり、しっかりと抑えた。

そのとき、ガソリンスタンドから、調理服を着た男が近づいてきたので、最初に英語で、次にたどたどしいスウェーデン語で、「この付近にツーリストインフォメーションはないか」と問いかけた。

「スカンジックホテルにあるが、ところで、どこに行くのだ」と男は言った。小さなバックパックを背負った風来坊のような私を、頭から足元まで見つめなおして、問い返してきた。

「原子力発電所に行きたいのだが」

どう見ても極左翼のテロリストには見えない。過激な原発反対の活動家としても年寄り過ぎている。続く答えは、英語で返ってきた。

「スカンジックホテルを右にゆくと、大きな道路のサークルがある。それを右に進むと黒い大きな建物が遠くに二つ見える。それが原子力発電所だ。歩くとかなりかかるが、バスも本数は少ないよ」

男にタックソーミッケと礼をいい、また、歩き始めた。


分け入っても分け入っても青い山　（種田山頭火）

種田山頭火の漂白の旅とは違い、こちらは「メビウスの風と波」を追う旅なのだ。

ただ、見知らぬ土地での一人旅。歩き続ける不安な心理。非日常的な体験と風景との出会いは、彼の行乞《ぎょうこつ》と変わらぬとも思える。彼の旅との相違は、戻るべき温かな家庭があり、少なくとも彼と比べれば、私には精励恪勤《せいれいかっきん》と僅かな克己心があるように思える。

旅とは、日常的な心の破壊とその再構築による自らの創造かもしれない。旅とは、新たな自己の文化を創りあげることだ。その触媒が、異文化であり、人と自然との交わりなのだろう。種田山頭火は、私の人生観や環境とは、大きく違っているものの、旅の本質は同じかもしれない。大きな違いは、彼が多くの創造的な句作を残した旅路であったことだ。ある意味では、羨ましいともいえる。

歩いても歩いても青い麦畑……か

スコーネの風景

遠くに見えていた灰色の建物が、次第に遠ざかる。送電線が、牧草地、荒地や麦畑を横切り、遠くまで伸びている。高架送電施設も道路から、だんだんと離れていく。この道でよいのだろうかと不安になる。が、人ひとりいない。時々、突風のごとくトラックが過ぎ去る。とぼとぼという擬音はこの心理的表現であろうか。

かなり歩いたように思える。一台の赤い乗用車が、突然、反対車線に急停車した。中から中年の女性がしきりに手招きしている。地平線に向かって見えなくなるまで続く道路をとぼとぼ歩く姿を見かねたようである。ドアを開き、乗るように勧める。タックソーミッケと答え、助手席に座ると車は発進した。

「どこからきたの」と英語で聞いてきた。

「ジャパン」

「私はデンマーク人だが、いまこの先の港まで行くところなの。ところで、何に興味があって、このあたりを歩いているの」

「原子力発電所を眺めて見たいので。それに元デンマーク領だったスコーネに興味を持ち、旅を続けているのです」

「あそこの発電所は、現在、一基しか操業していないよ」

「デンマーク人は、この原子力発電に反対していると聞いたが」

「もちろんだよ。問題が多すぎるよ。スウェーデンの原発は、ストックホルムの人口密集地から離れているかもしれないが、コペンハーゲンはすぐ前だからね。他人の庭先で有害ゴミを燃やしているようなものだよ。デンマークは原子力発電計画を八五年に断念したのよ。事故でも起きたならば、デンマーク全土が壊滅だからね」

こんな話をしているうちに、原子力発電所に向かう入り口の交差点で車は止まった。

「ファヴェル（さようなら）」とデンマーク語で別れを告げてきた。

「マングタック（どうもありがとう）」

彼女は、私を下ろすとすぐに発進した。車が麦畑の風景に消えた頃に、目の前の標識を読むと、「バーセベック工場」と「インフォメーション」というふたつの方向指示があった。

しばらく歩くと、原子力発電所の遠景をカメラに収めるにほどよい距離となった。カメラを構えながらよく眺めると、まるでセメント工場であった。煙突がふたつ。原発近くのあちらこちらの牧草地に、馬の姿も見える。民家も見えた。原子力発電所と舗装された道路からの距離は、一〇〇メートルもないだろう。チェルノブイリ原発事故の強制避難範囲は、三〇キロメートルといわれている。コペンハーゲンが範囲に含まれる（バーセベック・コペンハーゲン間の距離は二三キロメートル）。ところが、この「原発は恐ろしい」という言葉のイメージはまったくない。ありふれたスコーネの風景である。この辺はスウェーデンの原発論争やコペンハーゲン市民の反核運動のシンボルとは思えないのどかさであった。

カメラのアングルを考え、麦畑に顔を埋めながらシャッターを押した。畦にある咲き終えたアザミの棘《とげ》が顔に触れる。風にそよぐ麦の穂が痛みを和らげるかのように頬を撫でる。痛くはないよ。気にしないで。

最初のマルメ出発時の興奮や途中の不安も消え去り、夏の陽だまりの中でゆっくりと平常心が戻ってきた。

青い風が麦の穂を波立てた。

原発のゲートは、セキュリティが厳重なようで、通用門の遮断機は下りていた。長方形の組み合わせに丸細い二本の煙突が聳えていた。建物の周囲は、綺麗に整備されていて、低い緑の木々が工場の下半身を隠している。そう。下半身をね。

どういう目的で飼っているのか、親子の馬が敷地の白い柵の中で、草をのんびりと食んでいた。いろいろと詮索したい光景でもある。工場から延びている高架電線は、下を通るとジージーと不気味な重低音を立てている。一瞬、デジタルカメラのメモリーが気になり、スイッチを入れて映像を確認した。映像の乱れも消去もなかった。電磁波の身体への影響は大丈夫だろうかと不安になった。海を背景に、赤い実をつけたハマナスが咲き乱れていた。背後の原子力発電所とは、調和しない美しさであった。周囲の風景を眺めながら、ジュースのペットボトルに口をあてると、蜂らしい昆虫が纏わり付いた。生き物は、甘えものには群がるものだ。人間を含めてね。

その場を去り、ゲートに向かった。

バーセベック原発工場

ゲート前の看板には、バーセベッククラフトがコミューンの人々向けに、写真入りの大きなアピール文を掲示していた。「バーセベッククラフトに歓迎、一九七五・四・二五―二〇〇〇」とゴシック書きされている。メッセージの下には、環境、雇用、経済、電力供給と四文字が強調されている。四分割の中には、大きな写真が載っており、最下段にその説明がされていた。

「バーセベックは、毎秒六トンに相当する石炭燃料の排出から環境を守っている」

「バーセベックでは、一〇〇〇人以上の人々が働いており、この工場でも四〇〇人以上が雇用されている」

「バーセベックは、化石燃料だけの選択をした場合に比較すると、半分以下のコストで電気を作り出している」

「バーセベックは、スコーネのエネルギー需要の約六〇パーセント相当を送電している」

このキャッチフレーズは、スウェーデンの原子力政策の利点を述べてはいるが、その裏には、スウェーデンの脱原発政策の苦悩が滲み出ている。

この項目を執筆中に、バースベック二号機閉鎖の情報をインターネットで読むことができた。人類が火という贈り物をプロメテウスから得たときと同じように、原子力もまた、常にその制御に悩み続けなければならないようである。

この悩みをスウェーデン国民がどう対峙し続けたのだろうか。

uic・com・auによるブリーフペーパー39は、スウェーデンの二〇〇五年の発電源を次のように分類している。全エネルギーの四七パーセントを水力発電で、八パーセントを化石燃料で、残りの四五パーセントを原子力発電に依存している。このうち四パーセントが輸出されている（スウェーデン、フィンランド、ノルウェー、デンマークは、北欧電力市場の補完取引が行われている）。

この数字の裏には、スウェーデンのエネルギー政策史上の三つの大きなハードルがあった。

スウェーデン工業の歴史的発展は、豊富な水資源と鉄鋼石や木材、そして工業技術にあった。その中心は、水力発電であった。ダム建設による電力供給は、豊かな社会つくりには必需であった。しかし、ダム建設は河川の環境破壊と大規模な財源が問題となり、次第に安い石油に焦点が当てられた。それを補足するように原子力発電の利用が進められた。だが、世界の石油需要の増大と国際情勢の複雑化につれて、世界の石油市場価格は不安定となった。追うように、一九七三年のオイルショックは、スウェーデン経済に大きな打撃を与えた。当時のスウェーデンは、電気エネルギーの約二五パーセントをオイルに依存し、電気需要は年七パーセントの高率で増大していた。ここに原子力発電を含めた新エネルギー政策が決定された。しかし、放射性廃棄物処理の問題が国会で議論となると、一九七〇年代を通して、原子力問題は政党間の大きな政治的論争となった。

第二次大戦後からのスウェーデンの原子力政策を辿ってみよう。

一九四七年、スウェーデン政府は、原子力エネルギー研究委員会を立ち上げた。

一九五六年、委員会は、原子力発電の開発と熱創出を勧告した。

この目的を進めるために一九六〇年にスタズヴィックで実験用原子炉を開始。しかし、この原子炉は、二〇〇五年放射性廃棄物などに注意し、すべて安全に解体された。

一九六四年、アトムエネルギー社とヴァッテンフォール社は、オーゲスタ加圧型重水素炉を操業開始した。ストックホルムに電力と地域熱の供給を始めた。これは、一九七四年まで続いた。

両社は、さらにアセア社供給のマルヴケン大型加圧型重水素炉を建設し始めたが、燃料挿入前に中止した。試験段階から深刻なトラブルが続き、一九七〇年に閉鎖された。しかも、この間に米ソ英に続く「世界四番目の核保有国」を目指して核開発の研究を続けていたと報道されている(「朝日新聞」二〇〇五年五月十一日)。スウェーデン議会は、一九六八年に核兵器開発放棄決議をしたものの、軍は一九七二年まで開発研究を続けた。

この頃から、反原発運動が国内にも広がり始めた。

一九六六年、小規模の沸騰水型軽水炉開発が提案されて、シドクラフト共同企業体ＯＫＧはこの提案に従い、アセア社にオスカルスハムン一号機を発注した。これは、最初のヨーロッパ型の軽水炉で、アメリカの販売特許なしに設計建設された。スウェーデンは、これによって、初期の重水素炉路線を放棄。オスカルスハムン一号機は一九七二年に操業を開始。

一九六八年、ヴァッテンフォール社は、技術比較のためにアセア社に沸騰水型原子炉リングハルス一号機を、そしてウエスチングハウス社に加圧水型原子炉リングハルス二号機を発注した。さらにリングハルスに二基の加圧水型原子炉が建設された。

一九六九年、ＯＫＧはオスカルスハムン二号機を、シドクラフト社はバーセベック一号機と二号機をまとめてアセア社から購入した。

一九七〇年代、ヴァッテンフォール社は、フォースマルクに原子力発電所を建設するために他の施設との協力を進める。七〇年代には、合計で、六基の原発商業サービスが開始され、さらに一九八〇年代に残る六基も商業サービスに入った。操業の原子炉は、合計十二基となった。

一九七六年、四四年間、政権の座にあった社会民主党が非社会主義ブロック（中央党、穏健党、国民党）に敗れて、原発中止を公約とする中央党のフェルディン党首が首相に就任した。しかし、連立内閣は、新たな原発の運転に関して意見が対立し、一九七八年一〇月、内閣は総辞職することとなった。そこで国民党の単独内閣となったが、その間に米国のスリーマイル島原発事故が発生。同年、原発推進派で国民投票に消極的であった社会民主党が、「原子力に関する国民投票」の実施を支持する形となった。

一九八〇年三月、核エネルギー削減の国民投票となった。

多数（原発容認一八・九パーセント、条件付原発容認三九・一パーセント、原発廃止三八・九パーセント）は、経済的に寄与している限り現存施設と建設中のものも含め、運転継続に明確な賛成をした。最終的には二五年の耐久寿命と想定されている範囲内で閉鎖することになった。政府は、原子力発電の更なる拡張を禁じ、もしも、新しいエネルギーが代替可能な場合は、二〇一〇年までに十二基すべての閉鎖を目指すことに決定した。

一九八〇年代には、国民投票の結果を経て、原子力関連法の整備と放射性廃棄物の処理方法が具体化されて、原発問題が沈静したかに思えた。ところが、一九八五年、デンマークが原子力発電計画を公式に放棄し、バーセベック原発の閉鎖をスウェーデンに要求してきた。

翌一九八六年四月二八日、スウェーデンが世界で最初に探知することになったチェルノブイリの災厄は、原発の閉鎖問題を推し進めるさらなる圧力となった。一九八八年、政府は、一九九五年までに原発を削減し始めることを決定した。しかし、一九九一年には、労働組合の圧力とトロント合意の二酸化炭素削減問題が浮上し、その決定が覆されて、事実上の棚上げとなった。この時、バーセベック工場は、閉鎖反対の人間の鎖で囲まれた。労働組合は雇用を守る運動を展開したのであった。

一九九四年、原発賛成派が多数を占める原子力委員会は、二〇一〇年までに原発を削減することは、経済上も環境問題上も不可能であると報告したけれども、一九九八年までには、一基を閉鎖することは可能であると主張した。これは、産業政策、原子力政策、そして環境問題で公約を異にした政党間に大きな政治的緊張関係をもたらした。社会民主党は少数与党であり、議会の多数を制するためには他の政党との協力が欠かせない状況に追い込まれた。

一九九七年始め、社会民主党と他の二党（中央党、左党）は、一九九八年中ごろまでに規模の小さい一基を閉鎖することとし、さらに二基目を二〇〇一年中ごろまでに閉鎖することに合意した。これらの二基はバーセベック原発を意味するものであった。一九九七年六月、国会はこれらを承認した。

直ちに、デンマーク政府の代表として、環境大臣スヴェン・オーケンと内務大臣ビルト・ヴァッセが報道各社に歓迎の声明を出した。

「バーセベック原発は、コペンハーゲンの至近距離にあり大きな危険でもあった。スウェーデン議会の決定を歓迎したい。このような至近にある原発は、決して望ましいものではなかった」

「最初の閉鎖が、バーセベックの二基の原発のうちの一基であっても喜ばしいことである。これがスウェーデンからの重要なシグナルと思いたい」

一九九九年十一月三〇日、バーセベック原発一号機は、ついに閉鎖された。

しかし、閉鎖後の問題はなお複雑である。

政府の省エネルギーや持続可能な社会を目指した経済社会政策にも拘らず、なお電力需要は国内生産だけでは十分満たすことができないでいる。不足分をドイツやデンマークの化石燃料に依存するために、周辺諸国に二酸化炭素による地球温暖化問題を拡散させているとの非難もある。ロシアの天然ガス供給は増大しており、大規模なパイプライン建設が計画されている。だが、ロシアの対外・対内政策による供給不安が付きまとう。

原子力発電に関すれば、ドイツやフィンランドからの電力供給は、自国の原発を止めて他国に原発を押し付けているとの印象も拭《ぬぐ》えない。さらに、ロシアからの電力輸入は、大きな難点であった。チェルノブイリ型原発がなお存在し、その閉鎖がEUから特に求められているのである。国内的には、バーセベック原子炉閉鎖によって、他の一〇基の原発が最終目標二〇一〇年を超えて約四〇年間以上（二〇一二―二五年頃まで）も運転可能との見方がでてきた。

原発削減計画そのものは、二〇〇二年以前のものであった。木材燃料を中心とするバイオマス、風力発電、液化ガス燃料という広範なる代替エネルギーを模索するだろうが、次の原発停止計画が不透明となってしまった。さらに、スウェーデンの電力需給不足を補うために、バルト三ヶ国への原発設置計画さえ噂されている。原発閉鎖も奇妙な構造になってしまう。

もうひとつの大きな問題は、閉鎖に伴う補償である。

バーセベック原発所有のシドクラフト社は、政府決定の法的対応として国内訴訟と非合理的な差別を理由（あえて私有の原発を選んだと）にヨーロッパ委員会に正式な不服申し立ての手続きを始めた。単なる金銭的な問題としてではなく、現実的な発電施設の全額補償をスウェーデン政府に求めている。

その結果、ツイン施設である二号機は、共同生産会社の下で運転が継続され、ヴァッテフォール社のリングハルス発電施設の利益をシドクラフト社へ移転するために、シドクラフト社、国有のヴァッテンフォール社、そして政府間で複雑な協定を結ぶこととなった。バーセベック二号機は、シドクラフト社がリングハルス社（シドクラフト社が二五・八パーセントの株を所有）との新たな共同生産会社の形で運営を続けることになった。原子炉の所有は変わらなかった。政府の補償は、共同生産会社に払う政府補償と二号機が単独で運転されるための特別費用、さらに閉鎖費用が支払われた。補償の国民負担は、かなり大きく複雑になった。

いずれにせよ、スウェーデン国民はバーセベック原発閉鎖を選んだことは確かである。「持続可能な社会」を目指して、大きな実験と挑戦を始めたのである。

バーセベック原発工場を去り、バスで帰るために港に向かった。港には多くの漁船が繋留されており、その一角が海水浴場になっていた。堤防は、海水浴客たちで溢れていた。堤防の先まで歩いてみた。かすかに見える町影を指して、そばのひとりにあそこに見えるのがコペンハーゲンかと聞くと、あれはランツクローナで反対側の町影がコペンハーゲンだと教えてくれた。なるほど、コペンハーゲン市民の感情も理解できた。原発問題は、単なるスコーネ戦争の怨念でないことは確かである。

一時間ほどバスを待ったが、来ない。また、歩くことにした。最初のバス停レッドシェーピング近くになり、やっと港で折り返してきたバスが私を追い抜いた。だが、現代文明の利器に負けたとは思わなかった。歩きに歩いたあとの汗が夕風に心地よく拭き取られた。

二〇〇五年五月三十一日に二号機が閉鎖された。

BBCNEWSは、インターネットサイトでこの件を次の見出しで報道している。

『スウェーデンはバーセベック二号機を閉鎖した。計画より二年遅れて、そしてスウェーデン人が

328

原子力エネルギー利用を止めることを投票して二五年』

この項目の総括としてお読みください。

「デンマーク人は、彼らの首都コペンハーゲンから至近の距離にあるバーセベック（原子力発電所）が封鎖されたことを歓迎」

「スウェーデンは反核運動がピークを迎えた一九八〇年代に原子力発電所の削減を決定した。けれども、地球温暖化問題が大きくなるにつれて、人々は原子力エネルギー利用を再考するようになった。他方デンマークは、原子力発電計画を放棄した。他方、北の隣人フィンランドは二〇〇九年の実現を目指して五機目の原子力発電所を建設している。

バーセベックを運営していたスウェーデン国有会社ヴァッテンフォールは、北ヨーロッパ最大の風力発電所を建設するために八〇億ＳＥＫ（スウェーデンクローナ）を投資したいと話しているという。

これによって、二〇一〇年には、年間二テラワット時の電力を生産する見込みである。バーセベックはその二倍を生産しており、スウェーデンは昨年一四八テラワット時の電力を消費している。バースベックの三四八人の三分の一の雇用者は、当分の間、引き続き雇用を維持することになっている。工場は、少なくとも二〇二〇年までは解体されないであろう。

最近の世論調査によると、スウェーデン人のおよそ八〇パーセントは、国の電力発電の半分を占める原子力発電は維持したいとしている。

大多数のスウェーデン人は、電力不足を補うためにヨーロッパのどこかの国から二酸化炭素を排出する石炭やガスのエネルギーを輸入しなければならなくなることも懸念している」

さらに、発電コストの急激な上昇もまた警告している。

「現在、北欧市場では電力不足である。今回の決定は、負担となるのかもしれない」とシャール・リンドホルム（スウェーデン電力会社グループ・スウェドエネルギーの広報担当者）は、ロイター通信記者に語ったと報じている。

「しかし、スウェーデン政府は、バースベック一号機・二号機施設の閉鎖によって失った電力は代替可能なエネルギー手段によって補完できると主張している。一九八〇年、スウェーデン国民は、原子力発電削減に関する三つの選択肢に投票したのであった。――投票は、核エネルギーを続ける選択はしないと。その結果として、バースベック一号機の閉鎖に至ったのである」とスウェーデン国民の意思をしっかりと書き留めている。（http://newsvote.bbc.co.uk:2006.05.05）

二〇〇六年七月に、原稿の最終調整のために四度目の「メビウス帯の風と波の旅」に出かけた。しかし、あえて私はバーセベック原発を訪れることはしなかった。バーセベックの二基の原発は閉鎖された。だが、残されているスウェーデンの原発、日本の原発、世界中の原発が多くの問題や危険を抱えながら、なお運転をし続けている現実があるからだ。奇しくも、二〇〇六年（四月二六日）は、チェルノブイリ原発事故が起きてから二〇年を経たことになる。多くの関連報道は、核エネルギー利用が人類にとっていかにリスクが大きいかを警告した。だが、なおこの原稿を締め切っても大きな問題や事故（特に二〇〇七年七月の中越沖地震による柏崎刈羽原発は、世界を震撼させた）が次々と報道し続けられている。

立てるライオン

エーレスンド

王室の鶏――ヘルシンオア

年寄りの習性なのか、早寝早起きで朝の活動開始は早い。北欧に関心を寄せた頃は、まだ、体力があった。夏は、朝の五時頃から夜の十時頃まで活動していた。現在は、とてもこのようにはいかない。朝は同じでも、夕方は午後五時頃が限界である。

今朝の起床は、四時頃。同室者が目覚めないように部屋を抜け出て、自炊のキッチンでパンとパック牛乳、それに太い胡瓜《きゅうり》をテーブルに並べた。昨日の行動を記録したり、整理をしながらの朝食となった。食事中にお湯を沸かして、食後にインスタントコーヒー。一息入れてから、昨夜準備していた荷物をキャリーに付けてこっそりと部屋を出た。廊下の蛍光灯が青白く、ユースホステル全体が静寂そのものであった。

ユースホステルを出ると、外はミルク色の深い朝靄であった。天気が崩れるかな。

目的地はエーレスンド海峡に沿った西スコーネである。

駅に着くと案内板のプラットホームの表示が二転三転した。スウェーデン語の放送を完全に理解できるわけではない。乗客たちの動静を注視しながら列車やホームを右往左往した。乗車する列車が確定したときは安堵した。

列車は、マルメからルンド、ランツクローナ、ローオ、そしてヘルシンボリィと歴史の軌道を進んだ。途中、小雨が降り出した。スコーネ戦争でデンマーク軍が大勝利したランツクローナでは、新たに復元された城塔が雨のカーテンの背後に聳えていた。互いの憎しみの歴史は遠く去り、新たなエーレスンド観光と和解の象徴としたいのだろうか。

ヘルシンボリィ駅に着くと、雨は止んでいた。衣類や購入した資料の入ったバックをコインロッカーに入れた。時計を見ると、まだ九時前である。一瞬今日の日程に戸惑った。爽やかな風が吹いた。ヘルシンオア行きのフェリーで両国最短の海峡を渡ることにした。

風のあとは波なのだ。

フェリー発着所は、クヌートプンクテンと呼ばれる近代的なビルの中にあった。鉄道駅、バスターミナル、商店やレストランもこのビルに入っている。

乗船切符を買った。まだ少々余裕があった。朝の慌しい時間を過ごしたので、出航までコーヒー店で一休みすることにした。

階下の人の流れを見ていると東京駅や新宿駅とは動きが異なり、どこか緩慢に思えた。夏というのに服装は、真冬服が見られないだけで多種多様である。個性あるファッションモデルの行き交いとでも言おう。季節の回り舞台を見ているようでもあった。飲み残したコーヒーを紙コップに入れてもらい、乗船ゲートを通った。

何人かの男女や子供づれの夫婦が空き瓶をキャリーに載せて乗船ブリッジを渡った。子供が小走り

酒類買出し風景

に追いかける。ヘルシンオアにアルコールを買いに行く光景である。キャリーを引いている女性に問いかけた。

「ヘルシンオアに買い物ですか」

「スウェーデンはアルコールが高いので」

「たしかに、私もそう思いますよ」と同意し、アルコールとの国民あげての戦いの歴史を思い出した。それに比べるとデンマーク人は、なぜかアルコールには寛容に思える。ビール会社カールスベア（カールスバーグ）は、いまや世界に冠たるブランドである。顧客だけではなく、スウェーデンビール会社さえも傘下に吸収してしまった。泡で儲けた収益は、慈善事業や文化遺産の維持に還元している。北欧のアルコール話題はおもしろい。

まもなく、フェリー「ハムレット号」は出航した。

数人の乗船客は、ビールや他のアルコール類を飲み始めた。短い時間にもかかわらずである。

混雑する船内を離れ、デッキに出た。風と波の風景が見渡せた。

まもなく、ヘルシンオアの美しい港が美味しく食欲をそそる料理のように目前に届けられた。

両都市間の距離は四キロ。片道二二、往復四〇スウェデッシュクローナの旅は二〇分もかからないで終わった。

下船すると、ヘルシンオア駅前は観光客とショッピング客で賑わっていた。波にわずかに上下する数隻のフェリー。遥か遠い海原に見えるヘルシンボリィの陰。腰を低めると舗道に咲く赤と黄のカンナの背後にクロンボー城が見える。ネオ・ゴシック様式の美しいヘルシンオア駅と剪定《せんてい》されたプラタナスの街路。花卉《かき》市場で埋め尽くされたハーバー広場。空は風に退色することのない藍で染まっている。海風が涼しい。静かに身体を三六〇度回転させて、円形パノラマを鑑賞する。手足を伸ばし、ゆっくりと深呼吸すると、しみじみとしたものがこみ上げてきた。

これが旅情というのかもしれない。

ヘルシンオア（英名・エルシノア）は、スコーネとシェラン島にあるエーレスンド海峡で最も狭い部分に位置している。町の最初の移住者は、十二世紀頃と思われる。考古学上からもこの頃の火災や略奪の跡、海賊や敵の襲来に備えた砦跡が見られる。現在の中心街南にも古い町跡が発掘されているが、本格的な研究は今後に残されているようだ。

文献上は、ヴァルデマー二世勝利王の土地台帳で商業特権についての言及が見られるが、さらなる発展と繁栄はエーレスンドの鰊漁によっている。しかし、町が歴史上、より重要な役割を担うようになったのは、十五世紀のポンメルンのエーリック七世のときであった。

当時、カルマル同盟の王エーリック七世は、スレースヴィを巡りホルシュタインと戦争状態にあった。デンマーク王室は財政難に陥っていた。そこで、一四二九年、エーリック七世は財政の再建と安定のためにエーレスンド（エーアソン）通行の船舶に海峡税を支払わせることを思いついた。その見返りに、海賊等からの海峡通行の安全を保障した。

この天才的な考えは、当時、中央ヨーロッパの野武士集団や盗賊が大きな河川を通行する船舶から河岸の要塞で通行料を強奪していることに類似していた。だが、これらの行為は、中央集権国家が強くなるにつれて影響力を弱めていった。

他方、エーレスンドは、鰊漁業や貿易環境が大きく変化してきた。ひとつは、鰊漁場の中心がユラン半島北部からバルト海入り口に移動してきた。また、船舶の大型化や航海技術の進歩によって、バルト海貿易量が、従来のスレースヴィ・ホルシュタイン経由による陸路横断からエーレスンド海峡経由に大きく変わってきた。国際政治経済も大きく変わりつつあった。常にバルト海の風と波を荒立たせてきたハンザ同盟勢力が、イギリス・オランダの勃興によってその影響力を弱めてきた。エーレスンドは次第に重要さを増してきた。

両岸のヘルシンオアとヘルシンボリィは、キャノン砲によってしっかりと海峡を通行する船舶を監視した。多くの船舶は、強引なまでのエーリックの徴税策に従わざるをえない環境となっていた。最初のエーレスンド通行税は、一ノーベル（金貨一枚）であった。しかし、徴税システムが整備されるとすぐに値上げされ、以後、デンマーク王室の財政を潤してきた。

当然、ヘルシンオアの税関役人、船舶代理商人、船舶物資の供給業者たちは経済的に潤い、豪華な邸宅を次々に建て始めた。質素な町並みは、急激に華麗な国際都市へと変貌した。一五八〇年代には、デンマーク第二の都市へと発展するのであった。ステンゲーゼやストランドゲーゼ地域では、今なお、家々の梁や切妻窓に往時の華麗な彫刻が見られる。

十六世紀後半から十七世紀前半、フレゼリク二世とクリスチャン四世の治世は、デンマーク史上比較的大きな成功と繁栄の時代とも記録されている。ヘルシンオアはこの繁栄を享受した。この間、海峡税はさらに値上げが繰り返されて、船荷の重量にまで課税枠が拡大された。当然、バルト海を中心とする海峡通過の国々は憤怒に駆られた。このエーレスンドを巡り合従連衡の外交戦略と戦争が繰り広げられた。特に、最大の海峡利用国オランダは、デンマークとスウェーデンのバルト海覇権に関してチェック・アンド・バランスの立場を保持し続けた。

だが、海峡税の値上げ、バルト海覇権、そして穀倉地帯南スウェーデンを巡るスウェーデンとデンマークのたび重なる争いは町の衰退をもたらした。

第二次カール・グスタヴ戦争（一六五八—六〇年）中、ヘルシンオアの街とクロンボー城はカール十世とスウェーデン兵士たちによって、大きな破壊と略奪を受けた。街の貴金属も城の金銀財宝もすべて持ち去られた。さらに荒廃した町に追い討ちをかけるようにペストが流行した。

続くスコーネ戦争、大北方戦争もまたスウェーデンに敗北した。デンマークはバルト海覇権争奪戦から完全に脱落してしまった。一七〇〇年代前半、ヘルシンオアの人口は二〇〇〇人弱にまで減少し、町の衰退は続いた。まさしく、ヘルシンオアの栄枯盛衰は、デンマークの変動波と同調したのであった。

十八世紀中頃から十九世紀初頭にかけて、デンマークはバルト海覇権獲得を放擲し、大国間の覇権争いを掻い潜った。まるで障害物競走であった。逆にこの時期は、国力回復の時期ともなり、コペンハーゲンを中心とする国際貿易と海運業が発展した。バルト海貿易は、西ヨーロッパや地中海に限らず、新大陸、アジア、アフリカまで展開した。海峡税の許認可手続きも強化されて、町は沖合で待つ船舶乗組員たちで賑わった。多くのレストランや宿泊施設は、国際化の波と経済的な恩恵を享受した。町は再生した。町には、経済史上これらを裏付ける多くの商品リストやバルト海貿易の資料が輝くように残されている。デンマーク史上「フロ一リッサン（花盛り）の貿易時代」ともいわれる。戦争から平和への政策転換の大いなる配当でもあった。

十九世紀のナポレオン戦争からクリミア戦争にかけて、ヨーロッパの外交・軍事は、権謀術数、弱肉強食、そして新世界秩序への胎動でもあった。このような吹き荒れる台風の中で、デンマークは大国フランス・イギリス・ロシアそして新興プロイセンに囲まれた蝋燭の火であった。大国間の強風に吹かれ、前後左右に揺れ動いた。内には、ヨーロッパの新しい風・自由と国民主義が芽生え、腫瘍ともいえるスレースヴィ・ホルシュタイン問題は緊迫していた。

クリミア戦争終結によるパリ条約の翌年（一八五七年）、アメリカ、ヨーロッパは経済恐慌に襲われた。アメリカを中心とする国際的な圧力は、海峡税の廃止を求めた。デンマークは、航行する各国に代償として三五〇〇万リックスダラーを求めて、同意せざるを得なかった。四〇〇年以上も金の卵を産み続けた雌鳥は、強国間の手によって首を絞められたのであった。エーレスンドの経済的な霧は濃く広がった。

さらに蒸気船の時代を迎え、北海やバルト海の風向きによるヘルシンオア港への投錨《とうびょう》も必要なくなった。航跡は町の金の延べ棒でなくなった。ヘルシンオアは政府に財政的な支援を求めたが、デンマーク中がスレースヴィ・ホルシュタイン問題で苦境にあった。なんらの保証もなく、煌《きら》びやかだった町並みも寂《さび》れていった。

一八八〇年代以降になるとスンドに新たな潮風が吹き始めた。港は深く浚渫《しゅんせつ》されて、ヘルシンオア・ヘルシンボリィ間に蒸気船のフェリーが通い始めた。南スウェーデンやスカンディナヴィア半島としっかりと結びついたのであった。自由に通れるようになった海峡は、デンマークだけではなく、再びバルト海沿岸諸国の経済的発展を加速させた。最も大きな変貌は、交通網の整備であった。ヒレロド経由と海岸線周りのコペンハーゲン行き、さらに北へのホーンバエク経由のギレリエ行きと延伸が続いた。ヘルシンオアはコペンハーゲン経済圏の重要な一翼を担うようになったのである。

現在、ヘルシンオアは、立てるライオン・エーレスンド社会経済圏の前足として前進を続けている。ガムラ（旧）ヘルシンオアは広域コミューンの小さな一角となった。しかし、町は小売業、観光業、造船業の中心として新しい海峡（スンド）の意義を再定義し、その歴史保存に努めている。

まず、この海峡税のシンボル・クロンボー城を見学することにした。

いつの時代も変わらない。どのような形の税であっても、目に見える波及効果があるのは箱物行政（政治）のようである。海峡税によって維持されたエーリックのクローゲン城、その後のフレゼリク二世とクリスチャン四世によるクロンボー城は、長い間、ヘルシンオアに目に見える形で繁栄をもたらした。

クロンボー城は、曇天の背景が最も調和するようだ。このような晴天では、あのハムレットのイ

クロンボー城

メージは浮かばない。空気が澄んでいるだけに、城は至近距離に見える。おそらくクロンボー城は、昔は広い湾を抱えるように建てられていたのだろう。ただ、現在はその半分は埋め立て地となっている。あたりは、ヨットハーバーや釣り場、そして雑然とした空き地となっている。

北側防波堤にはルドルフ・テグネルによるヘラクレスと巨大なヒドラの像がある。通称、小人と海峡税関役人などと揶揄されている。この彫像は何を象徴しているのだろうか。ヘラクレスの十二の難業のうち、最も多くの人に印象深いこの神話の部分をヘルシンアオの風景画になぜ添えたのか、経緯はよくわからない。ただ、古典的なクロンボー城の隅に異質の彫刻が配置されて、新たなヘルシンオアの物語が作られていくのだろうと推測した。

並走する鉄路と国道二三七号に沿って、海鳥の飛び交う海景を眺めながら歩いた。舗道の所々に作られている花壇が車の往来の騒々しさを和らげている。途中、大きな錨《いかり》と城を背景にビデオ演出をしているテレビ局のスタッフがいた。空き地のちびっ子公園では、子供たちが鴨の群れと戯れていた。湾に繋がる濠の小さな木橋を渡ると、クロンボー城の入り口広場に達した。既に数台の観光バスが駐車していた。

高い尖塔のクロンボー城を前面に、木の橋を渡るとクラウンワークゲートである。観光客がゲート前で写真を撮り合っている。たしかに記念となるワンショット・エリアである。

この門は、クリスチャン五世が陸路からの襲撃に備えて作った稜堡《りょうほ》の中央正面である。この豪華な砂岩の門は、一六九〇の年号、クリスチャンのモノグラムと深い装飾彫刻で通過する者を圧倒した。門は両脇に延びる稜堡よりも高く、城をすっぽりと隠してしまう。車の進入は厳重にここで監視されているようで、今も昔も厳重な関門である。

門の飾り板には、デンマークの司教で讃美歌作家でもあったトーマス・キンゴによる小詩が刻まれていた。

もしあなたが尊敬に値するならば、この道を通りなさい
あなたが踏み込む私の門を
案内しましょう
栄冠の城であなたが眺めることのできる場所へと　（著者訳）

藻《も》で緑に染まる濠の左に城への入口はあった。入り口前にある稜堡の一部がぽかりと開いていた。多くの観光客が遠く対岸のヘルシンボリィとエーレスンド海峡の風景を眺めている。クロンボー城の中庭に入ると、噴水の跡地と野外劇場の準備作業が目に付いた。周囲の高い四角な城棟が青空を支えるように聳えていた。

六角形の噴水跡は、フレゼリク二世がクロンボー城の火災修復のときに、ニュールンベルグの有名

なブロンズ製作者ジョージ・レーベンウォルフと委託契約をしたものであった。豪華なブロンズは、オランダの彫刻家リーエンハルト・シャハトによるものである。製作に八年以上も要し、一時フレゼリクをかなり苛立《いらだ》たせた。完成したのは、一六五八年であった。

満面の水を湛《たた》えた台座には、四層からなるウェディングケーキのような彫刻塔があった。三六体のブロンズ像がそれぞれの各層に配され、水が交差しながら吹き上げていた。一番上のネプチューンは、三叉のやすを握り、海馬にある巻き貝の上で回転しながら立っていた。水は、城から一キロも離れた岡の上から重力を利用して吹き上げるシステムとなっていた。

ところが、フレゼリク二世が誇る豪華で、精巧で、クロンボー城の富の象徴ともいうべきこの噴水は、金銀刺繍のキャノピー（天蓋）、大広間のタペストリーや絵画等共々、一六五八年のスウェーデン軍の占領時に略奪されてしまった。いまや目の前に残るのはその台座だけになってしまった。

幸い、噴水のモデルは、フレデリスク国立歴史博物館にある。当時の設計図や一五八二年に描写された所謂「クロンボーモテッツ」といわれる原本も残っていた。大きなブロンズのジュノー、ミネルバ、そしてヴィーナスのうち、ひとつは近くのカルメリタ修道院に、他の二つはストックホルムのドロットニングホルム宮殿にある。そこで政府の歴史遺産保存機関は、民間の財政的な支援を得て、近くこの噴水を復元する計画である。

両国は長い愛憎の歴史で互いに略奪戦利品を得てきた。しかしもはや、これらの歴史的文化遺産は、それぞれの国に属するものではなく、世界の人々の共有財産となっている。ただ、エジプトが大英博物館の所蔵品の返還を求めているように、戦乱での略奪品はいずれの国に属するのかは解決されていない。同じように、植民地だった国々と旧宗主国間に略奪品に関する補償問題も浮上している。スウェーデン・デンマーク両国に関する限り、この議論の資料を私自身持っていない。また、噂も聞いていない。だが、今回のメビウス帯の旅で同じような歴史的文化遺産のシャフル展示を見てきた。この疑問が浮上するのは私だけではないだろう。

戦争の歴史とは、勝敗はいずれにしても、芸術や文化にとってかくも過酷で非情な流れなのだろうか。

中庭で準備が進められている野外劇「ハムレット」フェスティヴァルは、世界各国の劇団や団体が参加し、夏の夜を彩っている。また、ヘルシンオア・ジャズフェスティヴァルも夏の夜の雰囲気作りに毎年実施されている。

さて、このハムレットとクロンボー城の関係は、多くの観光客の関心の的である。事実、城内の見学を始めた最初のコーナーは、「ハムレット」由来の展示であった。説明を読んいる間に、二組の日本人観光団体が過ぎ去った。いずれもお目当てはクロンボー城の歴史や海峡税、歴史遺産の品々よりも「ハムレット」であった。旅行案内者は、一九四八年に各種のアカデミー賞を得たローレンス・オリビエ監督・主演の「ハムレット」を熱心に説明していた。たしかにローレンス・オリビエの心理描写は素晴しかった。オフェーリア役ジーン・シモンズの恋の悩みも、私にはかわいらしく、強く印象に残っていた。

クロンボー城の歴史を垣間見よう。クロンボー城の前身は、前に述べたエーリック七世の堡塁であった。現在でも壁の一部にその痕跡が残っている。しかし、新しい時代の兵器の発達に対して堡塁を要塞に、そして絢爛豪華な城に築き上げたのはフレゼリク二世であった。一五七〇年代中頃に、稜堡を補強し、主流となったキャノン砲に耐える造りとした。城の名称もクローゲン城からクロンボー城に変えた。クロンは王冠、ボーは城を意味する。さらに、ヨーロッパ旅行の影響と新妻ソフィアの要望も取り入れて、より大きく豪華に改造している。チャペル、広間、「女王のギャラリー」、スコーネ産の石壁、豪華な北欧ルネサンスの天井等へと海峡税をまるで湯水のように流し込んだ。エーレスンド海峡に聳える城は、権力の誇示と彼の気炎万丈ともいえる。

しかし、一六二九年、火災に遭い、唯一チャペルだけが焼け残った。幼少の頃からこの城で過ごしたクリスチャン四世は、直ちに再建に乗り出した。財政難に尻込みする国の参事会を無視して、強力な王権の象徴として作業を進めさせた。海峡税は二倍に値上げされた。

外姿はフレゼリク二世時のままであったが、内装はバロックスタイルで新たにした。広間は、装飾もデンマーク史上のテーマを扱い、数々の貴重な絵画で埋め尽くした。

だが、スウェーデンとのバルト海覇権争奪に敗れると、王の住まいもコペンハーゲンに移った。一時戦略上、軍事的な補強がされたものの、武器庫や兵舎として他の多くの城と同じ運命を辿るのであった。

一九二四年、クロンボー城は、兵舎訓練や軍関係が去った後、約四年かけて完全な修復がなされ、ほぼ現在見られる形となった。また、コペンハーゲンの商事・海事博物館も城の一部に移り、多くの広間が一般に公開された。二〇〇〇年、クロンボー城は、貴重な北欧ルネサンス城としてユネスコ文化自然遺産に登録され、多くの観光客が訪れるようになった。

　展示説明は多くのスペースをとっていた。特にシェイクスピアの『ハムレット』起源やその最近の演劇や映画は詳細であった。映画で使用されたハムレットとオフェーリア役の衣装も展示されていた。

ハムレットとオフェーリアの衣装

私は、英文の説明を中心に写真や図解を見ながら読み進んだ。メモを取っているうちに、完全に嵌《はま》ってしまった。そのために、かなりの時間を費やしてしまった。だが、その価値もあったように思える。

　もちろん、『ハムレット』は、シェイクスピアの四大悲劇のひとつであることは誰でも知っている。でも、概要を思い出してみよう。

「エルシノア城　銃眼胸壁のうえの狭い歩廊。左右は櫓《やぐら》に通じる戸口。星のきらめく寒い夜。見張りのフランシスコーが矛を手に往ったり来たりしている。鐘が十二時を報じる。間もなく、もう一人の見張りバーナードーが同様ないでたちで城から出てくる。闇のなかにフランシスコーの足音を聞きつけ、急いで立ちどまる。

バーナードー　誰か？」（福田恒存訳『ハムレット』）

デンマーク王子ハムレットは、父王を叔父クローディアスによって殺される。その弑逆者《しぎゃくしゃ》は、彼の生母ガートルードと結婚して王位に即位。ハムレットは父の亡霊によってその死の秘密を知らされ、復讐の使命を負わされる。そこで王子は、狂気を装い機会を狙う。しかし、母への懐疑、クローディアスの猜疑心による復讐の困難、宰相ポローニアスとその娘オフェーリアへの恋の不信、彼の内省的性格などで悩みに悩む。まさに、to be, or not to be; that is the question である。

折しも、旅役者が城を訪れたので、類似の筋の劇を叔父に見せた。そこで弑逆の真実を突き止める。クローディアスは身の危険を感じ、彼をイングランドに送り殺害しようとした。だが、難を逃れたハムレットは帰国した。そこで目にしたのは狂気で溺死したオフェーリア。王の術策でオフェーリアの兄レアティーズとの剣試合となる。王によって毒塗り剣と毒ワインが謀《はか》られた。結果は、双方が傷つき、母ガートルードも毒ワインを誤飲し死ぬ。ハムレットは、最後の力で叔父を殺し、復讐を遂げる。デンマーク王国をノルウェー王の従兄弟に託することを親友ホレショーに言い残し息を引き取る。

『ハムレット』起源に関する議論は、各種いろいろある。手元にある日本語版の解説や、他のパンフレット、英文冊子を参考にクロンボー城の解説概要を記しておこう。

この作品は、一二〇〇年代のサクソー・グラマティクスによる『デンマーク年代記』の第三巻に遡るといわれている。

コペンハーゲンの起源に関わったアブサロンは、デンマーク王家の相続争い、法王と王との権力闘争、国内の伝統派と中央集権派の争い、対外的にはスラヴ民族との争いを渦中で経験した。しかし、ヴァルデマー一世大王になると問題は沈静化し、中央集権が次第に浸透していった。一一七七年、アブサロンはルンド大司教に任じられると、彼の司書サクソーにデンマーク史を書くことを命じた。長い間の相続争いと法王との権力闘争について血を流すことなく終焉させて、記録に残したかった。

サクソーは、年代記を当時のスカンディナヴィア民間伝承・伝説や民族詩をもとにラテン語で生き生きと叙述している。もちろん目的は、民衆、騎士、そしてバルト海沿岸の国々にデンマーク王家の正当性を認めさせて、普及させるためであった。現代の歴史家の視点からすれば、全く公平さや正確性を欠いている。しかしこの物語の主人公は、アムレス（Amlethus……英訳 Amleth）として、ハムレット（hamlet）の起源にもなった。

もちろん、AとHの交換は、私には「オムレッツでもよかったのかな」とも思えるが……。

またハムレットの中心哲学？の「憂鬱」も、ヨーロッパ中世社会を覆った知的社会風潮であった。その起源がスカンディナヴィアにあったと知ると納得できる。

これが、グーテンベルグの印刷術の普及と共に各地に流れ、十六世末、この骨子の部分をフランスのベルフォレーが『悲劇物語』として書き下ろした。アムレスは男性を惹きつけるトリックの意味や妻の不倫、不信を表現するものとして流行語になったともいわれる。

さらに、『悲劇物語』が『ハンブレット物語』として英訳されて、またトーマス・キッドによる「スペインの悲劇」や「原本ハムレット」として上演されていた。これらがシェイクスピア作品の種本となったことは確かである。

「ひっきょう、『スペインの悲劇』が書かれていなかったならば、シェイクスピアの『ハムレット』

もついに書かれていなかったろう。……だが、肝心なのは類似ではない、差異である。シェイクスピアの個性と独創の天才が燦めき出るのは、コールリッジが賛嘆する彼の『万の心』がその秘密を啓示するのは、まさに類似の底にひそむ差異の深淵からなのである」（野島秀勝訳『ハムレット』）

ハムレット展示会場をあとにして、王侯貴族の豪華・絢爛たる居間や家具、絵画、備品を見て周った。途中で格子窓から眺めるエーレスンドの風景は、晴れ渡り、とてもハムレットの気分にはなれなかった。ただ、高校生時代の英作文例にあった「To be, or not to be……」やマルクス、マックス・ウエーバー、キルケゴール、実存主義などの言葉の中で、この命題を次々と解説された大学時代の松井秀親教授による「社会科学概論」の授業風景が思い浮かんだ。たしかにこのテーマは現代社会にとって重要な命題に思われる。

最近、このハムレットの中心スタイルである優柔不断を、思慮深く自己の意思を貫徹した例として、従来とは異なる観点からハムレット論を展開しているものもみられる。面白い発想に興味が持たれた。

最後に、地下にあるホルガーダンスクの像を見ることにした。

騎士の団子部屋（リッダープロステイン）と呼ばれた地下室は、暗い迷路の奥にあった。近づいた瞬間に照明が点灯された。盾を脇に、剣を膝に置いた、うつむき加減の灰色の像が現れた。像にカメラを向けてシャッターを切った瞬間、ホルガーダンスクの腕組みが太く、力強く浮き出された。しばらく、見ていると再び闇となり、像は輪郭だけを残すように消えていった。これが、デンマークの大人から子供までが親しみを込めて話すホルガーダンスクなのだ。

ホルガーダンスクは、十三世紀頃、最初にフランス最古の叙事詩「ローランドの歌」にデンマーク人オジールとして現れる。デンマーク国の王子オジールは、神聖ローマ皇帝シャルルマーニュ（カール大帝）によって人質となる。だが、一時王の親族を殺したとして投獄される。しかし、サラセンとの戦いの折に解放されて、スペインで武勲をあげ、フランスを救ったといわれる。

この中世騎士の英雄叙事詩がどのような形でクロンボー城と結びついたのか詳細は解らない。ただ、一五三四年にヘルシンオア出身のクリスチャン・ペダーセンがオジール物語の新版を発行している。十九世紀には、B・S・インゲマンによるバラード（In all the realms and contris）、ホルガーダンスクがデンマークで広く知られている。その意味では、長い間、デンマーク人の間で語り継がれ、心の拠り所となってきたことは確かである。第二次世界大戦中、ナチス・ドイツにデンマークが占領されたときに活躍したレジスタンス組織名「ホルガーダンスク」もまた、有名である。

ホルガーダンスク像

アンデルセンもまたデンマーク人ホルガーを木彫師によって子供に語らせている。

「古いクローンボア城のその下の深い暗い地下室で、誰も入ってこない所にデンマーク人ホルガーが腰掛けています。鉄と鋼を纏って、頭を逞《たくま》

エーリック７世銅像

しい腕で支えています。長い髭《ひげ》が大理石のテーブルの上に垂れ下がっており、テーブルの中にしっかりと根を下ろしています。彼は眠って夢を見ていますが、夢の中で地上のデンマークで起きることは、何でも見ています。

　クリスマスの前夜ごとに、神様の天使が遣って来て、あなたの夢見たことは正しい、デンマークはまだ本当の危機に陥っていないから、安心して眠り続けてよいといいます。もしデンマークが危険におちていたら、年をとったデンマーク人ホルガーが立ち上がるでしょう」（H・C・アンデルセン著、高橋健二訳『デンマーク人ホルガー』著者一部修正）

　この地下室の像は、彫刻家H・P・ペダーセン・ダンによって作られた。市内のホテルマリーンリストにはそのブロンズ像がある。一九〇七年に造られたこのブロンズ像は、クロンボー城に石膏の像が置かれてからは、忘れられがちである。

　薄く黄色い案内灯に従い暗い隧道から地上に出た。目が周囲の様子に馴染むのに時間がかかった。よく見ると、中庭では野外劇の組み立て準備が終わったようだ。石や木箱の間を往復しながらシェイクスピア劇の練習を始めていた。

城から出た後、街のビアガーデンに寄り、一休みした。街路や広場の木陰にもテーブルが出されて、多くの老若男女で賑わっていた。木陰で忠犬ハチ公が主人の飲み具合をおとなしく眺めていた。彼らの話している内容は理解できないが、日常茶飯事の会話なのだろう。人々の声がリズミカルに響いた。広場では、エーリック七世の像が子供たちにこの町の歴史を語りかけていた。

四角な街路に計画されたこの町は、中世以来のコスモポリタンである。旅人、船人を癒し続けている。さらに、ヘルシンボリィとフェリーで結びつき、エーレスンド社会経済圏の国際・文化都市の一角を担っている。文学と伝説の世界遺産であるハムレットもホルガーダンスクも、起源はヨーロッパ各地にあった。そして、この地ヘルシンオアで生き続けている。

帰りのフェリーもまた、ハムレット号であった。

エーレスンドの真珠——ヘルシンボリィ

フェリー「ハムレット」から下りると、すぐにコインロッカーから荷物を出した。既に時間は、午後四時四五分を回っていた。ガイドブックを読むと、ユースホステルの宿泊申し込みは五時がタイムリミットである。荷物を載せたキャリーを曳き、急いだ。そして、急いだ。だが、駅から近く、バックパックのシーズンであるために、ユースは満室であった。多くのガイドブックでも紹介されているからであろう。

止むをえず、いつものようにヘルシンボリィのツーリストインフォメーションで二泊の紹介を得た。

ホテルは、デンマークの有名な科学者名の付いたティコ・ブラーエ広場にあった。スコーネ戦争で町が焼き払われたときに、ただ一軒だけ残ったヤコブ・ハンセンの家も道路向かいにある。広場の中央には、くすんだ球体がのる噴水があった。ティコ・ブラーエの宇宙観を説明している星座模様の天球儀である。球体の隙間からは、夕暮れのヘルシンボリィの空を垣間見ることができた。台座の噴水口からは、近代科学の流れが八角形の水槽に落ちては、水面に広がってゆく。宗教改革、封建制度、ルネサンスや地中海貿易等の衰退という激動の時代背景の中で、新しい科学・経験主義という蛇口をティコ・ブラーエは、捻《ひね》ったのであった。

ティコが死を迎えたボヘミア（チェコ）の都プラハには、彼の墓所がある。地下埋葬所には、左手で剣を握り、右手を天球の上に置いている彼のレリーフがある。碑銘には、「推測ではなく、事実を」と刻まれている。剣よりも天球こそ彼の象徴でもあるのだ。この広場の巨大な天球は、観測という経験主義・科学の大原則を多くの市民や旅人に問いかけているのかもしれない。

まだ星は出ていなかった。

ティコ・ブラーエは、一五四六年、スコーネのクヌートストループでデンマークの名門貴族に生まれた。子供のいない伯父ヨルゲン夫婦の下で養子として愛情深く育てられた。一五五九年からコペンハーゲン大学で法律を中心に他の多くの科目を学ぶ。このとき、特に天文学に関心を抱くようになる。その後、ライプチヒ大学で法律や哲学を学んでいる時に、フレゼリク二世の水難を救った養父ヨルゲンが肺炎で死去した。彼は故国に一旦帰るが、養父の強い要望であった法律を学び続けた。その間、ヨーロッパを旅行しては天文学の資料やその観測機器の収集を行った。一五七〇年、父の死の知らせを受けてクヌートストループへ帰る。それから、近くの伯父ステイン・ビーラのヘレヴァド大修道院にしばしば通うようになる。ここで天体観測所や錬金術実験所を作り、研究を始めた。

一五七二年、彼は、観測所に通う中でカシオペア座の超新星を発見した。その星が消えるまでの色と光を特製の六分儀で観測し続けた。その内容を「新星について」という形で出版し、一躍天文学・占星術の大学者として世に出ることになった。

一五七六年、ティコは、フレゼリク二世からランツクローナ沖にあるヴェーン島（現在スウェーデン領）を与えられる。彼の業績と養父ヨルゲンへの恩義に対する報いであった。彼はそこにウラニンボー城を築いた。

一五七七年、そこで大彗星を観測し、従来のアリストテレスの宇宙観を捨て、新しい宇宙観を構想した。城は、約二十年の間、ヨーロッパ各地の天文学・科学研究者の情報交換の場ともなった。その大規模な観測装置や組織的な研究は、現代の総合科学研究所の始まりとも評価されている。彼と助手たちは天文学、気象学、地図作成法、錬金術、占星術、そして医薬調合など多くの研究を行い、多くの業績を残している。

だが、フレゼリク二世が死ぬと、次の国王クリスチャン四世とは、肌が合わなかった。平民の妻との結婚、宗教や政治的な陰謀などで彼の相続や封土が難しくなった。一五九七年、彼は追放同然にこの城を去らざるをえなくなり、二度とデンマークへ戻ることはなかった。

『メカニカ』の最後に次のようなくだりがある。人生にどんな浮き沈みがあろうと「どこにいっても地は下に天は上に存在する。やる気のある人間はどこにいてもそこが自分の祖国になる」（ジョシュア・ギルダー、アン－リー・ギルダー著、山越幸江訳『ケプラーの疑惑』）

彼の去った後のウラニンボーは、十七世紀に廃墟となった。地下天文観測所であったステアンボーの一部は、現在もなお残っている。実物大の天体観測器具の複製、図面や多くの資料が島を訪れる観光客のために展示されている。特に、最新のマルチメディアによって、人々にティコの構想した天体や宇宙の世界を案内してくれる。また、城の周囲には、彼の作った豪華なルネサンス式庭園もある。このティコ・ブラーエ博物館は、古いオール・セント教会を利用して新設されたものであった。ティコの生涯や彼の科学的な業績、そしてウラニンボーでの活動を紹介している。

故国デンマークを去ったティコは、研究の新しい庇護者を求めてヨーロッパを旅した。不毛な二年であったが、神聖ローマ帝国のルドルフ二世の宮廷数学官として招聘《しょうへい》された。彼はプラハに新しい天文観測所（新ステルンブルグ）を建て、観測を続けた。J・ケプラーはこのとき彼の援助の下で助手を勤めた協力者であった。

彼の観測データの蓄積とその集約として「ルドルフ表」の完成を目指す中で、一六〇一年、晩餐会後に突然病に伏した。その十一日後に息を引きとることとなった。あまりにも突然の死に毒殺の噂もヨーロッパ中に広まった。しかし、自然と立ち消えとなった。

ケプラーとブラーエの像（プラハ）

二十世紀後半になると、科学の進歩は再び彼の死に疑問を出した。水銀中毒による毒殺である。『ケプラー疑惑』の著書ギルター夫妻は、その犯人をケプラーと推測している。謎は議論をよんでいる。

だが、今後、議論がどのような展開になるにしても、彼の科学史や思想史への影響は変わらない。

彼の宇宙観は太陽が地球の周囲を回り、他の惑星が太陽を回るというコペルニクスとアリストテレスの考えを折衷したものであった。だが伝統的な天動説から一歩先を踏み出したのであった。彼の役割は、ケプラー、ガリレオ、そしてニュートンへ続く近代天文学・物理学への橋渡しを演じたのであった。また、ケプラーの法則に至るための多くの正確な観測資料を残した。裸眼による観測機器によって、経験主義、実験科学の実現に貢献した最後の科学者ともいえる。


宿泊ホテル名は、「ヴァイキング」。落ち着いた小さなホテルであった。翌朝、食事に食堂に下りた。食堂は、テーブルの数は少ないが、料金の割にはメニューの品数は豊富であった。まだ、準備中で、スタッフが品々を忙しく運んでいた。

店は名のごとく、由緒あるようで、調度品類もヴァイキングの歴史を感じさせた。食事は日本流に言えば、小さなヴァイキング方式（ビュッフェ形式）であった。冷温の多種類の豪華な料理をテーブルに並べて、各自が自由に取って食べる。この種の形式をスウェーデン語ではスモーガスボードといい、スカンディナヴィアが原型といわれる。ヴァイキング発祥地名から日本人が編み出した面白い言葉でもある。最近、日本の観光地でも大ホールで朝食をこの形式で摂ることが多くなった。グローバルスタンダードといえるのかもしれない。

準備が完了したようで、責任者らしい男性が、様子を見に来た。

「グー・モロン」と挨拶をするとにっこり。テーブルにある鰊の酢漬について尋ねてみた。

「スウェーデンでは、朝食でもこの酢漬けを食べるのですか」

「いや、多くの旅行者に少しでもスウェーデンの味を楽しんでもらえればと思いましてね」

だが、彼は、身振りたっぷりに、

「でも、私はこんな早朝から食べませんよ。夜にゆっくりとアクアヴィットを飲みながら食べますから」と笑った。

長い間、私は、この鰊の酢漬けを美味しいような、少々苦手なような思いで接してきた。だが、食べると、北欧に来たと感じる。積極的に食指を動かすわけではないが、食べてみたい、味わいたいという矛盾する誘惑を常に感じる。やはり、鰊の酢漬けは北欧では無くてはならない味なのだ。

以前、帰国の空港で土産として罎詰を買ったが、家族の評価は芳しくなかった。私と愛犬だけが味わうはめとなった。でも、いま口に運んでみると、甘酸っぱい味が朝の目覚めを促した。うーん、美味い。

ついでに、食事をしながら、おやつとしてパンとゆで卵を紙ナフキンに包んだ。年寄りの日本人は、スウェーデン人の数分の一の食事量なのだ。少々のおやつは頂戴してもよいだろう。

食事の後に、ヘルシンボリィの象徴、シェールナンを訪れることにした。路地を歩くと人影は無く、静かであった。時々石畳で中世の人々とすれ違う足音がした。スコーネ戦争の犠牲者なのだろうか。疎《まば》らな重い足取りであった。

小さな町並みは、異国情緒を感じさせる。広い大通りのドロットニングガータンに出ると、急に交通量が多くなった。遠くの防波堤に見える海が、旭日でピンク、白、青と輝いている。フェリーが出航する。堤防にある灯台が一区切りのアクセントに映える。翻るドイツ、ポーランド、北欧の旗。遠くにヘルシンオアの影がかすかに横たわる。遠近感のある白い通りが南に一直線に延びている。

エーレスンドの真珠。高貴と簡素で調和された風景は、ヘルシンボリィにぴったりの愛称である。

シェールナンは、両脇に短い商店街のある緩《ゆる》やかな坂となっているストートリィ広場奥の高台にある。広場の角には、小豆色煉瓦の市庁舎がある。このニューゴシック式の建物は、一八九七年にアルフレッド・ヘラーストレームによって設計・完成された。六五メートルある鐘楼、豊かに装飾された正面玄関、豪華な吹き抜けと会議室。そして、、デンマーク王聖クヌート王による都市特許状付与の情景、ヘルシンボリィ城、スウェーデン・デンマークのたび重なる町の争奪史など、ヘルシンボリィの歴史を伝えるステンドガラスがある。この建物は、シェールナンと並ぶヘルシンボリィのもうひとつのランドマークである。

広場の入り口には、ヨーン・ベリエソンスによる天才将軍マグヌス・ステンボックの騎馬銅像が建っている。騎馬姿の銅像は、スウェーデン王以外で唯一ものといわれている。

彼は、大土地所有スモーランド由来の名門貴族ステンボック家の出である。若い頃は、多くのスウェーデン貴族同様に、オランダやドイツで軍事的経験を積んで帰国した。その後、カルマル連隊やダーナラ連隊の指揮官に任命され、一七〇〇年に大北方戦争が勃発すると、ナルヴァ戦役が初陣となった。

大北方戦争は、若き王たちのサバイバルゲームであった。若くして王位に就いたカール十二世（一七歳）に対して、バルト海進出を目指す新興ロシア・ピョートル一世（二七歳）、バルト海の覇権を取り戻そうとするデンマーク・フレゼリク四世（二八歳）、ポーランド（ザクセンと同君連合）・アウグストゥス二世（三〇歳）たちであった。当然、武人カール十二世は、デンマークを撃破・休戦させて、ポーランドをリガから撤退させた。さらに、ロシアによるエストニアのナルヴァ攻撃に対しては、三倍以上のロシア軍に歴史的大勝利を得ることになった。ステンボックは、ナルヴァで功名を立て、カール十二世と共に各地を転戦した。彼は、しばしば戦利品を家族に送り続けて、スウェーデン陸軍の階段を上り続けたといわれる。

ステンボック騎馬像

一七〇七年、カール十二世は、ステンボックを初代のスコーネ知事将軍に任命し、デンマーク軍によるスコーネ奪還の防衛に当たらせた。さらに、背後を堅固にするためにザクセンを攻撃し、同君連合のアウグストゥスをポーランド王から退位させて、ロシア軍を北へと追撃した。しかし、カール十二世の戦いは、対冬将軍となった。後世、ナポレオン、ヒトラーを壊滅させた冬装備のロシア軍と厳寒な自然は、スウェーデン軍を歴史の筋書き通りに完全に疲弊させることになった。

ロシア軍は持久戦に持ち越し、体制を整えながら春を待った。

一七〇九年六月、ロシア軍は機が熟したように南下し、ウクライナ・ポルタヴァに集結した。スウェーデン軍にとっては、この戦いは不幸が重なった。カール十二世の負傷、大幅な援軍の遅れ、ロシア軍の再構築、トルコの不参戦や見方になるはずのコサックゲリラ（マゼッパ）の全滅、スウェーデン内外でのペストの流行などで、結局は大敗を帰すことになった。

カール十二世はトルコへ亡命し、再起を期した。これを知ったデンマークは、ポーランドと共に再び参戦を布告し、念願のスコーネ奪還を計り、ヘルシンボリィ南のローオに上陸した。スウェーデン軍は、ポルタヴァの敗戦で反撃する部隊すらなかった。ステンボックは、軍再建のためにスモーランドに一旦撤退した。デンマーク軍は、ランツクローナやマルメ以外のスコーネ中央を占領し、一七一〇年の一月には、クリスチャンシュタット、そしてスウェーデンのバルト海心臓部カールスクローナ攻撃を目指した。

退却したステンボックはヴェクショーを中心に、降りしきる雪と凍結した氷の中をスモーランド農民や若年兵士を急遽集め、反撃の訓練を重ねた。

一七一〇年の二月、ステンボックは、バルト海に進もうとするデンマーク軍を分断するために、スコーネ・スモーランド国境オズビィに再生軍を進めた。さらに、「スコーネの喉元」ともいわれるヘルシンボリィを目指して、南西に進む。途中、各地から飛散していたスウェーデン部隊が加わり、一万四千を超える規模となった。

他方、デンマークは、指揮官レーヴェントロウの急病でヨーレン・ランツアウが全軍の指揮を執ることとなった。こちらの軍勢も騎兵、歩兵を合わせて一万四千を越え、互いに対峙したときは、軍勢は全くの互角であった。

二月二八日、ステンボックは、デンマーク軍の情報を徹底的に収集し、遅れてヘルシンボリィ北東まで進み布陣した。さらに彼は、ヘルシンボリィの町に向かって南下を始めた。

当日の朝は冷え込み、深い霧が戦場に広がっていた。相手軍を判別するのも難しかった。昼ごろになると霧が晴れ始めた。この状況で、リングストープ丘に布陣していたデンマーク軍司令官ランツアウは、スウェーデン軍に最初の砲撃を加えた。続いて両軍は鬨《とき》の声と共に騎馬戦となった。時折、砲撃が響きわたり、デンマーク軍は、右翼を大きく回転させて、スウェーデン軍の左翼を衝いた。だが、全線に渡り持久戦となっていった。

スウェーデン軍は将官ブレンショルドが捕虜となり、次第に劣勢状態となっていった。しかし、ステンボックは手勢の少ない西のルートを考慮し、左翼軍を大きく南に回転させた。デンマーク軍の東後方を襲撃する作戦に出たのであった。これは功を奏した。デンマーク軍は崩れ始め、スウェーデン軍は攻勢に転じた。他方、デンマーク軍は、指揮官ランツアウが弾丸で肺を負傷し、徐々に形勢を悪化させていった。さらに、マルメからの援軍が背後から攻撃するとの風評が流布すると、統制が乱れた。一部の部隊はヘルシンボリィに退却するのも出てきた。大きく丘の風向きが変わったのであった。残りのデンマーク軍もヘルシンボリィに向かって退却し始めた。

しかし、ステンボックは、味方の損傷増大を考えて、深追いを止めた。ヘルシンボリィの町を鶏の首を絞めるように包囲した。完全に町は封鎖された。ステンボックはデンマーク軍に硬軟両用の降伏条件を提示した。が、デンマーク軍のデヴィッツ将軍は降伏拒否の姿勢を崩さなかった。この篭城で、町全体が凄惨を極めた。ついに、五月五日、デンマーク軍は、街中のすべての軍馬を屠殺し、すべてのキャノン砲に鋲を打ち付け、スコーネを去ることを決意した。

このヘルシンボリィの戦いで、デンマーク軍の戦死者、負傷者、そして捕虜は七五〇〇人以上にもなった。他方、スウェーデン軍の損失の数は、二八〇〇人以上といわれる。以後、デンマーク軍は、二度とスコーネに戻ることはなかった。

ヘルシンボリィの町はスウェーデン軍の砲撃で大きく破壊された。生き残った市民たちも汚染水による流行病に罹り、さらにペストが広がり、多くの命を失うこととなった。ヘルシンボリィが復興し、この戦争の後遺症から立ち直るまでには、五〇年以上の歳月を要した。スコーネ戦争に続くこの戦いは、メビウス帯スコーネに再び大きな爪痕を残すこととなった。

ヘルシンボイリィの勝利は、重なる挫折と敗北に捉われていたカール十二世と各地のスウェーデン軍を鼓舞した。一七一二年、カール十二世は、ステンボックにスウェーデン軍をポンメルンに移動させることを命じた。途中、デンマーク軍による補給艦隊の壊滅にあったものの、ガデブッシュで再度の輝かしい勝利を得たのであった。が、東ポーランドやドイツを維持することはできなかった。さらに、ホルシュタインに進軍したものの、チューニングで捕らえられて、一七一三年五月、彼はデンマーク軍に引き渡された。

束の間の逃亡を試みたが、失敗し、四年間、ユラン半島北にあるフレデリクスハウン城に幽閉された。一七一七年二月にこの世を去った。スコーネ人、そしてスウェーデン人が誇る悲劇の英雄の最期でもあった。

スウェーデンは、ステンボックの死後、僅かに本土以外にフォアポンメルン、ヴィスマルを残すだけですべての海外領土を失った（ただし、一七二一年のニュースタッド条約でロシアは、フィンランドを返還）。そこで、カール十二世は、ロシアと単独講和を結び、再起を賭けたデンマーク、ノルウェー攻撃を開始した。しかし、ノルウェー遠征中、フレデリクスハルデン要塞（ノルウェー領）で被弾した。弾丸は、頭部を貫通し、暗殺説も語られたが、最近では、流れ弾による戦死とされている。

カール十二世の死は、バルト海の風と波を大きく変えた。デンマークもスウェーデンもバルト海覇権争者の地位を失うことになった。替わって海の色を塗り替え始めたのがプロイセンとロシアであった。特にロシアの勃興は、バルト海の現代史まで大きな影響力を与えた。

カール十二世の時代は、一般民衆にとって苦難な時代だったといえる。絶えざる対外戦で国力も軍事力も疲弊し、人口は減少、ペストが流行、農村地域は荒廃、対外領土も失い、バルト帝国は終焉を迎えたのであった。スウェーデンは、彼の死後、王権は弱体化していった。しかし、新しい「自由の時代」として輝く文化・科学の時代に向かったのであった。盛者必衰、かくして塞翁失馬といえる現代スウェーデンの礎となった。

他方デンマークは、スウェーデンから海峡税の再開権を得、スレースヴィ内のゴトープ公爵家領地（スウェーデン王家と血縁）を併合できた。ただし、スコーネを回復することはできなかった。結果的には、両国はバルト海を巡る強国による「バランス・オヴ・パワー」に屈せざるを得なくなった。この図式は、絶対王政では、戦争は王権力の誇示にすぎない。その具現化が領土の拡大であった。この図式は、近現代社会においてもなお変わることがない。王権が一部の支配層に置き替わっただけに思える。民主的な手続きを経たと言われる権力機構でも、国家という名目で、支配層の「権力と経済的利益」を求めて領土を越えた争いをしてきたのであった。

いずれの時代でも、一般民衆の苦しみと命は考慮されないか、軽視されてきた。そこでは、血を流さずに話し合いによる外交努力や和解の道は見出されなかった。王を含めた近現代国家の指導者は、争いの情念ではサル知恵にも及ばない。戦争が最良の国家繁栄の道と嘯《うそぶ》いた。民衆を煽動し、戦場に駆り立て、民衆の墓標を立ててきたのが歴史であった。

ストートリィ広場からの緩やかな坂を上り、正面の美しいアーチで装飾された城門型回廊をゆっくりと上った。アーチの間からは、背筋を伸ばしたシェールナン塔を覗くことができた。階段の泉からは銀色の帯が垂れる。一息入れて海を眺める。遠くの噴水、商店街、市庁舎、港、そしてヘルシンオア行きのフェリー、防波堤にある灯台と輝く海峡。スコーネ戦争で焼け残った聖マリア教会。このメビウス帯の旅が凝縮された風景であった。

ヘルシンボリィ城がカール十一世によって破壊されて以来、この広場からシェールナンにかけては、茨の道と荒地となっていた。城跡は、町の僅かな有力者が一部耕地として使用していたにすぎなかった。

しかし、一九〇三年にヘルシンボリィが大産業博覧会を開催することになると、この地が会場に選ばれた。現在の広場には、銀行や郵便局が建てられた。広場とシェールナンを結ぶ城門型回廊建設が計画された。この設計は、ストックホルムの建築家グスタフ・アミーンによって完成された。両側には、シェールナンと同じ赤みかかった褐色煉瓦の円形塔を配置している。階段を上る関門には低い半円形のアーチを調和させた。最初の設計どおりの完成ではなかったが、この回廊は記念碑的建造物となった。

ヘルシンボリィの風景

大産業博覧会とこの城門型回廊は、時のスウェーデン王オスカー二世を迎えてオープン。そのためにこの回廊は別名「オスカー段丘」ともいわれている。

アーチを抜けると目の前に、高さ三五メートル、厚さ四・五メートルの正方形の塔が聳えている。周囲は緑に囲まれた高台である。中世には、町全体が七つの稜堡を持つ街壁で囲まれて、このあたりがヘルシンボリィの中核をなしていた。ただ、現在ではエーレスンド公園にプリンス・ジョージ稜堡跡が残っているだけである。

シェールナンの端緒は、十一世紀初めとされているが、詳細は分からない。ただ、簡単な木製の砦であったようだ。ヴァルデマー大王の頃に大規模な城に付属した砂岩煉瓦の円形塔を建設したと考えられている。城から塔までは陸橋で往来し、塔は別名「コア」（円筒芯）と呼ばれていた。見張り塔や兵士・城主の避難場所とも考えられ、城の中核をなした。

城の脇にロマネスク様式の聖ミカエル教会が建てられていた。その教会の後陣跡に円形塔が建てられたのであった。この跡地は敷石を目印に示されていた。最初、気づかずにその場にいた男女に教えて貰った。砂に埋もれた目印は、歴史の風化ともいえる。

シェールナン

十四世紀、円形塔に替わって位置が少し後退し、現在の四層と地下室からなる四角な塔となった。城は、デンマーク王室の居城となり、北および中部スコーネの軍事的拠点となった。一四二九年、エーリック七世が海峡税を導入した折は、ヘルシンオアの歴史的安定性とその機能に収納事務は敗れた。だが、ヘルシンボリィ城の監視塔とその重要性は変わらなかった。その後、スコーネの喉元ともいわれ、両国のヘルシンボリィ争奪戦は続き、地域支配のシンボル的存在となった。
一六五八年、ロスキレ条約後、スコーネがスウェーデン領になると、シェールナンは砲塔として利用された。だがスコーネ戦争後、カール十一世によってシェールナン以外のすべてのヘルシンボリィ城は破壊された。大北方戦争後、ヘルシンボリィが完全にスウェーデン化すると、シェールナンの荒廃に拍車がかかった。歴史に埋もれたシェールナンは、僅かにその後の写真や絵画の中に見られるだけであった。夏の草叢《くさむら》や積もる雪に佇む姿。雁の群れが横切る背景に孤高の塔。いずれも、物理的な崩壊以外の心象風景、寂寥さを感じるものであった。

しかし、十九世紀末になると近代化の波と自然科学の発展は、歴史への懐古を生み、新たなロマン主義を生み出した。シェールナンも歴史とその象徴性が問いただされた。多くの市民やスウェーデン人たちによって修復工事が求められた。一八九三年から一八九四年にかけて、ヘルシンボリィ市は現在見られる姿に改修作業を行った。

塔への入り口は、二階の高さにあった。木製の階段を上り、料金を払い、石畳の螺旋階段を上った。メビウスの旅では、いずれの塔も赤みのある古びた煉瓦の集積であった。補修工事は続けられているようである。煉瓦間の漆喰が新しく、白く印象的だった。途中、小部屋があった。これもまた、素人にとっては古びた煉瓦の空き部屋にしか見えなかった。壁を手で触るとひんやりとした心地よさを感じた。窓から外を眺めると、周囲の木々は濃い緑と薄黒の葉の積み重ねであった。陽光が強いのだろう。螺旋階段を見上げると、まるで胃カメラで食道や胃の臓物を見るようであった。自分が医者兼考古学者や建築史家になった気分であった。

最後の部屋はシェールナンの資料室となっていた。英文とスウェーデン語による歴史的な解説が周囲に展示されている。その中の一枚の資料を、私は歴史のアイロニーと取った。

「スコーネが一六五八年にスウェーデン領になったとき、シェールナンはキャノンタワーとして没収された。この絵は、カール十世グスタヴがデンマークからヘルシンボリィへ入港したときに礼砲で歓迎された様子」

占領軍兵士が城から歓迎するのは理解できる。だが、長くデンマーク領で生活した人々は、快く岸辺に立ったのだろうか。それとも新しい統治者を期待したのだろうか。その後のスコーネのスウェーデン化政策、そしてスコーネの永久スウェーデン領化はバルト海の安定をもたらしたのだろうか。

この答えは単純でないことも知った。スコーネとこの城跡の歴史を繙《ひもと》くと、両国の愛憎の歴史は複雑なのである。

北欧の王家は長く縁戚関係にあり、相続関係が複雑なのだ。加えて、スコーネ、特にこのあたりの領土が金銭関係で互いに担保された歴史もあった。また、両国のスコーネ争奪の根も深い。単に十七世紀にスウェーデンがデンマーク領を軍事力でスウェーデン化したという図式だけでは説明できないようである。やはりここは、アイロニー深いメビウスの帯である。

頂上の銃眼から眺めた風景は、とても文字では表現できない。天気もよく、澄み切った空、海の青さ、町並み、そして塔の背後と周囲の緑。たしかに、こと高台から眺めるとエーレスンド海峡を通行する船舶を監視するには最適の位置でもある。

ふと、一昨年に訪れたときの期待と落胆の落差が思い出された。そのときは、城は改修中で、水色のシートにすっぽりと覆われて、見学できなかったのだ。ただ、勇気付けられたエピソードもあった。ちょうど塔の入り口階段に、数人の男女が中世の衣装を着て立っていた。ヘンリー・ダンカー文化センターで中世ドラマが夜にあるからぜひ見に来て欲しいという。ヘルシンボリィは、スウェーデンでも伝統ある劇場やコンサートホールをもって繁栄してきた。その代表がこの文化センターである。ゴム製造で得た富をすべて市に寄贈したというヘンリー・ダンカー（一八七〇―一九六二年）による施設である。

彼らと定番の会話をしているうちに、スウェーデンとデンマークのスコーネ帰属をめぐってしばしば激しく争った歴史を思い出した。そこで、「あなたたちは、この問題をどのように理解しているのだろうか」と尋ねた。

すると彼らは、語気強く、「たしかに、十五世紀から十八世紀初めまで両国間の争いは続いた。しかも、ここはスウェーデンといってもデンマークが近く、歴史的にも文化的にもデンマークの影響が強く残っている。ただそれだけですよ。それ以来、一七〇年以上もスウェーデンは、デンマークと戦争をしていませんからね」

「でも、第二次大戦のときは、兄弟国デンマークがナチス・ドイツと戦っていたときに中立を装って戦わなかったのではないですか」と常套で陳腐な質問を投げかけた。

「でも、そのとき、多くのスウェーデン人は陰でデンマークを支援しましたよ。多くの難民を受け入れ、レジスタンスメンバーを助けて、ユダヤ人、デンマーク人を救ってきたのです」

「そのことをあなたたちは、いま誇りに思っていますか」

「この問題は一言でいえる問題でないですよ。世代も違うしねー。私たちが経験をしたことでもないし。言えることは、いまやデンマークだ、スウェーデンだと過去の歴史に拘っている時代ではないように思えるのだが……」

たしかに私の質問はもはや古い画一的な質問だったようだ。若者たちは、歴史を複眼で学び、一歩も二歩も踏み出し、両国の憎しみの歴史を超克しているのだ。

安堵感が湧いてきた。時間があったら劇場へ見に行くよと話した。彼らの衣装姿の写真は、記念の一枚となった。シェールナンを去ったときの足取りは軽やかだった。


シェールナンの先三十分位の距離に、野外博物館フレデリクスダールがあった。木々のトンネルを抜けるとスコーネの古きよき時代、そしてなお続く農村風景を見ることができた。リンネの分類に従った花壇。バラ園、足の短く太いスコーネ馬。ニルスの不思議な旅に出てくるようなガチョウ。中世・近世の街路と建物や印刷博物館などがあった。

この野外博物館を訪れた後に、バスでソフィエルーを訪れて今日の日程を終えることにした。

ソフィエルーは、スウェーデン王家の庭園である。おとぎの国の城、木立ちの森、小さな渓谷に滝や小川が流れていた。石楠花、バラが彩りを添えている。終園間際に着いたので、チェックアウト時間を聞いた。スタッフは時間のある限りいつまでも楽しんでくださいという。不思議に思ったが、帰りにその理由が解った。たしかにその後の入園はできないように鍵がかかっていた。スタッフもいない。ただ、出ることだけは自由にできるシステムになっていた。

光がかなり弱く、カメラが自動的にストロボ発光をした。海辺に出ると、対岸のクロンボー城の風景が墨絵のように見えた。濃淡を取り混ぜた空には、三日月が真っ黒な雲を背負っていた。

メビウスの海峡――エーレスンド

コペンハーゲンからマルメの間は、高速フェリーで約四五分かかる。海の上からエーレスンド橋を撮影しようと思い、マルメ・コペンハーゲン間のフェリーに乗ることにした。ミニ・エーレスンド橋を過ぎ、真新しい砂利を嵌め込んだ舗道を歩くと、暑さで足裏が熱せられる。踏み込む足音が、茹揚《ゆであ》がっている。フェリー乗り場は、インナーハムンの先端に位置していた。橋の完成で、一時中止した高速フェリーが、主に観光目的で再開され始めた。

乗船後、しばらく潮風に吹かれて、周囲の風景にみとれていると、エーレスンド橋が見え始めた。距離は結構遠いようだ。長い緩やかな橋桁が弓のように視界の端から端へと延びている。パノラマ風景にヨットやモーターボートがアクセントを付けている。船尾には、ドイツの旗、そしてマストにはデンマークの国旗が翻っていた。船尾に立つと、エーレスンドの青い風が海面から吹き付けて、頬を軽く叩く。さらに、フェリーの船腹を抜け、波頭を立てて流れ去る。

地図に領海線があっても、現実の海には破線がない。スウェーデン・デンマークは、この目に見えない線を巡り、長い間、多くの血を流したのであった。人間同士の愚かさと業であろうか。すべての人々に言いたい。海は太古の昔から、「線」などないのだ。人間は、幻覚の線に翻弄されてきたのだと。

両国の領海紛争は耳にしてない。愛憎の歴史は、既に昔々に終焉し、歴史は超克されているのだ。

船尾に立ち、エーレスンド橋や海上の風景を撮影していると、ひとりの紳士がワンショット撮影してあげるよと近づいてきた。好意に甘んじてマストの旗を背景に一枚の撮影をお願いすることにした。風景を中心に撮影を続けている私にとって、この一枚はメビウス帯旅行の貴重な記念写真となった。カメラを受け取り、礼を言うと握手を求めてきた。プロフィールは聞かないでしまった。握った手は、やわらかな感触であった。目的は、デンマーク・スウェーデンの観光旅行と言っていた。再度、礼を述べて、船室に戻った。

コペンハーゲンに着けば、デンマーククローネに切り替わる。ポケットのスウェーデンクローナと財布にあるデンマーククローネを入れ替えた。今日の活動はこれでよしと、ベストのポケットを軽く叩いてみた。デンマーク貨幣の赤い金属性の音がした。準備は……ＯＫである。

海上には風力発電装置がまるでこれから将棋倒しを始めるかのように並んでいる。コペンハーゲンに近づくにつれて、図体が大きくなる。およそ二〇基もあるだろうか。環境大国デンマークの象徴でもあり、海のメビウス帯のランドマークでもある。前面の小さな島影に大砲が一門残されていた。夏草が生い茂る様子が見える。要塞跡のようである。ふと、芭蕉の句「夏草や兵どもが夢の跡」と小さく口ずさんでしまった。俳画を北欧で見るとは。芸術は歴史を語る世界の共通言語なのだと感動した。

船はまもなくコペンハーゲン港に着いた。日本を出るときは、「海上からのエーレスンド橋撮影」に期待をかけていた。距離が少々遠いため達成感は半分と成った。ズームによる望遠撮影は、フェリーの振動を考えると自信がない。画面構図も固定した進路では思うようにならなかった。だかといって、チャーター船による用意万端たる撮影は、資力がない。無いものねだりも「ほどほどでよし」としよう。それでも二国間を船で渡ったという達成感は、下りた桟橋で十分に感じ取ることができた。思いっきり右手を力強く空に振り上げた。

二〇〇六年の夏、最後の取材の旅でエーレスンド・フェリー観光を再度試みようとした。だが、残念なことに、前年で廃止されていた。船の発着所は、スウェーデン各地への長距離バスターミナルと変わっていた。ひとりの中東出身らし女性がストックホルムまで夜行バスで行きたいが、窓口が閉まっていると嘆いていた。ドアに貼ってある説明文を読むとまだ時間が早すぎた。しばらく待つようにと説明してから、彼女以外誰もいない待合室を去った。

コペンハーゲン、マルメ、ヘルシンボリィ、そしてヘルシンオアというエーレスンド周遊観光旅行熱は年々高まっている。各地で宣伝が見られた。人々の新たな価値観は、短期の経済関数だけに依存しないはずだ。近い将来、このフェリー観光は必ず復活し、この地域のドル（ユーロかな）箱となると確信したのであった。

同じ年、マルメを訪れて、遠くに見える捩《ねじ》れビル（ＨＳＢターニング・トルソ）の風景に驚いた。この奇妙な捩れたビルは、新たなマルメのシンボルとなっているようだ。メビウス帯の歴史をひと捻《ひね》りしたように、新鮮なヴィジョンがこのビルに投影されている。バベルの塔以来、絶えず人間が憧れ求めた高層ビル建築のひとつになるだろう。

前年はマルメに来なかったので、この高層ビルＨＳＢ（スウェーデンを代表する不動産・金融グループ）ターニング・トルソがマルメの新興開発地域に忽然と現れたように感じた。もちろん、エーレスンド橋完成以来、しっかりした都市計画の中で建設が進められてきたのだろう。

この地域は、東にヴェストラハムンがあり、造船所や多くの物流関係施設、そしてマルメヘーグスコーラン（準大学）もある。日本の大手自動車メーカーを含めた世界のビッグビジネスも進出しているとの報道もある。このような大規模な開発を目の前にすると、エーレスンド社会経済圏の発展と将来の繁栄が現実になりつつあると確信するのであった。このビル建設も、ここしばらくマルメで聞いてきた住宅・オフィス不足の解決を目指したものである。住居・仕事・研究施設を一体化した都市計画の一端だといわれる。計画はボー・ゼロワン（ボーは生活や住まいの意）と称している。

この捩れビルを見に行くことにした。マルメヒュースからその北側には、まだ古い建物群が残っている。そこまで歩くことにした。古びた鉄路とヴァーヴス橋を渡ると、目の前に広大な雑草地が広がっていた。進行している建設ラッシュの新興開発地である。あちらこちらで、ビルの基礎工事が進められ、基幹道路の区画整理も既に終えているようであった。開発地域の入り口には、都市計画の完成予想図が掲示されていた。歴史に富む旧市内と相克する超現代的な町並みのイメージ像である。

いくつかの建物は既に完成しており、世界的企業のビルや開店準備の大手スーパーの名も見られた。特に、この地域のランドマークとなるＨＳＢターニング・トルソは、二〇〇六年の秋にオープンする予定になっている（建設開始は二〇〇一年六月）。私のこのメビウスの旅が報告される頃には、入居者も決まり、周囲の経済活動も活発にスタートしていることだろう。入居相談所には、多くの人々が訪れていた。私のようにこの捩れビル全体をなんとかひとつのカメラ構図に纏めたいと苦慮し、右往左往している見学者も多かった。

下から全景を写すには、しっかりした広角レンズの装備が必要だった。私のカメラでは真下から概観を撮るのは無理だった。それでもなお執拗な挑戦を続けた。結果的には、下からビル全体の構図を一葉に写すことはできなかった。妥協の切り取りとなった。

このＨＳＢターニング・トルソは、高さ一九〇メートル、建築捩れが九〇度、五四階建、各階の床面積がおおよそ四〇〇平方メートルという巨大な住居とオフィスを中心とした高層建築物である。

設計者は、一九五一年、スペインのバレンシア生まれのサンチアゴ・カラトラヴァである。

HSB ターニング・トルソ

彼は、スイスのチューリッヒ工科大学で土木工学を学んだ建築家、土木工学者、画家・彫刻家でもある。現在、チューリッヒ、パリ、バレンシアやニューヨークに拠点を置き、世界的に活躍している。特に、二十世紀を代表する建築家ル・コルビュジェに強く影響を受けているといわれる。しかし、彼の作品の多くには、コルビュジェによる黄金分割の長方形とは異なる、曲線による機能美を感じさせる。現代の構造技術と彼の美的感性の融合である。近代建築思想を超越したともいえる。代表的な構造物は、建築物（ニューヨークの80thサウスストリートタワー、ミルウォーキー美術館など）だけではなく、橋（カリフォルニアのサンディアル橋など）、鉄道駅（リスボン駅など）、空港（TGVリヨン空港）、複合施設（アテネオリンピック会場やメインスタジアム、バレンシア・プラネタリウムなど）等である。土木分野を含めた総合的な三次元芸術家といえる。現在、彼の建造物は国際的に高い評価を受け、一九九九年にはルンド大学の工学名誉博士号も授与されている。

ＨＳＢターニング・トルソは、たしかに従来にない奇観なビルといえる。足元に満面の水を配した巨大な彫像でもある。ターニング・トルソという名のごとく、捻りの回転を入れた胴体彫刻でもある。彫刻芸術のトルソの作り出す美しいラインと手足や頭部を欠いた人間のエッセンスをよく表現している。ロダンは単なる習作や試作を脱してひとつのメーンテーマとしたトルソの美を追求した。その思想をカラトラヴァが現代建築にしっかりと取り入れている。もはやこの建築は、スコーネの景観を抱きかかえた総合芸術である。

中は一般公開されていなかったので、最上階からの展望は出来なかった。おそらく、ピルダムッス公園、クングスパルケン、スロッツパルケンなどの広大な公園、旧市街、遠くにエーレスンド橋とその先にコペンハーゲン、ルンドなどが見渡せるのだろう。次回には、この空中楼閣からメビウス環の風景を眺めてみたい。遠くから眺めたこの巨大な彫像は、バルト海の風に身体を捻《ひね》り、超然とその美を披露しているように見えるだろう。捻るという行為は、女性美に限らず人を魅了するものだ。

現代建築は、美のブロックではない。パノラマに配置された添景《てんけい》となって芸術となるのだ。私は、ボー・ゼロワン地域を遠望してみたいと思い、海岸の方に歩いた。うねりのある草地の遠景にはエーレスンド橋。今来た方向には、未完の町並みを台座に、付属したすべてを捨象したトルソを見ることができた。

翌日、過去に小雨模様であったシッバーブ公園（兼海水浴場・キャンプ場）に行くことにした。どうしても晴れているエーレスンド橋を撮りたかった。

リムハムン・セントラルまでバスで行き、海岸線沿いを歩くことにした。珍しく炎天下の暑さだった。地図を頼りに町並みを眺めながら海岸を目指した。途中、よくスウェーデンで見かけるアイアンボールゲームに興じている大人に出会った。ルールは知らないが、どうしてか子供がプレーしている姿は見かけたことがない。要するに、大人のゲートボールなのだろうか。

道が海岸に衝き当った場所からは、右にリムハムン港と灰色の工場群、左にヨットハーバーが見えた。海岸線が長い芝生公園となっており、遠くにエーレスンド橋がくっきりと眺められた。ヨットハーバーの堤防道は、老若《ろうにゃく》の恋人散策道となっているようだ。睦《むつ》まじき幾組かのカップルに出会った。木製の展望台もあり、コペンハーゲンの遠影とエーレスンド橋のパノラマ、行き交う船、ハーバー近くで練習する子供たちのヨット教室など、次々と変化する天然のスクリーンを見ることができた。

腰を下ろし、視線を堤防の積み石から水平線に移動させた。エーレスンド橋に向かって一隻のタンカーがゆっくりと進んでいる。風と波の音に耳を傾けた。なぜか、静かに奏でられる二胡の響きに似ていた。

ヨットハーバーはクラブ制になっている。多くのヨットが停泊していた。スウェーデン人は、しばしば余暇の楽しみのひとつにヨットを挙げる。たしかに、エーレスンド橋とヨット、この海と空の風景を眺めていると彼らが傾注する趣味がしばしばヨットであることが理解できた。地上の悩み、ストレスなどは、風と波によって消え果てるのである。

シッバーブ公園の海水浴場に着いた。多くの男女が泳ぎ、また甲羅干しを楽しんでいた。海水浴場の雰囲気を前景にエーレスンド橋を撮り始めた。幾枚か撮り続けるうちに数年前にやはりこの場所を訪れたときのことを思い出した。

夏も終わりであった。小雨が降り、気温も低く、風も波も荒かった。雨雲がエーレスンド海峡を覆っていた。シャッターを押し続ける間に大粒の雨が降り出した。緑を失った草々は風と雨に叩かれて、痛そうに頭を垂らし揺れ始めた。ところが、あの肌寒い雨の中で、ひっそりとひとりの女性が海水浴を続けていた。しばらくして、海から戻り、芝生に腰を下ろし、遠くを眺めている情景が続いた。この光景を眺めていた私は、北欧の孤独な映像であるベルイマンの作品を見ている錯覚を感じたのであった。長い北欧の旅で印象に残った情景であった。

雨は降り続いたが、橋の撮影挑戦を続けた。さらに、完成した長大なエーレスンド橋を綺麗に撮ろうとしてリバーサルフイルムを用いてみた。ところが、帰国後に現像してみると、やはり露出調整に失敗していた。深く陰鬱な風景写真となってしまった。いつものことであるが、リバーサルフイルムは苦手である。結局、カメラ操作はど素人なのだと改めて納得した。しかし、私の網膜にはしっかりと、あの女性の美しい残影があったのだ。

幸い、今回は晴天である。しかも、デジタルなので後で色彩の調整も可能だ。綺麗な写真が期待できそうである。

長い間、エーレスンド海峡は、デンマークとスウェーデンの人と物の交流を妨げてきた。さらに、両国民の心理的な障害ともなってきた。しかし、一九〇〇年代後半の頃から、両国の政治経済条件の安定によって、互いをしっかりと結ぶ橋の建設という考えが議論され始めた。さらにその構想が現実となるような大きな波がバルト海を取り巻き始めた。

北欧全体を含めたバルト海、さらにヨーロッパ全体のひとつの市場化、政治経済社会の統合の動きである。デンマークは、実質、ヨーロッパ大陸の北端に位置しており、西欧との歴史的な結びつきも強く、この構想に積極的であった。が、当初、スウェーデン側は懐疑的な議論が多く、構想の進展・具体化は進まなかった。この両国の立場は、やはり歴史的な経緯、地理的位置、そして国民性によるのだろうか。加えて、この巨大プロジェクトの出資金とその経済効果に多くの立場から疑問が持たれていた。

建設計画は、私がスウェーデンや北欧に関心を持ち始めた二五年ほど前からしばしば聞いていた。この巨大プロジェクト構想の小さなプレートを現在の橋付近で見たこともあった。だが、長い間、なかなか工事は進まなかった。スウェーデン経済の不況と停滞がひとつの理由にあったようだ。私も、あの小さな地下道にあった建設計画プレートは、見間違えかと疑うようになっていた。

しかし、一九九一年三月二三日、デンマーク・スウェーデン両政府はエーレスンド橋工事の協定に署名した。両国国会がこの巨大プロジェクトを承認したとの報道を知り、胸を弾ませたのであった。あのプレートは、本物だったのだと。

エーレスンド橋は、一九九九年八月十四日に最後の槌《つち》が加えられた。デンマークのフレゼリク王子とスウェーデンのヴィクトリア王女が橋の真ん中で出会い、開通のテープを切った。橋は翌日、交通機関に開放された。完成式典前の二〇〇〇年六月十二日には、コペンハーゲンのアマー島からスコーネまでのハーフマラソンも開催された。多くの両国市民が「渡り初め」を行った。七月一日、橋は全面的に開通した。両国は歴史の呪縛から完全に解放されたのであった。風と波のバルト海に太古の昔のように煌煌《こうこう》と平和の月が再び映ったのであった。

この巨大な橋は、四九〇メートルの世界最長のケーブルスパン、二〇四メートルの高さの支柱、重さ八二〇〇万トン、そして全長七八四五メートルもある。残りの距離四〇五五メートルは、人工島ペーベルホルムとデンマーク側の三五一〇メートルのトンネルとなっている。エーレスンド海峡を多くの船舶が往来するために、橋の垂直空間は、五七メートルとなっている。現在のところ初期の予測よりも車の交通量は若干下回ってはいるが、二〇三五年には建設費用の全額回収が予測されている。最初、費用の件で距離の短いヘルシンオア（エルシノア）とヘルシボリィ間の架橋構想もあった。コペンハーゲン・マルメ間の交通量やカストロープ空港の便を考慮して、現在の形に落ち着いた。

私は、このメビウス帯の旅で、マルメ市の職業教育と生涯学習を調べていた。その折に、マルメ市の教育委員会責任者から市の教育政策を聞く機会があった。彼の英語の説明は、アメリカ英語でもなくクインズイングリッシュでもなかった。もちろん、スウェーデン訛りの地方発音でもなかった。世界市民英語とでもいえる聞きやすい綺麗な発音で、国境なき教育政策を熱心に話してくれた。

詳細な職業教育や生涯学習の話は別として、その中で特に強く印象に残った説明があった。

マルメ市は、現在もコペンハーゲンと教育行政について十分な情報交換を行っている。両市がひとつの社会経済圏として機能しているのだから、当然なことである。ただ、従来、スウェーデンの教育は、数学、スウェーデン語、英語を中心とした主要科目を重点指導してきたように思える。

だが、それだけで良いのだろうか。

将来のカリキュラム改定には、きっと歴史教育の視点が欠かせないだろう。「歴史」をしっかりと生徒たちに教えることがマルメ、コペンハーゲン両市の発展、さらに両国市民にとって大きな成果になるように思えると話してくれた。

この話を聞いたときは感動した。両国は、過去の歴史をしっかりと踏まえて、未来に進む姿を知っているのだと。ここでは憎しみの歴史は完全に消え去ったのだ。

数枚の風景写真を撮っているうちに、大きなこけし型のモニュメントが海水浴場の左側にあることに気づいた。近づいて碑のプレートを読む。「一九四〇―一九四五の戦時の避難民による追憶」という言葉が記されている。一九五〇年のブロン・マルクルンドによる創作である。

第二次世界大戦中、デンマークからこの海岸に多くの人々が逃れてきた。人々は彼らの記憶を残し、次世代に伝えるためにこの記念碑を建てたのであった。ただ、なぜこれがこけし形なのかは私には分からない。だが、それも良いでしょう。

二人の男性がしっかりと手を握り抱擁している絵が刻まれている。運よくナチスの迫害から逃れたデンマーク人がこの海岸に上陸し、同胞から迎えられる姿なのだろうか。あるいは、デンマーク人やユダヤ人の逃亡を助けたスウェーデン人が双手で彼らを受け入れた象徴なのだろうか。私にはいずれとも理解できた。

今日の浜辺は穏やかであった。波は岸辺の岩に当り砕けた。白い波頭が崩れ、一瞬にして透明に澄んだ音が拡散する。繰り返される波の音は、岸辺の過去をつぶさに物語っているようであった。小さな灰色な雲と緑の風音は歴史映像の背景となった。

こけし型モニュメント

第二次大戦終了間近、デンマークやノルウェー、そして国際的なユダヤ人団体はドイツ国内の強制収容所や難民施設の多くの囚人、捕虜そして迫害されている難民を救出することをスウェーデン赤十字に求めてきた。

スウェーデン赤十字は、スウェーデン国王グスタヴ五世の甥、フォルケ・ベルナドット副総裁を中心とする作戦行動グループを立ち上げた。ベルナドットは、全力を尽くし国内前線指揮官・ゲシュタポ（秘密国家警察）のハインリッヒ・ヒムラーと秘密会談を持つことに奔走した。幸い、ヒムラーの側近ヴァルター・シェレンベルグやフリックス・ケルステンなどの協力で、ナチス・ドイツの降伏、連合国の捕虜交換、強制収容所の囚人解放などを交渉することができた。ナチス・ドイツの降伏については、連合国側による交渉過程で失敗した。しかし、囚人解放は実行されることになった。

この救出作戦は困難で危険極まるものであった。ドイツ各地は、大戦末期の混乱状態であった。追い詰められたナチスによる最後のユダヤ人迫害もあった。連合国からの誤爆も避けなければならなかった。囚人たちは戦火の中をナチス・ドイツ各地から集まり、白く塗られたバスで北上し、スウェーデンを目指した。通称この救出作戦は、デンマーク・ノルウェー国境での救出活動を含めて「ベルナドット作戦行動」（バスによる救出を「ホワイトバセズ」）といわれている。

一九四五年四月三十日、到着第一陣は、ベルリン北方にあるラヴェンスブルック強制収容所から女性を中心とした難民・囚人などであった。ホワイトバセズはエーレスンド海峡を渡り、スウェーデン・マルメにやっと辿りついた。このときの関係者の苦難な道は、今なお語り継がれている。

ホワイトバセズ

このラヴェンスブルック強制収容所は、一九三九年に主としてヨーロッパ中からの女性（ユダヤ人、ロマ、政治的レジスタント、ホモセクシャル、エホバの証人、売春婦や他の犯罪者などを含めて）を連行するために造られた。収容所は多くの工場を有し、彼らに奴隷以上の強制労働をさせていた。およそ十三万二千人の女性や子供たちが収容されていた。そのうち、九万二千人以上が栄養失調、暴行、処刑、疫病や人体実験で死んで逝った。一九四四年にはガス室が造られて、約六千人以上が殺害された（ルンド・クルトゥーレンの遺品展示より著者概要）。

ホワイトバセズ到着の同日、ヒトラーは官邸内で自殺した。五月二日、ベルリンは陥落した。

次々とドイツ各地から辿りつく人々は、水浴と消毒、温かな市民の食事で休息のひと時を過ごし、マルメ、ルンド、ヘルシンボリィなどのスコーネ各地の避難所に分散していった。多くのこの時の関連遺品が歴史の証言としてスコーネ各地の博物館に保存されている。

この作戦行動は、ワーレンベリィのハンガリー・ユダヤ人救出行為と共に大戦末期のスウェーデン・ヒューマニズムの象徴であった。

フォルケ・ベルナドットは、戦後、スウェーデン赤十字総裁として、国連外交官として、また国連パレスチナ調停委員として活躍した。しかし、第一次中東紛争解決に奔走《ほんそう》する中で、一九四八年九月十七日、エルサレムでフランス空軍大佐アンドレ・P・セロと共にシオニストの過激分子に射殺され、命を落とすこととなった。

ブログやホームページを検索していると、偶然ナチス・ドイツによるホロコーストや日本の中国での残虐行為を事実無根あるいは被害数字に誤りがあるという否定的な意見を読むことがある。しかも、それなりの屁理屈が記載されている。だが、虐殺の対象が何十人、何十万人、何百万人だろうと一人ひとりの人間の命に軽重はないのだと強く反論したい。

現在、平和なこの海水浴場は、迫害から逃れた多くの人々が辿りついた彼岸の地であったのだ。たとえ、このモニュメントがごく僅かな人々による単なる芸術上の彫像だと否定されようと、人間の醜い業に常に対峙しようとする思想を消し去ることはできないのだ。

モニュメントやエーレスンド橋の風景を撮り終え、この場を離れようとしたとき、ひとりの年配の女性が近寄ってきた。私がこのモニュメントをメモしたり、写真を撮ったりしている様子を見ていたようである。笑顔で話しかけてきた。

「モニュメントに関心があるようですね。もうひとつのモニュメントがありますよ。大戦中にユダヤ人の逃亡を助けてくれた多くのマルメ市民への感謝の石碑です。確かこの公園のあちらの方向にありましたよ。長方形をした小さいものです。帰りに見たらよいでしょう」

私は彼女に深く礼をいい、公園からの帰り道にその石碑を探した。ただ、残念にも見つからなかった。次回のマルメ訪問時の課題としたい。私の記憶が生理的に風化しないうちに、あの世に網膜の映像を持ち込む準備をしたい。人間がいかに残酷な歴史を持ったかを多くの人々に見せたいものだ。

日は落ちてきた。だが、まだまだエーレスンドは明るい。透き通る空と海は、帰国時に持ち帰りたい青さだった。浜辺の草花が海風に揺れていた。憎しみの歴史は既に終わった。相思相愛の歴史が始まっているのだ。立てるライオン、エーレスンド社会経済圏は、エーリック七世による海峡税依存の繁栄を過去の夢として、新たなバルト海への黄金の台形を築くことになるだろ。EUとバルト海の十字路というだけではない。デンマーク・スウェーデンの新たな歴史の交差点なのだ。

背伸びをしてコペンハーゲンの方向を眺めた。風景は変わらない。視界を大きく横切るのは、友情と和解のシンボル・エーレスンド橋であった。

サイモン&ガーファンクルによる歌「明日にかける橋」が自然と口元から出た。

荒れた海に架けた橋のように
きみの心をなごませよう
荒れた海に架けた橋のように
きみの心をなごませよう

（サイモン&ガーファンクル著、山本安見訳『明日にかける橋』）

ヴィーナスの臍《へそ》――ボーンホルム

早朝、マルメ・ユースホステルを出た。イスタ経由で大国間の争いに漂ったバルト海の孤島ボーンホルム島を訪ねることにした。

最初、地図を見ると、マルメ・ボーンホルム間が点線で結ばれていたので、船便で直接渡ろうとした。が、ツーリスト・インフォメーションによると便はないといわれた。そこで、少々日程がズレ込むが、イスタ経由で渡ることにした。

イスタ行きのローカル線、スコーネ・トラフィックからの車窓は、麦畑の海を船で沖へ漕ぐような光景であった。風力発電施設がまるで松島のように点在していた。このスコーネの風景を芭蕉が訪ねたらどのような俳句を詠んだろうか。考えると面白い。が、発想が少々乏《とぼ》しいかな。

初めてイスタを訪れたとき、この沿線に点在する風力発電施設に魅せられた。そこで風車を目指して、広漠たる褐色の麦畑を歩きに歩いた。風が強く、何度も帽子が飛ばされた。そのたびに、前鍔《つば》を下げ、深く被《かぶ》り直した。ヒューヒューと風が耳元で唸《うな》る。枯れ草が靡《なび》き、麦もいっせいに反《そ》り返る。風が瞬時止むと、返す波のごとくに立ち上がる。

丘を越えるが、見えた風車がまた隠れる。農家の庭に入り込み、犬に吼えられ、住人に怒鳴られる。

まるでドンキホーテのようだ。往復約六時間。褐色の波間を歩き、二基、三基と遠くに見える風力発電を目指す。牧草地を野うさぎが横切る。波間に浮かぶ赤い壁の家。そして、たどり着いた発電施設のあまりのシンプルさに驚く。辿りつくまでの時間を考えると、次第に複雑な思いとなった。

歴史と自然の狭間にある悠久なスコーネの風景。機能美の凝縮した風車。周囲を眺め、深呼吸をしているうちに、都会の喧騒を忘れた。透き通るような青空に溶けていく自分が分かった。両手をあげて深呼吸をした。爽やかだった。途中の苦労が消え去った。

イスタに着き、聖マリア教会、セントペトリ教会、そしてグローブレドラ修道院を訪ねた。教会の内部はどこも似ており、旅の記憶が混同してしまう。何か大きなアクシデントのないかぎり、撮った写真も場所を特定するのに一瞬戸惑う。

古い町並みに感動し、シャッターを切ろうとするが、観光客や自動車の列が雰囲気を変えてしまう。余韻ある中世から近世までの町中で、現代文明が大威張りして場所を占有する。この駐車の列を、どうにかしてよ。ここでも観光地の自己矛盾を見たのであった。

聖マリア教会の鐘音に時刻を思い出した。残照に映えるアーレス・ステンナルの時空を見てみたい。駅の近くのツーリストインフォメーションに駆け込み、バスの便を聞いた。まだ、あるという。バスが来るまで少々長く待った。バスは小さなバスターミナルから三〇分位で集落コーセベルガに着いた。疎《まば》らに行き来する観光客の流れを追い、右に緑の丘、そして左に絶壁となっている海岸線の小道を上っていった。途中、羊や牛が放牧されたのどかな風景であった。太陽はかなり傾いていたが、写真で見た夕日に輝く巨石群を見るには、まだまだ時間があった。上り終えると、眼前に船形巨石群が広がっていた。石の一つひとつが先史時代の物語を秘めて屹立《きつりつ》している。この巨石がいつ、そしてなぜここに集められたのだろうか。

アーレス・ステンナル

彼らの物語を画像構成してみようと、カメラを構えてみた。だが、巨石群は、フレームに収まらなかった。レンズを広角に変えて、もう一度ファインダーを覗いてみた。やはり、巨石群の全体像を一枚の物語にするのは無理であった。

まいった。後退しようとするが、後は断崖絶壁である。その先には青い地平線が限りなく延びているだけであった。私のカメラでは、連続画面のパッチワーク構成しかできないだろう。それがこの巨石群にふさわしい画像なのかもしれない。諦めた。

この船形巨石群は、長さ六七メートル、幅一九メートルの北欧最大規模のひとつといわれる。炭素十四による年代測定によると、氷河後退期の鉄器時代後期、ＡＤ六〇〇年頃に立てられたと推測される。その後、存在は完全に人々に忘れ去られていた。ただ、一七七七年の絵画文献には、現在の船形巨石群の両側に三つずつの石があったという。

一九一六年になって、柔らかな砂に埋もれていた船形巨石群が発見された。巨石の数も僅か一六個であった。櫂《かい》と祭壇をかたどった石も発掘されているが、現在は残っていない。その後、一九四〇年代、付近に対空監視基地や対空陣地が建てられて、再び砂に埋もれてしまった。遺跡に関する品々も同時に消え去った。

一九五六年、二度目の発掘作業がされた。不幸なことにも、考古学的な研究がされずに、土壌の移転作業などで貴重な発掘品は再び消えた。近年になり、考古学的な関心が強まり、研究も徐々に深められている。多くの人々も、この空と海と太陽の境界の謎を訪ねるようになった。

謎にはいくつかの起源説がある。

一般的にこの種の巨石群には、多くの墳墓が周囲にあるものだが、この巨石群にはそれが見当たらなかった。それだけに、多くの考古学者や関係者がその起源について議論を重ねてきた。結果的には、現在、二つの説が有力である。ひとつは、このモニュメントは、海で非業な死を遂げた船の乗組員を讃《たた》えるものである。親類縁者が集まり、死者への崇拝と儀式を行う場所を特定するために船形の象徴を建てたという。

他の一つは、人々が一年の生活で季節の諸行事を決定するためにこの船形巨石群を立てたという説である。太陽は、夏至には巨石群の北西に沈み、冬至には反対側から昇るようにそれぞれの石が配置されている。このモニュメントが年間の太陽暦になっている。

巨石文化には、人々が季節の推移と天文との結びつきに深い知識があったことは知られている。この巨石群も同様な謎を秘めている。この説を裏付ける天文学的な説明が、途中の説明板に書かれていた。現代科学の視点からである。

いずれにしろ、アーレスの語源やこの巨石群の機能については、なお、議論や諸説は多い。ただ、このモニュメントの真実を知っているのは、この五トンから一八トンある五九個（あと一個あるはずだが？）の巨石群だけといえそうだ。さらに北東二〇キロほど離れた場所に、二つの岩石型のキーストーンがある。この巨石群との関係がいろいろと推測されて、謎は深まるばかりである。

美しく夕日に映える謎を秘めた巨石群を撮影したかった。だが、バスの時刻に頼る旅人には、それも叶わぬ夢であった。多くの他の撮影者による映像から古代の謎の美を想像することにした。少々悔しいが、やむなしか。

その晩は、ボーンホルム島行きのフェリー乗り場近くに宿泊所を見つけた。どうも、かつて駅舎の一部だったようだ。

翌日フェリー乗り場で、デンマーククローネに両替した。メビウスの帯、風と波の旅の端緒にやっと戻るのだ。

初めての島なので、期待と不安が過《よ》ぎった。ここイスタから、ポーランド・ドイツへも行けるようである。第二次世界大戦中、風前の灯火《ともしび》であった中立国スウェーデン軍は、対ナチス・ドイツに備えてここイスタに集結したのであった。

高速艇で約一時間、通常船で一時間半。私は、ゆっくり船旅を楽しむことにした。各国旗のポールが次第に小さくなっていった。スウェーデン、デンマーク、ドイツ、ポーランド、そしてEUとスコーネの旗。イスタ港はスウェーデンの国際化の前哨点でもある。

ボーンホルム港風景

船の甲板は、バルト海の強風で吹き飛ばされそうであった。舳《へ》先の波も荒く、紺色のカーテンを引き裂くように進む。船尾の航路跡に朝日があたり、波間に虹が掛かる。美しい胡弓《こきゅう》の弓が船風で消える。瞬時に、また、赤と紫の連続帯が現れる。

ボーンホルムの港ロンネが見えてきた。バルト海のヴィーナスの臍《へそ》、ボーンホルムである。ふと、スウェーデン・デンマーク合作映画「ペレ」を思い出した。あの映画は、イスタを出帆し、ロンネの港に着いたところからドラマが始まったのだ。一九八八年にカンヌ映画祭グランプリ、一九八九年にアカデミー賞最優秀外国語映画賞に輝く瑞（スウェーデン）、丁（デンマーク）の過去の歴史を越えた協作であった。

十九世紀末、夢と自由を求めてスウェーデンからデンマークのボーンホルム島に移住したペレとラッセ・カールソン親子の「石の農園」での苦しい生活を描いた一大叙事詩である。原作は、マーチン・アンデルセン・ネクセの大河小説『勝利者・ペレ』の「幼少時代」の映画化である。

当時のスウェーデンとデンマークの社会情勢を背景に、少年ペレは多くの現実を目にするのであった。スウェーデンの田舎者。デンマーク語を読めず苦労する親子。農園の厳しい労働と生活。農園管理職の悲劇的エピソード。男女間の悲喜劇。周囲の多くの子供たちにまである階級と貧富の序列。このような石のような生活の中でも、なお夢を求めてこの親子は生き続けた。スウェーデンから持ってきた野いちご「トメリラ」を農園の片隅に植え、ペレの誕生日を祝う親子の姿は温もりを感じさせた。何か、自分にも幼い頃にあったような錯覚さえ感じる。何度も出てくる母親の思い出話しに、家族が何かをも考えさせられた。多くの苦難と侮辱に耐えながら生きるペレの姿は、一九九〇年代、多くの若者たちに感動と励ましを与えたようだ。現在でも、インターネットの検索エンジンに「ペレ」を入力すると、なんと若い人たちのペレ・ファンの多いこと。

最後に、春が来て、年老い、気力を失った父親を農園に残し、自由なアメリカに夢を求めて、逃亡するペレ。父親は、母の形見の聖書をペレに渡した。雪降るボーンホルムの海岸を背景に、二人は別れる。テーマソングが静かに流れる中、手を振る父親。薄暗い雪と氷の海辺に消えるペレの姿は、十九世紀スウェーデン・北欧が直面した社会問題や移民問題を叙情的に扱った傑作ともいえる。

ロンネに着くと、埠頭から少し離れたツーリストインフォメーションに直接行った。が、まだ、開いてなかった。他の旅行者たちも、入り口の小さな広場に屯し、待っていた。きっかりと十時に、扉が開く。荷物を貸しロッカーに入れ、地図とガイドブック、バスの時刻表を手に入れ、バス停に急いだ。

最初、ハマースフスの城跡を見ることにした。

バス料金は、ロンネを中心に、波紋状に設定されている。バスで島を横切り、島の北西端にあるサンドヴィック集落から、約五分。小さなバス折り返し場から野草の茂る丘を上りきると、V字の空堀り。目の前に巨大な城の廃墟が眺められた。

空掘りに架かる城の橋で、中世姿の子供が長斧《おの》を持ち、道案内に立っていた。急峻な遺跡の草道を、多くの観光客に続いて辿って行った。途中、中世以前に村民が集会を開いた広場や絞首刑場の跡があった。さらに、上りきると城の北東端に立った。海上から七四メートルもある絶壁であった。足元が震えた。吹き上げる海風が涼しい。

海は、ただただ青かった。

赤茶けた煉瓦や花崗岩の廃墟。かつての栄華と壮絶な争いが対照的に幻影となった。海賊、リューベック、スウェーデンやデンマークがこの島の領有を巡り死闘を繰り広げたのであった。島はバルト海の臍《へそ》に位置し、絶妙な美を有するのであるから、彼らは見逃す理由はない。島を手にしたものは、この美しい風景を決して相手に渡せない魔力に憑《つ》かれるだろう。

城には、兵器庫や厩舎はもちろん、調理場や樽貯蔵庫、水汲み場などの跡があり、多くの兵士や女たちの日常生活が思い浮かんだ。紫の小さな夏草の花が、崩れた矢狭間や射眼の隙間に可憐に咲いていた。

城壁の間から、下を見ると、青々した草地に、二つの大小の池があった。この池は、城を防護するために堰《せ》き止めたダムの名残りである。城への水の供給源にもなっていたという。

ひと回り城の生活や防御の跡を見た後、先ほどの橋に戻り、さらに高台にある史跡碑から城跡を眺めてみた。なお勇壮に残る城の外観は、北欧一といわれるだけあって、深い印象と感動を心に残したのであった。青空に切り立つ城跡は、歴史を語り続けた。

このハマースフス城に関する建設年代は正確には解っていない。ただ一二五〇年頃に、ルンド大司教の命で軍事的な役割を担い、ヤコブ・エルランゼンによって建てられたと推測されている。城は、その後、数世紀にわたってデンマークの国王とカトリック教会との権力闘争の渦にあった。教会も強力で、よく組織化されていた。教会は広大な土地を有し、モデル農家を経営し、住民に課税し、司法と軍事を統制管理していた。逆に王権は、王位継承や近隣諸国との勢力争いで弱体化していった。

この権力闘争の例が語られている。一二五九年、島の中央にあるアルミニエンのボーンホルム・リラボリィ城は、ヴェンド族王子リューゲン島のヤロマールと大司教の弟との共謀によって襲撃された。国王側は、多くの兵士を失い、城は完全に破壊されてしまった。

その後、ハマースフス城は、長期の包囲にも耐えられる防衛システムを拡張強化した。一三二六年、一年半にわたるデンマー

ハマースフス城跡

ク国王の包囲にも持ち堪えたが、有利な条件で降伏に至った。さらに、デンマーク王フレゼリク一世は王位強奪のため、五〇年契約でボーンホルムを質担保に入れて、リューベックから多額の資金を借りたのであった。

十六世紀から十七世紀にかけて、デンマークとスウェーデンによるバルト海覇権争いが激化する中で、城の増強も続けられた。同時に、ボーンホルムの支配も両国間で猫の目のようにめまぐるしく変わった。

その間、城はボーンホルム支配の徴税や軍事的側面で重要な役割を果たした。だが、火器砲類技術の飛躍的な発展によって防御機能は弱体化していった。一六四五年、スウェーデンのウランゲルがこの城を数時間の砲撃で簡単に落城させたのは、その象徴であった。

その後、島の行政管理が商港・漁港として繁栄し始めたロンネに移った。デンマーク防衛の東端がはるか沖にあるクリスチャンエー（島）に伸びたのであった。城の要塞としての役割は終わった。代わりに城は、犯罪者や反逆者の監獄として使用されるようになった。

その中で、最も有名な囚人は、一六六〇年にフレゼリク三世の即位で反逆者となったコーフィッツ・ウルフェルトとその妻レオノーラ・クリスティーナ（王の腹違いの妹）であった。反フレゼリク貴族の代表格であった彼は、多額な国費横領のかどで、一六六一年まで、約一年半、このハマースフス城のマンテルタワーに投獄された。その後、彼はスウェーデンに逃亡し顧問官となった。だが、やはりここでも反逆罪に問われ、ドイツで寂しい生涯を終えた。他方、彼の妻レオノーラ・クリスティーナは、その後、イギリスに逃亡、捕らえられ、デンマークに送還された。裁判を受けることなく、二二年間をコペンハーゲン城（現クリスチャンボー城の旧跡）に幽閉された。その獄中記『嘆きの回想』が二〇〇年後に、子供たちの移住先だったオーストラリアで発見された。それは、デンマーク文学史上、高い評価を受けることになった。

「彼女は実質的にコペンハーゲンの青の塔内での幽閉期間（一六六三―一六八五年）中に書き、釈放後、ロラン島マリボーで完成した。この回想録は明らかに、出版のためにではなく、彼女の子供たちにあてて書かれたもので、一八六九年になってはじめて公開され印刷された。『嘆きの回想』の価値は、これが示す人間レオノーラ・クリスティーナの感動的な姿である。それは彼女の誇りと不屈の精神、強いが敵に対して冷酷な心、彼女の敬虔《けいけん》と忍耐、彼女の幽閉期間を内容豊かなものとした彼女の強力なユーモアである。これは第一級の人間記録、また文化史の記録となっている。」（ステフェン・ハイルス・ラーセン監修、早野勝巳監訳『デンマーク文学史』）

一七四三年以降、城は取り壊されることが決まった。島の司令官などが城を建築資材とする石切場とした。一八二二年、国は廃墟を歴史的建造物として指定し、風化の防止と広範囲な維持管理を行うようになった。現在、ボーンホルム人気の上昇とともに、多くの観光客が訪れるようになった。

バスの便は、多くはなかった。見学の時間は、約一時間しかなかった。急いでバス停に戻った。幸い、帰りの折り返しバスは、来てなかった。

帰りのバスから眺めたサンドヴィック集落は、夏の旅行客で溢れていた。小さなレストランの軒先では、ビールを傾け、鰊料理を楽しんでいる。次の集落、グッドハイムまで続く松林から見える海辺。

その波濤《はとう》の高さと白さ、松林に見る風の強さは、「バルト海の風と波」の最終の旅に相応しい光景であった。夏の間、このグットハイムからデンマーク最東の要塞島クリスチャンエーまで観光船が出ている。バルト海の小さな歴史の証人でもある。

その夜は、ボーンホルムユースホステルに泊まろうとしたが、空きがなかった。近くのキャンプ場を紹介された。最初、キャンピング道具を持たない私に、キャンプ場管理人は戸惑ったようだ。結局は貸しテントを借りて、一夜を明かすことになった。これもまた、楽しい経験であった。共同施設で、持ち歩いているインスタントラーメンを料理し、簡単な夕食となった。テント脇で家族が楽しく食事をしている様子を見ていると、一日の旅の疲れが心地好く癒された。家に電話をかけると、今年の夏は例年に比べ猛暑であったという。妻は、スウェーデン旅行が羨ましいという。下着の洗濯をし、明日もまた、晴れることを期待した。

帰国後、スカンディナヴィアキャンプ連盟からメンバーズカードが送られてきた。

翌早朝、エスターラース円形教会を訪れた。バス停から、真っすぐな広い道が教会に続いていた。まだ開館まで時間があったので、墓地を一巡りした。管理人が墓地の掃除をしていた。この間、中学生たちのバスが到着。野外学習のようで、子供たちは、事前の簡単な説明に耳を傾け始めた。

教会は、黒い帽子に白いドーランを塗った装甲車のようで、ただ砲身が延びていないだけであった。普通の教会と形と雰囲気も異なっていた。この種の円形教会は島に全部で四ヶ所ある。このエスターラース教会が、最も大きくデザインも典型的である。

教会名は、ローマ時代に異教として迫害され、火炙りにされた守護聖人セント・ローレンスに由来する。東にあるセント・ローレンス（デンマーク語ではラース）教会というようだ。ルンド大聖堂の項で説明しているように、この教会名は、スカンディナヴィア各地の教会にみられる。

エスターラース教会

狭い教会なので、生徒たちが入る前に出ようと、急いで中に入った。礼拝堂は、豪華な装飾はなく、暗めの内部であった。各時代を代表する建築様式の教会身廊とはだいぶ趣が違う。二階には狭い階段が通じており、数メートルおきに、銃眼や狭間が開いていた。外の緑の畑や墓地の様子が手に取るように見えた。

島全体は、大きな民族移動やヴァイキング活動の飛び石であった。またスウェーデンとデンマークのバルト海支配の重要な拠点でもあった。それだけに、島民たちは、掠奪、暴行、破壊の対象となってきた。この教会は、宗教的建築だけではない。自らの防御施設として、食料貯蔵庫として、島民の避難所として設計されていた。二階、三階は、まさしく要塞内部の構造であった。離れた鐘楼の銃眼は、教会入り口にしっかりと標準が合わされているという。この島の歴史的意義を改めて考えさせられた。

教会を出た後、ボーンホルム博物館を訪ねた。展示は、この教会の歴史を裏付けるものであった。ボーンホルムの先史時代から、ソ連からの返還までの歴史と博物史であった。第二次大戦によるナチス・ドイツのデンマーク電撃占領で、バルト海の要塞・ボーンホルムも占領下に置かれた。だが、一九四五年四月四日にデンマークは開放の日を迎えた。

「バルト海に浮かぶボーンホルム島は、西側諸国とソ連邦の勢力境界線の東側に位置していたため、どちらの側に帰属するかが深刻な問題となった。ボーンホルムのドイツ軍指揮官はロシア軍への降服を拒否したため、ロシア軍は五月七日に島の二つの大きな町であるレネ（ロンネ・著者追記）とネクセーを爆撃し、五月九日に島を占領した。しかしほぼ一年後にロシア軍は島の占領を解き、一九四六年四月五日、ボーンホルムは正式にデンマークへと復帰した」（ヘリェ・サイゼリン・ヤコブソン著、村井誠人監修、高遠直樹訳『デンマークの歴史』）

ソ連軍によるロンネとネクセーに対する激しい空爆跡の展示があった。多くの家々は破壊されて、白と黒の写真がその悲惨さを物語っていた。約八〇〇戸の民家が焼失し、数千戸の家々が大きな損害を受けたという。直ちに町の復興にスウェーデン政府は援助金と三〇〇戸の木造住宅の供与を決定した。この木造住宅区域は、現在では両国の堅い絆の象徴として、市によってしっかりと保存されている。

展示物は、第二次大戦に関する写真も多かった。しかし、ナチス占領に関する展示物は、小さな一角にしかなかった。デンマークの対ナチス・レジスタンスを考えると、この少ない展示に疑問を感じた。この点、学芸員に尋ねてみた。

彼女は、「デンマークも欧州の一員として長い平和が続いている。第二次大戦中のナチスの資料展示は、もはやその意義は薄い。デンマークのナチスに対するレジスタンスを強調する人々やグループは他にいることは確かです。しかし、あまりに愛国主義的な宣伝や展示に疑問を抱く人々もいます。私たちも過剰な愛国的な展示とは、正しい歴史観を歪めるのではないかと危惧しています。対ナチス防衛や軍事的な展示は、別組織で行われているので参考に見ていってください」と説明してくれた。

そうか、ナチス占領はボーンホルムの歴史にとっていまや歴史の一部なのか。私には少々違和感が残った。そうだろうか。それとも、私の語学力不足で相手の考えが十分に理解できなかったのだろうか。

デンマーク領ボーンホルムは、第二次大戦中、ナチス・ドイツによる占領が続き、続いて、ソ連軍の占領となった。そして、返還されたときに撮った両国の要人たちの写真もあった。これは、バルト海に浮かぶ小島が絶えず歴史の潮流の中に翻弄されたことを意味していた。スウェーデンとデンマークによる争奪の歴史も脳裏に浮かんだ。特に、ボーンホルムのソ連からの返還は歴史の一瞬の幸運であった。

「いまやバルト海のシチェーチンからアドリア海のトリエステまで、鉄のカーテンがヨーロッパ大陸を横切っている」とチャーチルがソ連を批判したのは、一九四六年三月五日のことであった。この言葉にあるポーランドのシチェーチンがボーンホルムでなかったのは、たしかに運命ともいえる。

その後、一九四七年三月、トルーマン大統領が反ソ反共演説をし、米ソの冷戦構造ができあがった。一九四九年四月、デンマークは対ソ包囲網のＮＡＴＯに加入したのであった。

キャンプ場への帰り道、彼女の言う防衛博物館を見ることができた。十六、十七世紀から現代までのボーンホルムの戦いと防衛の歴史や多くの軍事兵器の展示であった。ナチス・ドイツの武器展示品も多かった。博物館前には戦車、裏庭には円形教会の大きな模型と軍艦の錨がおかれていた。夕暮れの裏庭や前庭で見たこの光景は、少々、異様な雰囲気にも思えた。帰りの足取りが重かった。

学芸員の彼女の言葉を思い出した。たしかに、あまりにも愛国・防衛の意識を煽り立てる展示は、ニュートラルであるべき博物館の姿ではないかもしれない。ただ、バルト海の歴史は、あまりにも戦争と領土争奪の歴史が長かった。さらにボーンホルムの人々は、いく度も自分たちを自らの手で守ってきたと伝えられている。その意味では、武器と戦争の展示を歴史の外に置くことはできないだろう。展示にある程度の納得も感じた。が、彼女の主張も、この防衛博物館内部をまわるうちに理解できた。私は、彼女の言葉を肯定し、過去の歴史を踏まえた上で、未来に夢を託してみたい。戦争の痕跡や武器の展示は過去の人類の愚かさを示す負の遺産にすぎない。この言葉が過去形でいえる日が来ることを願うのである。

キャンプ場に帰り、島の他の展示館や鰊の料理を楽しむために、もう一日滞在しようと考えた。しかし、テントに戻って横になると考えが変わった。

キャンプ場のテントでは、夜は寒く、就寝はしたものの、夜中に何度も目覚めてしまう。長袖のシャツとジャージにしっかり着替えてみた。それでもバルト海の八月中旬は、湿気が冷たく、寒すぎる。テントの芝生もかなり露で湿っていた。鍵もない一人のテント住まいは、安全な北欧といわれても不安な二日目の夜になりそうだった。野外テントは、最初の宿営費七〇クローネだけで安い。だが、このままでは老いの身体によくない。船の方がはるかに安心で、暖かい。船旅は、コペンハーゲンまで約七時間かかるが、眠れば朝である。急いで荷物をまとめた。夜十一時三〇分のロンネ発コペンハーゲン行きの船に乗ることにした。風と波の旅とは、このようなものである。

フレゼリク教会とコペンハーゲン港

港に急いだ。船は定刻に出航した。

船は空いていた。長椅子にペットを繋ぎ、横になる人。酒で泥酔している老人。そして仲良く枕になり合う男女。高速フェリーの中では見られない人間模様が眺められた。私もキャリーの荷物を椅子に置き、しっかりとバックパックに足を通して、長椅子で深い眠りに入った。

明け方、目を覚ましデッキに出る。船はバルト海の闇に向かって、波板を這うように進む。甲板に出ると黒い波頭が一瞬煌《きら》めく。ライトブルーのカーテンに半月と星がぶら下がっている。幼き頃の学芸会の舞台だ。あたりは深い靄《もや》で視界は狭い。海軟風が吹き、頬を愛撫する。心地好い。大波が船腹を襲うと、デッキが傾き、空き缶が音を立てて転がる。そして、船縁に当たり向きを変える。しばらくすると、再び、静寂が忍び寄る。波の旋律が軽やかである。影絵のように甲板を二人ずれで歩く姿が見られた。
どこからともなく乗船客の歌声が聞こえてくるようだ。

目指すはスカゲラック海峡、カテガット海峡
港湾や波止場を過ぎると
海が待っている
穏やかな潮風、そして輝く水面
ああ、素晴らしかな　コペンハーゲンよ
ああ、素晴らしかな　コペンハーゲンよ
酒場の明かりが見えてきた
さあ、飲み明かそう
コペンハーゲンに乾杯
コペンハーゲンに乾杯
潮の香りがする古きよき港町
長い航海を終え、帰ってきたのだ
誰もが陽気に歌いだす
コペンハーゲンよ、コペンハーゲンよ

（映画「アンデルセン物語」字幕より、一九五二年）

時間が慌《あわただ》しく旭を海面に押し上げる。入港が近いことを知らせるチャイムが響く。朝霧の中に海鳥の泣き声を聞いたかと思うと、あのエーレスンドの大橋が眼前に迫る。岸辺に映えるコペンハーゲンの街影。橋桁をくぐりぬける早朝の船姿。緑のドームがズームアップしてくる。大理石教会（フレゼリク教会）だ。大きな錆びたクレーンが岸壁に立つ。メビウスの帯の端緒・コペンハーゲンに戻ったのだ。

朝靄が深く、デッキも桟橋も濡れていた。

おわりに

「おわりに」の部分は、最後に読むのが順序かもしれない。しかし、しばしば、この逆の場合も見られる。まず「おわり」を読み、次に「はじめに」を読む。それから本文をじっくりと読み始める。それもよいでしょう。どのように読むかは、読者の考えや読書習慣であるのだから。いずれにせよ、読むための「おわり」を書いてみたい。

前に読むか、終わりに読むかは別として、本文で書いた舞台裏を少し知って頂ければと思う。

この本の最も大きなテーマは、歴史認識である。

私は、このメビウスの風と波の旅をしながら、デンマークとスウェーデン間の長い愛憎の歴史を日韓・日中間の歴史と重ね合わせて考えることも多かった。東西の歴史的な背景の違いは、十分に理解しながらも、「人間の業としての争い」を相似見る思いをした。隣国同士の国境線を越えた戦いの歴史は、侵略・掠奪・破壊であった。互いに忘れ去ることのできない不幸の積み重ねである。だからこそ、まずは、相手の被害者の心情を理解しなければならない。これは相互理解の大前提である。と同時に、未来志向で互いの憎しみの歴史を乗り越えて、「手を携える時」を模索する努力も必要なのではないだろうか。デンマークとスウェーデン両国は、歴史の中で、互いのアイデンティティーを尊重し、時には、相手をジョークの対象にするまで成長したのであった。苦しく長かったが、「歴史の憎しみ」を乗り越えたのであった。

「争う」という人間の業は、乗り越えることができるのだ。私は死の直前まで人類の叡智を確信し続けたい。このメビウスの帯の旅が、人類滅亡の砦となる小さなヒントなれば幸いである。

次に、「歴史」というキーワードに続き、「平和」についても考えました。

スウェーデンは、ナポレオン戦争以来、一八〇年間、戦争をすることはなかった。その間、何度かの危機はあったが、回避してきた。それは、国の内外の批判を覚悟で、狡猾なまで（？）の外交努力を重ねた結果であった。たしかに地理的好位置にもあったという意見もある。だが、自衛の軍事力を持ちつつ、第二次大戦中の屈辱的といえるまでの「外交努力」は、戦争と平和の大きな分かれ目でもあった。

平和外交とは、二者択一論ではない。幅のある選択肢から第三、第四の平和の道を模索するのも生き方なのだ。スウェーデンの現在に至るまでの長い平和外交を紐解くと、このことを考える。もちろん、このようなスウェーデンの外交政策に批判もある。だが、冷静に考える必要もあるだろう。平和を選択するために「屈辱」という言葉はないのだ。

次にインターネット文化についてである。

インターネットサイトで、資料を検索するとホームページ欄に多くの北欧旅行記が見られる。読むと写真あり、ジョークあり、旅行のノウハウが書き込まれている。若い人々のサイトが多く、それなりの軽快なノリと速度があり楽しい。だが、どのサイトも同じような形式のため、読んでいるうちに食傷気味になる。本の形で出版する限りには、やはりインターネットにはない書き方をしなければ活字出版の意味がない。その意味でも、テーマ「風と波」に拘《こだわ》り、歩きに歩いたメビウスの帯を書き続けた。

インターネット文化をどうにか乗り越えたい。だが、書きながらインターネト文化に知の連帯も感じたのであった。アンビバレンスな感情であった。

乗り越えられたろうか。多分、できなかったかもしれない。

読者の判断を待とう。

ただ、真にインターネットにない活字文化を感じるのは、メビウスの帯を実際に旅するときかもしれない。

読み終えた読者にぜひお願いしたい。私の辿ったメビウスの帯を歩いてみてください。読み、あるいは見るだけのインターネットにはない、多くの知識と新しい体験を得ることができるでしょう。美しい自然も鑑賞できるでしょう。また、現在という地点から過去を考え、学ぶことも多いのではないでしょうか。そのときが、インターネット文化を乗り越えた旅の本となるときかもしれない。傲慢な愚かさかもしれない。だが、そのように思いながら書き続けました。

さらに、この本を書いていて著作権の問題がいかに難しいかがよく分かった。

たしかに私は旅のオリジナルな文を書くことに意を尽くした。その意味で、自己の感想や意見は私のものである（もちろんこの部分さえ、過去の私の人生で学んだ多くの知識源があったともいえる）。しかし歴史的記述や地理・社会の事実関係について勝手な創作は許されない。その意味では、ファンタジーな世界や純文学の世界が羨ましい。

史実や伝承を改変創作して書くことが私の紀行文の趣旨ではない。また記述内容をすべて一次資料から引用することも不可能である。二次資料、三次資料あるいは孫引きやひ孫引きもあることは確かである。それらを基に自分の意図と創作でコラージュした箇所もあったことも確かである。それらのニッチを自分の創作で埋めながら出来上がったのがこの旅行記ともいえそうだ。もし、それらすべてに引用や変更の注釈を付け、創作の意図を示したならば、読むものの興味を削ぐことになるだろう。

社会科学や人文科学の論文を読んでいると注釈と引用文献表示が大部分というのも多い。

たしかに論文や社説の剽窃は許されるべきではない。捏造はまして議論外である。だが、過去の思索や研究から全く離れた独創的なアイデアや史実があるのだろうか。現在の文明や文化は、過去の思索や研究の派生に過ぎないというのも私の主張である。その意味で、この本は、過去の多くの書物や文献、研究成果から多くの示唆を得ていることを述べて、深くお礼を述べたい。引用箇所はできるだけ明示している。だが、思索と創作のヒントや敷衍にすべて注釈を付けたわけではない。参考文献欄で引用資料を明示しているのでお許しを願いたい。

もしも、少しでも過去の思索を越えた独創性のある部分があったならば、関係した多くの人々にお礼を述べたい。誤解のないように要約したい。著作権は、しっかりと尊重したい。その上で、この本は、多くの書籍、文献やパンフレットを参考にしていることも明確に述べておきたい。引用も前後の文章から判断し、他の資料と照らして、独自に書き直している部分もある。学術を目的とした書籍でなく、個人の利益を追求したつもりもない。北欧と日本を理解するためにこの本を書いていることを考慮し、多くの人々に寛容なる許しを願いたい。

この旅で考えた人類の「知の砦」についても述べおきたい。

少々、重い命題でもある。いや、かなり重いようである。

旅の途中、スウェーデン・デンマークの多くの美術館・博物館・図書館（これらは、「知の砦」といえる）を訪れた。決して、財政的に恵まれて、過去の遺産の保存・研究がされているとは思えない。むしろ、遺産の保存と研究のために、経済的な試行錯誤が試みられているのを見てきたのであった。多くのスタッフや関係者たちが過去の遺産と人類の叡智を次の世代に伝えたいという熱意と努力がそこにあった。強く心を打たれた。

例えば、ストックホルムの王立美術館のスタッフは、街頭で収納庫に埋もれた美術品の保管と整理に財政的な理解と支援を訴えるビラを通行人に配っていた。デンマーク王立図書館やストックホルムの王立図書館では、教育関係のデータが少ないですねと話すと、予算がないのでと困惑顔。それでも、希望の資料を懸命に検索してくれた。

各地の遺跡保存には、国やコミュニティに頼るばかりではなく、多くのボランティアが経済的支援活動も行っている。その意味では、この本は、これらの人々の努力から多くの引用や参考、そしてヒントを得て書かれていることを付け加えたい。「知の砦」で働き、研究する図書館員や学芸員、そして、それを支えている多くの関係者たちに心から感謝し、エールを送りたい。

北欧の言語と発音については、今なお自信がない。特に発音は、多くの北欧関係の書物が必ず断っている。その意味で北欧語の日本語表記は難問であることは確かなようだ。まして、私のような北欧言語の門外漢は、当然といえる。お叱りを甘受せざるをえない。

最後に、この本を書くにあたり、多くの関係者にお礼を述べたい。枚挙すればきりがないほどである。紙面に限りあるので、すべて列挙できないことをお許し戴きたい。ただ、どうしても幾人かの方々を書き留めておきたい。

三瓶恵子さん、アンデルス・ブンドゴード（アナス・ブンゴドー）の資料をありがとうございました。ブンドゴードの資料を読んでいる中で、どうしても彼の生地が地図から見つけることができなかった。ひとつの疑問が出てくると筆が進まないのが私の欠点です。スウェーデンの百科辞典、各種の地図、インターネットと調べたのだが、どうしてもだめでした。ふと、北欧教育学会のメンバーに助けを求めたところ、スウェーデン在住の研究者三瓶さんからさっそくメールを頂き、喉の痞《つか》えが取れました。三瓶さんのいつもの心配りを感じ取ったところでした。

マルメ在住の故堀井・リンドベリィ・悦子さんにも本の完成をご報告したい。

堀井・リンドベリィ・悦子さんには、前作『オーロラとの共生社会』以来のお付き合いでした。マルメ滞在の折には、学校訪問や宿泊などで大変お世話になりました。ただ、残念なことに、この本の執筆中に亡くなられ、その訃報に驚いているところです。この本の完成時には、マルメでの彼女のメモとこの本をご遺族の方にお渡ししようと心に留め、書き続けたのでした。

ご冥福をお祈り申し上げます。

マルメ・ユースホステルのジェニー。宿泊中のご好意に感謝したい。

大きなマスコミの後援や他の経済的支援があるわけではない私にとって、宿泊費用は大きな経済的な負担でした（スウェーデン・デンマークのホテル等の費用はかなり高い）。当然、ホテル宿泊はかなりの経済的な負担となった。そこで、スウェーデンやデンマークの宿泊には、ユースホステルを利用することも多かった。

マルメ滞在中、何度か宿泊しているマルメ・ユースホステルを利用したときであった。いつものように宿泊手続きをしながらジェニーとスウェーデンの学校システムについて雑談した。手続きを終えてから、ほっとして部屋のベッドに横になった。

その日はマルメの教育機関を訪問し、肉体的にも精神的にもかなり疲れおり、すぐに軽い眠りに入った。同室者はまだ戻ってない。しばらくして、ドアをしきりにノックする音が夢の中で聞こえた。夢の中で旅を続けながら、ドアを開くとジェニーが私のクレジットカードを持って立っていた。話に夢中になりカウンターの下に忘れてきたようだ。

このメビウスの帯の旅で、このときが、最大の危機であったようだ。それを彼女は救ってくれたのであった。何度も彼女に感謝の言葉を述べた。彼女は、私にカードを渡した後、いつものようにクールな笑顔で戻っていった。もしも、彼女の手にこのカードが発見されなかったならば、大変な事態になっただろう。ユースを去るとき、彼女には会えなかったが、花を贈り、帰国後ささやかなプレゼントを送った。

それ以来、ホテルやユースでは、クレジットカードやパスポートをカウンターやその周辺には決して置かないように気をつけている。その後、一度だけカウンターで彼女にあった。そのときはユースが満室であった。彼女の配慮で他のユースホステルを紹介していただき、宿泊難を逃れたのであった。とにかく、彼女は、この旅の救いの女神でもあった。

使用している写真について一言お礼の方々を追記しておきます。

この本で使用している写真は、すべて私自身による撮影です。機種その他のデータは添付しませんが、文章の味付けとして楽しんでください。ただし、どうしても個人の力では限界がありました。特に、歴史的な写真はどのような形で入手し、掲載すべきか困惑しました。スウェーデン関係者（スカンディナヴィア政府観光局、スウェーデン大使館）に相談しました。答はでませんでした。読者の方々のよい知恵をお願いいたします。今後の参考にしたいと思います。なお、カルマル博物館のカルマル・プロジェクト役員ラース・エイナッソン（Lars Einasson）氏には貴重なエーランド沖の艦船クロナウンの写真を提供いただきました。カバーに使用したことを報告します。また、スウェーデン赤十字写真担当ソーニア・シェストランド（Sonja Sjöstrand）氏には、ホワイトバセズの写真を提供いただきました。スウェーデン赤十字関係者のご協力に感謝いたします。

なお、この原稿校正中にベルイマンの訃報が報道されました（二〇〇七年七月三〇日に死去）。こよなく愛したゴットランドのフォーレ島で八九歳の生涯を終えました。孤独と死、そして愛の葛藤を描き、そして生きた映画・舞台監督でした。私の作品でもしばしば取り上げてきました。ご冥福を祈りたい。

最後に、妻ミサさんと八朔社の片倉和夫氏への感謝の言葉を述べたい。形ばかりになりがちなこの最後の添え書きは、心から最も重みのある言葉であるのだと読者は理解してくれるものと思う。

ありがとう。

高橋　一夫

参考文献

左記邦文の参考文献は、主として本文から直接引用した著書名を挙げた。欧文の文献については、主とした参考文献を明示した。本文を書くに当たり、著者自身が欧文の参考文献を翻訳や概訳をし、再構成している部分が多い。ただし、ここに掲げる文献以外に、多くの邦文・欧文の文献、小冊子、パンフレット、写真、インターネットホームページを参考にしている。その参照の具体的な内容は、ここで述べる余裕がない。著作権に関する問題は厳しい。関係者の深いご理解をお願いし、ここに謝意を申し上げたい。なお、本文中の写真は、2葉（ゴットランド沖のクロナウン号、ホワイトバセズ）以外、全て著者自身によるものである。

邦文

ライアン・ワトソン著、木幡和江訳『風の博物館』河出書房新社、一九九四年
百瀬宏・熊野聰・村井誠人編『北欧史』山川出版社、一九九八年
百瀬宏『北欧現代史』山川出版社、一九八〇年
和田春樹編『ロシア史』山川出版社、二〇〇二年
伊藤孝之・井内敏夫・中井和夫編『ポーランド・ウクライナ・バルト史』山川出版社、一九九八年
橋本淳編『デンマークの歴史』創元社、一九九九年
アンデルセン著、大畑末吉訳『アンデルセン自伝』岩波書店、一九三七年
アンデルセン著、大畑末吉訳『アンデルセン自伝』（改訂版）岩波書店、一九七五年
山室静『アンデルセンの生涯』（改訂版）新潮社、二〇〇五年
アンデルセン著、大畑末吉訳『アンデルセン童話集1』（改訂版）岩波書店、一九八四年

シャンソン・カミュ・サルトル著、佐藤朔訳『革命か反抗か』新潮社、一九八八年
武田龍夫『戦う北欧』高木書房、一九八二年
山室静訳著『抵抗の牧師カイ・ムンク』教文館、一九七六年
K・クロスリィ‐ホランド著、山室静・米原まり子訳『北欧神話物語』青土社、一九九一年
山室静編訳『アンデルセン童話集 1』偕成社、一九七八年
和田春樹『ヒストリカル・ガイド ロシア史』山川出版社、二〇〇一年
ルードル・プェルトナー著、木村寿夫訳『ヴァイキング・サガ』法政大学出版局、一九八一年
ヨハネス・ブレンステッズ著、荒川明久・牧野正憲訳『ヴァイキング』人文書院、一九八八年
イングマール・ベルイマン著、木原武一訳『ベルイマン自伝』新潮社、一九八九年
大橋實『スウェーデンの民話』(ビョルク第八一号)スウェーデン交流センター、二〇〇四年
武田龍夫編訳『愛の伝説』東海大学出版会、一九八八年
辻原康夫『図説 国旗の世界史』河出書房新社、二〇〇三年
M・シューヴァル/P・ヴァール著、高見浩訳『サボイ・ホテルの殺人』角川書店、一九九六年
M・シューヴァル/P・ヴァール著、高見浩訳『テロリスト』角川書店、二〇〇一年
ディフェンスリサーチセンター(上田愛彦・青山滋・重村勝弘編著)『国際軍事データ二〇〇六』朝雲新聞社、二〇〇六年
シェイクスピア著、野島秀勝訳『ハムレット』岩波書店、二〇〇二年
シェイクスピア著、福田恒存訳『ハムレット』新潮社、一九九四年
シェイクスピア著、市河三善・松浦嘉一訳『ハムレット』岩波書店、二〇〇一年
アンデルセン著、高橋健二訳『デンマーク人ホルガー』Forlaget Sesam、二〇〇二年
ジョシュア/アン‐リー・ギルダー著、山越幸江訳『ケプラー疑惑』地人書館、二〇〇六年

ステフェン・ハイルスコウ・ラーセン監修、早野勝巳監訳『デンマーク文学史』ビネルバ出版、一九九三年
ヘリエ・サイゼリン・ヤコブセン著、高藤直樹訳・村井誠人監修『デンマークの歴史』ビネルバ出版、一九九五年
アーリング・マッツ著、佐々木・ストックラッサ・瑞子訳『VASA』年号不明
P. SIMON , *Bridge Over Troubled Water,*（山本安見訳）Sony Music Entertainment Inc,1991

欧文

Ejnar Stig Askgaad, *Hans Christian Andersen*, Odense City Museums, 2005.
Per Eilstrup, Gretel Jantzen, Karen Steenhard, *The Little Mermaid*, Grønlund's Forlag, 2003.
Johs.Nielsen, *THE DANISH-GERMAN WAR 1864*, Tøjhusmuseet, 1991.
Katia Johansen & Peter Kristiansen, *THE ROSENBORG TAPESTIES*, The Royal Danish Collections, 1999.
Esben Kjeldbæk, Kjeld Thorsen, *The Museum of Danish Resistance*, Frihedmueets Venners Forlags Fond,（年号不明）
Henrik Lundbak, *Besættelsestid og frihedskamp 1940-45*, FRIHEDSMUSEET, Nationalmuseet og Skqetjen-esten,1996.
Peter Olesen, Angela Heath-Larsen, *Eight Walks around Copenhagen with Peter Olesen*, Peter Olesen & Thaning & Appel, 2006.
Lars-Åke Kvarning & Bengt Ohrelius, Joan Tate, *THE VASA* , Bokförlaget Atlantis AB,1998.
Jan Sundfeldt, Halvar Sehlin, STF, Jeremy Franks, *af CHAPMAN*, Svensk Turistföreningens Förlag,1988.
Ann Mari Karsson, *ANSGARSKAPELLET PÅ BJÖRKÖ*, Uppsala stift, 2000.
Bengt G. söderberg, *EXCURSIONS IN THE HISTORY OF GOTLAND*, Gotlandskonst AB,(年号不明)
Hugo Yrwing, *GOTLANDS MEDELTID*, Gotlandskonst AB, 1978.
Britt Svensson, *Guide to Visby*, Länsmuseet på Gotland, 1998.

Gun Westholm, *HANSEATIC SITES, ROUTES AND MONUMENTS*, County Administration of Gotland & Others, 1996.

Lars Einarsson, Jeremy Franks, Kungälv, *Kronan*, Kalmar County Museum, 2001.

Monica Golabiewski Lannby, Leslie Carter, *THE GOLDTREASURE FROM THE ROYAL SHIP KRONAN*, The Kalmar County Museum,1998.

Anders Johansson, Mary Karberg, *The castle of Kalmarsund*, Barometerns förlag, KalmarSlott, 1998.

Anders Johansson, Hilary Hocking, *In the Heart of Kalmar*, Barometerns förlag, 1992.

Lars Andersson, *THE VASA DYNASTY AND THE BALTIC REGION*, Kalmar Castle, 2003.

K Arne Blom & Others, Dagmar Hellstam, *Cityguid LUND*, Stiftelsen Lundaguide, 2000.

Lars Hansen & Others, Mark Wells & Others, *LUNDS DOMKYRKA*, IK Pocket Guide AB, 1998.

Robert Egevang, *Det gamla HELSINGÖR*, NationalMuseet, 1979.

Torkek Eriksson, *Kärnan*, Riksantikvarieämbetet,1993.

David Hohnen, *Hamlet's Castle and Shakespeare's Elsinore*, Christian Ejlers'Forlag,2001.

Ole Bram Idé & Reklamd, *HELSINGØR og omegn*, Helsingør Kommune, 1997.

Vibeke Woldbye and Lars Holst, *KRONBORG GUIDE*, The Palaces and Properties Agency, 2001.

Eva Björklund, *Malmöhus*, Malmö Museer,1998.

William D.Nordhaus, *The Swedish Nuclear Dilemma*, Resources for the Future, 1997.

Jan Richter, *Malmö*, BILD & MEDIAPRODUKTION I MALMÖ AB,1989.

Lars-Olof Georgsson, David Browne, *A little book about MALMŐ* , Malmő Turist & Kongress AB,1995.

Bengt Jacobsson, *Ystad under nittonhundratalet*, Ystads kommun, 1987.

Öresundskonsortiet, *Den fasta förbindelsen över Öresund*, ŐRESUND KONSORTIET, 1998.

Per Olof Berg,Anders Linde-Laursen, Orvar Lőfgren, *Invoking a Transnational Metropolis*, Studentlitteratur, 2000.

Jőrgen Weibull, *SWEDISH HISTORY in outline*, The Swedish Institute, 1993.
John Görnebrand, *Skånska slott och borgar*, GRAFIKA FÖRLAG BOK MARKNADEN AB,1999.
Alf Åberg, *SKÅNES HISTORIA*, Natur och Kultur, 1997.
Sten Skansjö, *SKÅNES HISTORIA*, HISTORISKA MEDIA, 1997.
Claes-Göran Isacson, *Skånska Kriget 1675-1679*, HISTORISKA MEDIA, 2000.
Sven Rosborn & Others, *SPELET OM SKÅNE*, Malmö Museer, 1993.
Lena Lidbeck, *Kunger & Drottningar I Sverige*, RABÉN & SJÖGREN, 2001.
Leif Anker, Gunilla Litzell, Bengt A Lundberg, *WORLD HERITAGE SITES IN SWEDEN*, The Swedish Institute, The National Heritege Board, 2002.
Alf Åberg, Gordon Elliott, M.A(St And), *A concise HISOTRY of SWEDEN*, Natur och Kultur, 1985.
Helge Seidelin Jacobsen and Høst & Søn, *AN OUTLINE HISTORY OF DENMARK*, Høst & Søn, 2000.
Franklin D. Scott, *Sweden The Nation's History*, Southern Illinois University Press, 1988.
Sarah Giersing, *The King's Copenhagen*, Københavens Kommune, 2006.
Jørgen H.Barfod, *The Holocaust Failed In Denmark*, Frihedmuseets Venners Forlag, 1985.
Project Group of NAVARCH, *NAVAL ARCHITECTURE*, Municipality of Karskrona, 2002.
Magnus Ullman, *Örlogshistorisk DRAMATIK*, Magnus Ullman, 2002.
Olle Melin, *MARINMUSEUM ÅRSBOK 2001*, Karlskrona, 2001.
Nationalencyklopedin, Bokförlaget Bra Böcker AB, Höganäs, 1996.

インターネットサイト

Wikipedia: 各国のサイトアドレスが異なるために省略

http://www.kalmarlansmuseum.se 2007.11.12
http://newsvote.bbc.co.uk 2006.05.05
Others

参考文献）『世界統計白書 2007 年版』木本書店、2007 年
『世界国勢図会第 18 版 2007/08』矢野恒太記念会、2007 年
『世界の統計 2007』日本統計協会、2007 年
『国連世界人口年鑑　第 55 集』原書房、2007 年
ATATIATISK ÅRSBOK FÖR SVERIGE 2004, 2004
外務省：各国・地域情勢 07/09/16
Wikipedia　07/09/16

		スウェーデン	デンマーク	日本	年度	単位	注　　釈
観光・文化	魚介類年間消費量	33.6	24.3	66.2	2003	kg/人	
	世界遺産	14	4	13	2006	数	登録数
	競争力ランキング	5.13（17位）	5.27（11位）	4.99（25位）	2007	スコア	世界経済フォーラムの13指数
	外国旅行者数	12579	11427	5564	2003	千人	
	自動車	501	424	586		/千人	瑞02、丁02、日04
	パソコン	76.1	65.5	54.2	2005	/百人	普及率
	携帯電話	93.3	100.7	74	%	/百人	普及率
	インターネット	76	53	50	2005	/百人	普及率
	新聞発行	583	443	635	2005	部	成人人口千人当たり
	図書出版	4246	15017	77031	2004	点	

注1）統計は見方・立場によって理解が異なる。ここに選んだ指標も著者の恣意的なものである。両国や日本に関する著者自身の見方と理解してほしい。両国に関する従来のイメージと異なる見方をされた方もいるかもしれない。また、よりいっそう日本を考えるヒントを得た人もいたかもしれない。データの選出に不満なかたもいたかもしれない。いずれにせよ、さらなるデータの精緻化、個々のデータの出所明示と視覚化が望ましいと思う。今後の課題としたい。

2）瑞：スウェーデン、丁：デンマーク、日：日本、米；アメリカ、英：イギリス、独：ドイツ、蘭：オランダ、中：中国、韓：韓国を表す。

3）家計可処分所得、0に近い数値が所得配分が平等。

4）長寿で健康な生活、知識、人間らしい生活水準という人間開発の3つの分野の平均達成度の複合指数。

5）GEP指数はジェンダー・エンパワーメント指数。女性が政治及び経済活動に参加し、意思決定に参加できる指数。

6）1人の女性が生涯に何人の子供を産むかを表す。

7）学習到達度調査(PISA)：OECD加盟の生徒平均が500点、約3分2の生徒が400点から600点の間に入るように換算。平均500点、標準偏差が100点。数学的リテラシー、読解力、科学的リテラシー、問題解決能力の順。

		スウェーデン	デンマーク	日本	年度	単位	注　　釈
厚生労働	自殺率	13.4	13.6	23.8		/10万人	日 02、瑞 01、丁 00
	年間労働時間	1583	1577	1784	2006	時間	
	50h/ 週以上	1.9	5.1	28.1	2004	%	日本については、49 時間以上
	外国人労働者	4.9	3.9	0.3	2004	%	
	失業率	5.8	5	4.4	2005	%	
医療福祉	アルコール消費量	6.9	11.9	7.4	2001	ℓ / 人	
	年間平均受診	2.9	7.3	14.1		回 / 人	日 02、丁 03、瑞 01
	出産休暇	64	30	14	2004	週	
	子家族への税支援	9.2	6.6	3.6	2003	%	粗所得に対する割合
	医療費支出	9.4	9.0	7.9	2003	%	対 GDP
	肥満の人口比	35.3	34.0	22.4	2004	%	BMI130 と 125 以上
	医療費支出	3,149	3,534	2,662	2003	$ / 人	
教育科学	教育費構成比	6.89	12.21	6.2		%	瑞 04、丁 04、日 06
	公的教育支出	6.7	7	4.8	2003	%	対 GDP
	私費負担	0.2	0.3	1.2	2003	%	公費補助を除く割合
	PISA	509 514 506 509	514 492 475 517	534 498 548 547	2003	点	注 7）
	生徒数	14.1	13.4	13.5	2003	／1 教師	後期中等教育
	特許登録件数	3,232	784	124,192	2004	件	
	ノーベル賞	30	13	12	2005	人	受賞者数

		スウェーデン	デンマーク	日本	年度	単位	注　　釈
社会概要	ジニ係数	0.24	0.23	0.31	2000		注3）
	人間開発指数	0.949（6位）	0.941（14位）	0.943（11位）	2003		注4）
	GEP 指数	0.852（3位）	0.860（2位）	0.603（43位）	2005		注5）
	女性の政治参加	52.4	33.3	12.5	2005	%	閣僚レベル
	社会保障支出総額	57,763	28,028	8,347,404	2006		日 Jpy、瑞 Skr, 丁 Dkr
	/GDP	40	32	18			
	/ 歳出構成比	49.02	40.73	25.49			瑞 04、丁 04、日 06
人口	年平均人口増加率	0.4	0.12	−0.39		%	2010 ~ 2030
	人口予測	10,481	5,528	102,511	2006	千人	2050 年
	老年人口割合	17.1	14.9	19.2	2004	%	
	出生率	10.7	11.9	8.9		/ 千人	
	死亡率	10.6	10.9	8.0		/ 千人	
	合計特殊出生率	1.65	1.73	1.3			注6）
	結婚率	4.8	7.0	5.6	2004	/ 千人	
	離婚率	2.2	2.9	2.1			
	平均寿命	80.5	77.8	82.1			

		スウェーデン	デンマーク	日本	年度	単位	注釈
貿易	輸出	35.5	31.4	12.1	2004	%	対 GDP 依存度
	輸入	34.4	27.5	9.7	2004	%	〃
	相手国（輸出）	米、独、ノルウェー	独、瑞、英	米、中、韓	2004	FOB	左から 1，2，3 の順
	相手国（輸入）	独、丁、ノルウェー	独、瑞、蘭	中、米、韓	2004	CIF	
	穀物自給率	120	107	28	2002	%	
エネルギー	電力消費量	1,387	358	10,313	2004	kWh	
	水力	602	0	1,031			
	火力	132	339	6,898			
	原子力	775	0	2,824			
	風力	9	66	13	2004	kWh	
	原子力発電(基数)	9318（10）	0	49580（55）	2006	千 kW	入手可能な直近の数字
	自給率	65.1	154.5	18.2	2004	%	丁は電力の輸出あり
	純輸入量	2,031	−1,002	44,075	2004	万 t	石油換算、マイナスは純輸出量
環境	二酸化炭素排出量	54,753	54,164	1,247,613	2002	千 t	
	水資源	3,337	19,679	1,128	2003	m^2/人･年	
	硫酸化物排出量推移(90年から)	−48	−85	−3	2002	%	
	湖沼の水質（全リン）	メーラレン湖（0.025）	アレソ湖（0.406）	霞ヶ浦（0.120）	2000	mgP/L	アレソ湖（1995 年）

		スウェーデン	デンマーク	日本	年度	単位	注　釈
経済概要	通貨・為替レート	16.57円	22.5円	円			レートは07年7月
	名目GDP	357,683	258,714	4,533,965	2005	百万ドル	
	GDP/人	39,637	47,769	35,484	2005	ドル	
	GNI/人	40,910	48,330	38,950	2005	ドル	
	外貨準備高	725,047	29,837	880,977	2006	百万ドル	
	ODA実績	3967	2234	11608	2006	百万ドル	支出純額ベース
	/GNI	1.03（1位）	0.80（5位）	0.25（18位）	2006	%	順位はDAC加盟国
	競争力ランキング	3位（5.74）	4位（5.70）	7位（5.60）	2006	スコア	世界経済フォーラム
租税	/GDP債務残高	179.3	34.7	53.9	2006	%	国、地方、社会保障基金を含む
	国民負担率	71.0	72.7	37.7		%	租税負担率と社会保障負担率、瑞丁は03、日本は06
	付加価値税	25	25	5		%	日本は1%は地方税

スウェーデン・デンマーク・日本の現況

		スウェーデン	デンマーク	日本	年度	単位	注　　釈
一般情報	政体	立憲君主	立憲君主	立憲君主			各国制度の解釈に異論あり
	元首	カール16世グスタヴァ	マルガレーテ2世	天皇・明仁			各国制度の解釈に異論あり
	議会	一院制（任期4年）	一院制（任期4年）	二院制（任期4,6年）			
	面積	449,964	43,094	377,887		km^2	
	人口	9,030	5,416	127,768	2005	千人	
	人口密度	20.0	125.6	338.1	2005	人/km^2	
	首都	ストックホルム	コペンハーゲン	東京			首都：東京は事実上
	首都人口	744（1643）	499（約1640）	8490（12577）		千人	（）は郊外を含む人口、日05、瑞99、丁07
	言語	スウェーデン語	デンマーク語	日本語			公用語：スウェーデン語はデファクト、日本語は慣習
	宗教	福音ルーテル教	福音ルーテル教	仏教84%？			解釈に異論あり
国防	国防費	5,394	3,588	45,152	2004	百万ドル	
	/人当たり	600	663	355	2004	ドル	
	/ GDP	1.5	1.2	0.9	2006	%	
	歳出の構成比	5.36	4.55	6.07			瑞04、丁04、日06
	兵器製造企業	サーブ（23位） 2110（82%）	35位以内になし	三菱重工業（22位） 2190（9%）	2005	百万ドル	ロシア、中国を含まず、数字は売上高、（%）は対総売上高
	正規兵力	27.6	21.6	240.4	2006	千人	デンマークはNATO加入
	兵役制度	徴兵制	徴兵制	志願制			

西暦	スウェーデン	デンマーク	戦争の終結，その他参考	日　本
1982	北欧3国、バティカンと1527年以来断絶していた外交回復			
1985			米ソ核戦争不戦の誓約	
1988	2010年までに原発廃止の決定			
1989			ベルリンの壁崩壊	
1991			ソ連消滅し、ロシアへ	
1992	環バルト海諸国評議会発足		マーストリヒト条約	自衛隊カンボジア派遣
1995	EUに加盟			阪神・淡路大震災
2000	エーレスンド（エーアソン）橋の開通		国連で「平和文化の年」	

注）下記の年表を参考にし、本文の中から歴史事項を抽出。


百瀬宏・熊野聰・村井誠人編『北欧史』年表、山川出版社、1998年。

百瀬宏『北欧現代史』年表、山川出版社、1980年。

橋本淳編『デンマークの歴史』略年史、創元社、1999年。

ビルギッタ・ティングダール、ヒースマン姿子訳『スウェーデン史速歩き」ビネバル出版、1999年。

Olle Östling, *Historiska　fickfakta*, Studenlitteratur, 2000.

歴史学研究会編『世界史年表』岩波書店、1994年。

西暦	スウェーデン	デンマーク	戦争の終結，その他参考	日　本
1926	北欧 4 ヶ国紛争の平和的解決で協定締結			
1931				満州事変
1937		ブンドゴード没		盧溝橋事件
1939	北欧 4 ヶ国それぞれ中立宣言		第二次世界大戦	
1940		ナチス・ドイツ、デンマーク侵攻		
1941				太平洋戦争
1945		ナチス・ドイツの占領終結	国際連合成立	ポツダム宣言受諾
1946		ボーンホルム、ソ連から返還		
1948	フォルケ・ベルナドット暗殺			
1949		NATO に参加		
1950			朝鮮戦争	
1960				新日米安保条約調印
1961	ハマーショルド飛行機事故死		ベルリンの壁	
1964	北欧 4 ヶ国国連待機軍設置			
1965			ベトナム戦争で米軍の北爆	
1970			米ソ戦略兵器制限交渉	大阪万国博覧会
1971	北欧議会、北欧閣僚会議の設置			沖縄返還協定
1972	ストックホルム会議「国連人間環境会議」			日中共同声明
1973	カール 16 世グスタヴ即位	EC に加盟		
1974	バルト海洋環境保護協定、北欧環境保護条約			
1978				日中平和友好条約調印
1980	原発国民投票を実施	コペンハーゲンで「国連女性の 10 年」	ユネスコ、初の軍縮教育会議	
1981	ソ連原潜、領海で座礁			

西暦	スウェーデン	デンマーク	戦争の終結，その他参考	日　本
1810	イギリスに宣戦布告			
1814	デンマークはスウェーデンにノルウェーを譲渡（キール条約）		ウィーン会議	
1815	スウェーデン・ノルウェー連合王国			
1818	カール 14 世（ベルナドット）即位			
1845	スカンディナヴィア学生大会			
1848	デンマーク支援の派兵	第 1 次スレースヴィ戦争	フランス 2 月革命	
1853			クリミア戦争	
1857		海峡税の廃止		
1864		第 2 次スレースヴィ戦争		
1867				大政奉還
1875		アンデルセン没		
1889				大日本帝国憲法発布
1894				日清戦争
1901	ノーベル賞第 1 回授与式			
1904				日露戦争、韓国併合
1905	ノルウェー、スウェーデンから独立			
1908	バルト海・北海現状維持条約			
1914	北欧三国王中立共同宣言		第 1 次世界大戦	
1915				中国に 21 ヶ条の要求
1920		スレースヴィ住民投票		
1920	社会民主（労働者）党政権誕生			
1923				関東大地震
1924		社会民主党政権誕生		

西暦	スウェーデン	デンマーク	戦争の終結，その他参考	日　本
1716				享保の改革
1720			フレズレクスボーの講和	
1721			ニュスタード条約	
1741	ハット党戦争（対ロシア）			
1743			オーボ（トゥルク）条約	
1757	ジャガイモ戦争			
1762				ハンブルグの講和
1776			アメリカ独立宣言	
1780	第一次武装中立同盟			
1787				寛政の改革
1788	スウェーデン・ロシア戦争			
1789			フランス革命	
1790			スヴェンスクスンド海戦の勝利、ヴェレラ条約	
1792	グスタヴ 3 世暗殺			
1800	第二次武装中立同盟			
1801		碇泊地の戦い		
1805	第三回対仏大同盟に参加			
1807		コペンハーゲン、砲撃を受ける		
1808	ロシア、フィンランドを併合			
1809	ロシアにフィンランド、オーランドを割譲		フレデリクスハウンの和議	

西暦	スウェーデン	デンマーク	戦争の終結，その他参考	日　本
1615				大阪夏の陣
1617			ストルボヴァ条約	
1618			ボヘミア・プファルツ戦争（30年戦争）	
1628	ヴァーサ号進水・沈没			
1634	ストックホルム首都となる			
1642		ラウンドタワー完成		
1643	トシュテンソン戦争（デンマーク戦争）			
1645			ブレムセブルー講和	
1647	カルマルの大火			
1648	ウェストファリア条約			
1655	対ポーランド戦争			
1657	第一次カール・グスタヴ戦争			
1658	第二次カール・グスタヴ戦争		ロスキレ条約	
1660			オリヴァ条約（対ポ） コペンハーゲン条約	
1668	ルンド大学創立			
1675	スコーネ戦争			
1679			ルンドの講和	
1700	大北方戦争（スウェーデンはバルト海南岸を失う）			
1709	カール12世、ポルタヴァで大敗			
1715				長崎貿易に制限

<table>
<tr><th>西暦</th><th>スウェーデン</th><th>デンマーク</th><th>戦争の終結，その他参考</th><th>日　本</th></tr>
<tr><td>1453</td><td></td><td></td><td>コンスタンティノーブルの陥落</td><td></td></tr>
<tr><td>1467</td><td></td><td></td><td></td><td>応仁の乱</td></tr>
<tr><td>1471</td><td colspan="2">ブルンケバリの戦い、ステーン・ステューレがデンマークを破る</td><td></td><td></td></tr>
<tr><td>1480</td><td></td><td></td><td>モスクワ大公国、モンゴル支配から自立</td><td></td></tr>
<tr><td>1492</td><td></td><td></td><td>コロンブス、アメリカに達する</td><td></td></tr>
<tr><td>1517</td><td></td><td></td><td>ルター、95 か条の論題発表</td><td></td></tr>
<tr><td>1520</td><td>ストックホルムの血浴</td><td></td><td></td><td></td></tr>
<tr><td>1523</td><td colspan="2">グスタヴ・ヴァーサ、スウェーデン王、カルマル連合を離脱</td><td></td><td></td></tr>
<tr><td>1534</td><td></td><td>伯爵戦争</td><td></td><td></td></tr>
<tr><td>1543</td><td></td><td></td><td></td><td>ポルトガル人、種子島に漂着</td></tr>
<tr><td>1563</td><td colspan="2">北方七年戦争</td><td></td><td></td></tr>
<tr><td>1570</td><td>対ロシア戦争</td><td></td><td>シュテティーン条約</td><td></td></tr>
<tr><td>1573</td><td></td><td></td><td></td><td>室町幕府滅亡</td></tr>
<tr><td>1581</td><td></td><td></td><td>オランダ独立宣言</td><td></td></tr>
<tr><td>1583</td><td colspan="2">リヴォニア戦争終結</td><td></td><td></td></tr>
<tr><td>1599</td><td></td><td></td><td></td><td></td></tr>
<tr><td>1603</td><td></td><td></td><td></td><td>徳川家康、征夷大将軍</td></tr>
<tr><td>1611</td><td colspan="2">カルマル戦争</td><td></td><td></td></tr>
<tr><td>1613</td><td></td><td></td><td>クネールの講和</td><td></td></tr>
</table>

スウェーデン・デンマーク関係年表

<table>
<tr><th>西暦</th><th>スウェーデン</th><th>デンマーク</th><th>戦争の終結，その他参考</th><th>日　本</th></tr>
<tr><td>600 頃</td><td>アーレスの船形巨石群</td><td></td><td></td><td></td></tr>
<tr><td>604</td><td></td><td></td><td></td><td>聖徳太子の憲法 17 条</td></tr>
<tr><td>794</td><td></td><td></td><td></td><td>平安京に遷都</td></tr>
<tr><td>800 頃</td><td>ビルカ交易都市として繁栄</td><td></td><td></td><td></td></tr>
<tr><td>820 頃</td><td></td><td>アンスガルの第 1 回北欧伝道旅行</td><td></td><td></td></tr>
<tr><td>911</td><td></td><td></td><td>ノルマンディー公国成立</td><td></td></tr>
<tr><td>1018</td><td></td><td>クヌーズ大王北海帝国成立</td><td></td><td></td></tr>
<tr><td>1096</td><td></td><td></td><td>第 1 次十字軍</td><td></td></tr>
<tr><td>1103</td><td>ルンド大司教座設置</td><td></td><td></td><td></td></tr>
<tr><td>1163</td><td>ウプサラ大司教座設置</td><td></td><td></td><td></td></tr>
<tr><td>1167</td><td></td><td>アブサロン、コペンハーゲンに要塞建設</td><td></td><td></td></tr>
<tr><td>1192</td><td></td><td></td><td></td><td>源頼朝、征夷大将軍</td></tr>
<tr><td>1281</td><td></td><td></td><td></td><td>弘安の役</td></tr>
<tr><td>1299</td><td></td><td></td><td>オスマン帝国成立</td><td></td></tr>
<tr><td>1333</td><td colspan="2">マグヌス・エリック、スコーネを買収</td><td></td><td>鎌倉幕府滅亡</td></tr>
<tr><td>1338</td><td></td><td></td><td></td><td>足利尊氏、征夷大将軍</td></tr>
<tr><td>1368</td><td></td><td>ハンザ同盟、コペンハーゲンを占領</td><td></td><td></td></tr>
<tr><td>1397</td><td colspan="2">カルマル連合成立</td><td></td><td></td></tr>
<tr><td>1412</td><td></td><td>マルグレーテ 1 世死去</td><td></td><td></td></tr>
<tr><td>1429</td><td></td><td>海峡税の導入</td><td></td><td></td></tr>
<tr><td>1434</td><td colspan="2">エンゲルブレクトの乱</td><td></td><td></td></tr>
<tr><td>1443</td><td></td><td>コペンハーゲン首都となる</td><td></td><td></td></tr>
</table>

[著者略歴]

高橋　一夫（たかはし・かずお）

1941年　福島県に生まれ、満州へ
1967年　福島大学経済学部経済学科卒業
　　　　民間会社に就職
1976年　東京都立高校教員
2007年　東京都立高校嘱託員を退職し、現在に至る

主　著　『ウップサラ物語』八朔社，1996年
　　　　『オーロラとの共生社会』八朔社，2001年

バルト海の風と波
——メビウスの帯・コペンハーゲンと南スウェーデン紀行

2008年2月14日　第1刷発行

著　者　高　橋　一　夫
発行者　片　倉　和　夫

発行所　株式会社　八《はっ》朔《さく》社《しゃ》
東京都新宿区神楽坂2－19銀鈴会館内
電話　03-3235-1553　Fax 03-3235-5910
E-mail：hassaku-sha@nifty.com

印刷／製本・厚徳社

ISBN978-4-86014-037-3